Daniel Barenboim

A Life in Music

丹尼尔·巴伦博伊姆 著

生活在音乐中

朱贤杰 译

上海音乐出版社

目录

中文版前言

我极其欣慰地获悉，我的《生活在音乐中》一书将要在中国出版。过去的五十年间，中国的音乐家和公众对于古典音乐显示了深厚而又广泛的兴趣，这是音乐所具有的普世意义的又一例证。

对音乐的喜爱与领悟，是不分种族、社会或地区的。领会音乐需要人的灵性与探究。而探究的精神，事实上是追求任何学识的先决条件。

我人生的前六十五年，整个地沉浸于音乐之中，并且深为它的能力感到迷惑，它让我们认识到这么多关于我们自身，以及我们周围的世界。能够与中国读者分享我的音乐人生，对于我来说，是一种无穷的愉悦与满足。

丹尼尔·巴伦博依姆

2007年7月

译者序

音乐大师的传记与自传已经出版了不少，可是，仍然活跃于音乐舞台上的当代音乐大师的自传性的著作却不多，而且在翻译过程中，译者能够有机会与作者本人面对面地接触和交流则更为难得。我能够有此幸运，首先应该感谢我的老同学、芝加哥交响乐团的中提琴家张立国。

第一次与丹尼尔·巴伦博伊姆见面是在2004年5月的芝加哥。那晚他与客席指挥杨颂斯及芝加哥交响乐团合作，演奏了勃拉姆斯《第一钢琴协奏曲》，演出非常成功。音乐会结束后，立国把我带到交响音乐大厅的后台休息室。

要求见他的人很多，都已在门外排队等候，我旁边有一位从外州来的指挥，听说我想把巴氏的书翻译成中文，对我说，这本书，每个音乐家都应该人手一册。有人捧着几个装雪茄的精致木盒推门进去，可以听见巴伦博伊姆在里边很生气的说话声。轮到我进去时，他仍然在批评乐团里的一位提琴家，说他演奏时无精打采，拉琴时弓子都拿歪了，他一边模仿那人拉琴的姿势，一边说“为何这样？”并要求经理用后备队员替换他。一般独奏家与乐队合作时，当乐队演奏前奏与间奏段落的时候，很少正眼去看乐队队员的演奏，最多看看指挥而已。而令人吃惊的是，他居然能够一面弹奏，一面还捕捉到了队员不敬业的演奏作风；即使作为一位独奏家，在那样重要的场合，弹那样难的一部乐曲，他也没有忘记他自己是这个乐团的音乐总监的责任。

待到休息室只剩下我们俩时，他问我："那么，你打算把我的书《生活在音乐中》翻译成中文？"我当时与他是初次见面，却不知为何居然这样回答："是的，大师，我知道翻译很辛苦，你的书也很难译，但是好在虽然你懂得六种语言，却不懂中文，因此我无论将它译成什么样子，你最终也不会知道。所以，我并不觉得有太大的压力。"听我这么说，他脸上先是有一种困惑的表情，待到明白这是一个玩笑话时，他的眼睛里流露出那种孩童才有的调皮神情，反应极快地说："你知道吗？我的乐队里有八位中国人，他们都会向我汇报的！"说完，拉着我的手，得意地哈哈大笑起来。

这是我对这位大师的初次印象：富于幽默而又平易本真，喜欢不拘一格的谈话与玩笑，与他在台上时的专注严肃的神情判若两人。

尽管很久以前，我就通过他的唱片，了解到巴伦博伊姆这位"当今世界上少数几位硕果仅存的传奇音乐家"（《泰晤士报》语）的名字，但是直到2002年，才有机会在多伦多聆听了他的钢琴独奏会，给我留下了难忘的印象。他在键盘上展现的充满智慧而又生气蓬勃的演奏超越了他那光彩照人的精湛技艺，尤其在他擅长的莫扎特与贝多芬的音乐中，深层地揭示了古典音乐文化的精华。那次现场音乐会激发了我进一步了解他的兴趣。我再次阅读了他于1991年初版的自传体著作《生活在音乐中》，结合音乐会的体验，写了一篇介绍性的文章，立国看到之后，建议我将该书翻译成中文，因此就有了那次会面，以及后来专程去柏林音乐节，聆听他指挥的歌剧与交响乐。

在芝加哥的那几天里，我不但欣赏了他指挥芝加哥交响乐团的音乐会，聆听了他的排练，还与他有过几次交谈。在他下榻的四季酒店的会客厅里，我曾经问起他成书的经过。巴伦博伊姆无疑是当今古典音乐领域中最为忙碌的音乐家，身兼多职，他任著名的芝加哥交响乐团音乐总监长达十多年，又同时是德国国家歌剧院的音乐总监，曾经是拜罗伊特音乐节的指挥，现在又担任米兰斯卡拉歌剧院的指挥。作为当代最杰出的钢琴家之一，他不断举行独奏会，演奏协奏曲与室内乐，录制的唱片不计其数。我问他何以有时间来写此书？他告诉我，他酝酿该书已经很久，但是一直没有空闲。机会在1989年来临了，当时他离开了巴黎的巴底士歌剧院，而距接任芝加哥交响乐团总监职务还有一段时间，在那段空档里，他在编辑麦可–列温(Micheal–Lewin)的配合下，完成了1991年版的初稿。他说，该书的百分之七十是他手写的，其余是口述之后由编辑整理的，手稿写于拜罗伊特与芝加哥，巴黎与德累斯顿，伦敦与萨尔斯堡之间巡演的间隙。而编辑的工作则是收集与整理他的草稿。我问他是否觉得辛苦，他说他写得很愉快。现在与读者见面的第二版，是2002年在原来的十五章的基础上，新增补了六章，即“芝加哥”、“柏林”、“舞台导演与拜罗伊特”、“今日以色列”、“魏玛”及“音乐的回想”，不但补叙了初版以来的十年中他的音乐活动，对于音乐的思考与领悟也到了一个新的层面。他很欣慰此书有朝一日能在中国翻译出版，并且答应到时为中国读者写一前言。

综观全书，可以明白作者的目的是谈论音乐，是记述他对音乐本身的思考，以及探究音乐与生命的关系。此书不像他的前任索尔蒂所写的回忆录那样，主要是音乐生涯中大事件的实录，或者像他最钦佩的钢琴家阿图尔·鲁宾斯坦的自传那样，充满了漫长艺术生涯中的趣闻轶事。其实，巴伦博伊姆在他长达五十多年的音乐舞台生涯中，也一定有不少会引起读者兴趣的乐坛掌故。在芝加哥，有一次晚餐之后，他邀请我们去他的住处品尝雪茄，那次他就讲了不少关于他自己的笑话和童年趣事，但是，他却没有将它们写进书里，只是作为茶余饭后的谈资。他向我强调，这不是一本传统意义上的自传，而是一本“关于音乐的书”。如果说，这本书多少还有些自传性质的段落，那也是为了作者谈音论乐的方便，按照年代和他在不同时期所担任过的不同职务，可以使他从音乐演奏的各种类别，在钢琴演奏、声乐伴奏、室内乐、交响乐指挥及歌剧指挥等各领域，顺序发表他的音乐见解与感悟。书中除了回忆他与阿劳、巴比罗利、卡萨尔斯、切利比达克、克伦佩勒、鲁宾斯坦等音乐大师的交往，还以流畅的文笔与读者分享了他对音乐的体验，发表了表演艺术的许多真知灼见，是一本每位音乐家与爱乐者都应一读的好书。

由于巴伦博伊姆的音乐生涯极为丰富，音乐演奏与指挥的种类又相当多面，因此，此书涉及的范围非常广泛。不同的读者，无论是专业的音乐家还是业余的爱乐者，可能会对书中的不同章节，有着程度不同的关注。譬如，那些关于钢琴乐器性质，以及它的演奏技巧的部分，钢琴演奏者可能比较感兴趣；而弦乐管乐演奏者，则可能更加注意书中对于音准和弓法指法的论述；声乐家和艺术歌曲伴奏家会关心“歌剧”与“艺术歌曲与客席指挥”这几章；而指挥家与乐队演奏员，则对于作者在欧美各地乐团排练和演出的经验之谈，觉得更有同感。但是作者对于音乐的领悟，其实已经到了融会贯通的地步，对于音乐演奏所涉及的各类问题，例如速度节奏、音准音律、力度变化、奏法句法以及语言与音乐的关系等等，不同音乐专业的读者与音乐爱好者，都可能会有触类旁通的体会。而作者关于音乐诠释、音乐与生命等方面的思考，更是已经提升到了哲学的层面。难得的是作者在作这样的论述时，往往以清晰平易的语气、朴实无华的文字来表述，丝毫没有故弄玄虚，令人颇受启迪。

该书的原版的英文大部分相当浅白，因此，我考虑用尽量口语化的文字来翻译，可能会比较接近原作的意思。译者水平有限，错误与不妥之处，敬请专家和读者不吝指正。

此书能够翻译出版，应当特别感谢编缉樊愉先生，为了中文版权的谈判而几经周折。在译书过程中，屠颖颖女士、于蕾女士、盛方先生和卢学曾先生给予了宝贵的指导和帮助，在此谨表谢意！

朱贤杰
于加拿大多伦多

前言

在孩童及青少年时期，我就着迷于传记。我一本接一本如饥似渴地阅读，不论那是我崇拜的人，讨厌的人，或是我不认识的人的传记。但是，尽管我在阅读他人的事迹时享受到很多乐趣，但我认为，一个艺术家的个人生活应该是私秘的。当然个人生活与公众之间是有关联的，但是我觉得一个人生命中的这两方面需要分开。我在这方面会变得特别警觉，也许是因为在我的生活中曾经有过一段相当困难的时期，那是在我的第一位妻子患病时，使得我对于侵扰我个人生活的各种因素，变得过度地敏感。

于是，此书中自传性的片段仅是为了串连对音乐的省思，以及探讨音乐与生命的关系。

我时常觉得音乐每时每刻地与我同在，我从未觉得需要将音乐置于一边，去做其他什么事业。我一生中曾做过许多我喜爱的事，但音乐始终是我的良伴，也许，这就是为什么我觉得，我从来不能像在音乐中那样自如地以文字来表达自己的原因。尽管我从未想过要写一本传统意义上的自传，但是我想，将那种不仅与音乐为伴，而且是整个地生

活在音乐中的那种特殊感受述诸于文字，或许是值得一试的。

很显然，我不打算在这本书里道出隐私或个人性的问题，也没有狂傲地认为，从事舞台演艺五十多年之后，我可以对音乐和音乐家做出权威性的评述。我只是试图写下我对音乐的执着，以及对这种执着的好奇的探究。

一

阿根廷

我的爷爷奶奶和外公外婆都是俄裔犹太人。二十世纪初期，当俄国发生残酷的集体迫害的时候，他们迁居到了阿根廷。那时我的外婆还非常年轻，她与我外公是在船上相遇的，那时她十四岁，我外公十六岁。他们在阿根廷内地的一个省生活下来，生了六个孩子，让他们相继上学。我外婆年轻时曾是狂热的犹太复国主义者，在1929年，她带领我母亲（外婆那时十七岁），还有其他孩子去了巴勒斯坦访问。仅仅为了看一下宗教圣地，就从阿根廷出发旅行，这样的情景现在很难想象。她们并没有在那儿定居下来，除了我的大姨妈，她在巴勒斯坦住到去世。

我祖父母居住的社区具有很浓的犹太人的政治意识。我外婆的家成了犹太复国主义者聚会的场所，人们在那里讨论犹太复国的希望与目标。他们梦想在犹太社会的基础上成立以色列国——马派（Mapai），它不是苏联那种社会主义，而是西方式的那种。我非常了解我的外祖父母。1952年我们一起迁到以色列，我们一起住在一套很小的公寓里，在我小时候及青少年时代，我与外公外婆相当接近。

我从来没有见过我的祖母，她在我父母结婚之前已去世。我的祖父是一位钟表匠，他在我四五岁时逝世。我对他有一些印象，他对于犹太人的事务并不热衷。我祖父母与我外祖父母的背景不同，虽然两家相处得很好。我父亲年轻时就喜爱音乐，一直在为是否做一名职业钢琴家，还是为了维持生计留在家里而犹豫不决。在1930年代，当他有一个机会去美国演奏时，就因为他顾家而没有去成。

我父亲对于学问的追求远胜于对政治的热衷，他时常去听哲学家奥德加·迦赛特（Ortega Y. Gasset）在布宜诺斯艾利斯的讲座。他比我母亲的家庭更接近于知识分子的圈子。当他们相遇并结合之后，彼此为对方拓展了更开阔的视野。我母亲比以前更加靠近知识分子的阶层，而我父亲则经由亲戚间的往来，才对自己作为一名犹太人有了更为自觉的意识，因而对积极地投身于犹太人的事业有了更多的兴趣。

我认为阿根廷最后一次能称得上民主的政府是在1930年代。然后庇隆上台，他播下了现代阿根廷动乱的种子。阿根廷曾是非常富足的国家——百分之九十五地自给自足，唯一缺少的是石油。庇隆，一个非常擅长于煽动的政客，试图将阿根廷从一个农业国变为工业国，他鼓动大批的人从农村迁往城市，让他们在恶劣的生存环境中居住。直到今天，有三分之一的阿根廷人居住在布宜诺斯艾利斯及其郊区。

在国际事务方面，庇隆是相当精明的。他既接纳遭受纳粹迫害的犹太人，也接受纳粹分子。在阿根廷南部的巴利罗切，曾经是纳粹分子的大本营。在第二次世界大战的最后几年，在那里还经常看见人们彼此公开地行纳粹礼。

同时那里也大度地接纳了犹太移民和建立犹太人社区。我在阿根廷的时候，那里至少有七十万犹太人。继美国及苏联之后，阿根廷的犹太人社区是世上第三大的。我记得布宜诺斯艾利斯的犹太教首领与庇隆政权往来密切。政治态势控制得很好，这是一种严厉的独裁体制，但是确实没有反犹主义。作为一名孩童，我从未在私底下或公开场合遭遇及感受到那种反犹主义。犹太人的社区生活组织得很好，并且是完全公开的。我在犹太人的学校上学，课外去犹太人的俱乐部做体操和运动。

我生于1942年11月15日。在1940年代，布宜诺斯艾利斯曾是一个音乐中心，可惜现在已经好景不再。托斯卡尼尼来过，富特文格勒、年轻的卡拉扬、理查·施特劳斯、巴克豪斯、吉塞金、阿图尔·鲁宾斯坦、克莱伯及阿劳都在那里呆了很长时间。

就像在欧洲一样，那里当时只有很少的留声机及78转的唱片，因此人们在家里演奏大量的室内乐。在科隆大剧院有德国音乐季与意大利音乐季，还有大量的交响音乐会。在我的记忆中，第一位国际著名的音乐家是1949年来的阿道夫·布施（Adolf Busch），他演奏了贝多芬的小提琴协奏曲，并且指挥了亨德尔的大协奏曲。我听了很多次他的排练，我还弹琴给他听。这是我第一次见到一位国际级的大人物。

我父亲曾师从一位伟大的意大利教育家学习钢琴，他的名字是斯卡拉莫扎（Vicent Scaramuzza），他很长寿，他甚至教过玛尔塔·阿格里奇。阿格里奇比我父亲小三十岁。我父亲曾在地方上与其他音乐家一起开音乐会，但是他真正热爱的是教学，这是为何他没有试图做一名职业钢琴家的原因。事实上我父母都是钢琴老师。我母亲教初学者，我父亲教程度高的学生。我小时候，只要门铃响起，那就是有人来上课。那时候我一直以为周围所有的人都弹钢琴，后来我花了好长时间才弄明白，原来有些人是不弹琴的！

在我大概四岁时，我父亲与一位小提琴家在我们家排练，为音乐会作准备。为了能与父亲一同演奏，我突然想要学小提琴。我父母为了我去寻找适合我尺码的小提琴，那时我太小。后来我又看见我父亲与别的钢琴家在两架钢琴上弹重奏，我又改变主意要学钢琴了，因为那样也能与我父亲一起弹。我五岁开始学琴。我母亲教我识谱并且给我上了第一课，然后我开始跟我父亲学，他是我唯一的钢琴老师。在那些早年的岁月中我从未跟过别的老师，他教给我的那些基本原理一直让我铭记在心。

所有布宜诺斯艾利斯的音乐家，和所有来阿根廷访问的音乐家，都会去塔卡诺街1257号，那里是奥地利裔犹太人罗森塔尔（Ernesto Rosenthal）的家。在那儿每星期五晚上演奏室内乐，罗森塔尔本人是一名业余提琴家，在那儿我遇见的两个人对我影响很大。一位叫切利比达克（Sergiu Celibidache，1912–1996，著名指挥家，生于罗马尼亚。——译注），我七八岁时弹琴给他听过。后来我在以色列常常见到他，我时常去看他的排练，因为我觉得可以从他那儿学到太多的东西。然后直到1960年代末，我再没有见过他。那时我的妻子杰奎琳·杜普蕾（Jacqueline du Pré，1945–1987，英国天才大提琴家——译注）

与他一起在斯特哥尔摩演出。然后他到了慕尼黑，我们才开始经常一起演出。

另一位我在罗森塔尔家遇见的重要人物是马克维奇（Igor Markevich,1912–1983）俄国指挥家、作曲家，后来我跟他的接触不像切利比达克那样多。但是当我九岁时，马克维奇对我父亲说："你儿子弹琴非常棒，但是根据他弹琴的方式我可以告诉你，他是一个真正的指挥家。"我父亲教我弹琴时，总让我在心中想象乐队的音色。

初见之下，钢琴并不是像其他乐器那样有趣。任何有重量的东西敲下去它就能发声，不管击键的是鲁宾斯坦的手指，一个烟灰缸，还是一块石头。按下琴键它并不会发出富有色彩或有意思的声音。钢琴是中性的，而正是这一点使它具备了极为丰富的表现力。就好像一个画家面对着一面纯白的墙壁，而不是蓝色或绿色的墙。白墙本身没有很多的吸引力，但当你在它上面作画时，它给了你更多发挥的余地。小提琴或双簧管就是这样，它们的音色具有自身的特征。伟大的小提琴家当然具有自己独特的音色，奥伊斯特拉赫的声音不同于斯特恩或其他人，但它总归是小提琴的声音。而钢琴的声音是中性的，按下键它就发声，初看起来好像太容易弹，并且没那么有意思。我相信钢琴不像别的乐器，它给人一种好像能够创造出别的声音的幻觉。钢琴的这种中性声音对我来说像一个虚幻的乐队，也许这就是为何马克维奇说我是天生的指挥家。我父亲也教会我认识节奏的重要，这是作为指挥必不可少的一点。

是阿道夫·布施鼓动我父母，让我做公开演出。相反他倒是劝告早年的梅纽因少做公演而集中心思学习。我所记得是——记忆和传闻有时很难区分——登台表演对我来说是自然而然的，我喜欢弹给别人听。在罗森塔尔那里的室内乐之夜，我愿意为任何人弹琴。而他们当然也很想知道一个七岁男孩能弹些什么。

1950年8月，我八岁时，在布宜诺斯艾利斯举行了我第一场正式的音乐会。我弹了不同的乐曲，其中包括一首普罗科菲耶夫的作品。

一开始我在阿根廷上学，后来在以色列继续学业。到我十三四岁时，公演更多了。我也并没有去长途的旅行演出，我受到的教育是相当完整的。如果我在学期当中离开，回来后我就想法补上。回想起来，不能说因为音乐会使我错失了我的青春或学业。当然要使我的学业不受干扰，学会如何安排我的日程有一定的难度，因为我并不是一个循规蹈矩的学生。通常我每天练琴一小时半到两小时，每星期有一次，我可以弹任何我想弹的曲子，想弹多久就多久，这使我的视奏能力大有长进，并且掌握了广泛的曲目。

八岁时我第一次与乐队合作，在布宜诺斯艾利斯演出了莫扎特的《A大调第二十三钢琴协奏曲》。虽然在我音乐生涯的开始，我弹的是莫扎特，但贝多芬那时对我来说更为重要。我的外祖母对音乐一窍不通，她总是说："贝多芬，呸！"　我记得当我弹琴时，她会说："你又在弹贝多芬了！"

在1948年以色列立国的时候，我父母决定移居那里。我们并不是因为阿根廷有排犹主义而离开的。这一深思熟虑的决定有其更为积极的理由。当然，离开阿根廷对于我父亲的生活来说是一次大动荡，不像我母亲，他那时并不是一位热忱的犹太复国主义者，他的犹太人意识觉醒得相当晚。

我在布宜诺斯艾利斯演出

我在演出海报前

马克维奇说我是天生的指挥家

1951年我在阿根廷与布鲁诺·班迪尼（Bruno Bandini）指挥的广播乐团演出

我跟我的父亲学琴一直到十七岁。我从未换过老师，这一点我是幸运的。许多学器乐的人从一个老师转到另一个老师，每次学的都是不同的演奏方法。你必须忘却以前学过的东西，去适应新的方法。甚至在技术方面也是如此，有些老师要求你手腕位置高一些，有的要你低一些，有的要求手指放平，有的要求弯曲，所有这些改变都会影响你演奏时的顺畅自然。

对我来说，学弹钢琴就像学会走路一样自然。我父亲喜欢每一样事情都是出乎自然的。我自小时候起就知道在音乐与演奏技术之间没有明确的界线。这是他的哲学的一部分。我从来没有练过音阶或琶音，通过演奏乐曲本身，我发展了作为一个钢琴家所必需具备的技能。从小我便被灌输这样一种观念，并且我至今仍然相信的是，永远不要机械地弹，哪怕是一个音。我父亲的教学是基于这样一点认识，即在莫扎特的协奏曲中已经包含了足够的音阶。

我经常遇见这样的音乐家，他们试图将某些困难部分先用纯技术的、机械的方式去解决，然后再加上“音乐感”，就好像把奶油浇在蛋糕上一般。从一开始两者就应紧密相关，因为用来解决技术困难的练习方法将会影响到音乐的表现。

我总是先练习技术困难的段落——分手慢练——这样就掌握了技巧和分句。如果不能将一个乐段在慢速度中弹得很完美，就不应试图用正常速度去弹。我从来不会故意将一个乐段先用机械的方法练习，然后再加上句法表情。技术困难的段落需要更多的慢速度练习，一直到你能掌握它——但是应该与正确的音乐表情结合在一起。在音乐中，将表情从技术中抽离出去，就等于将灵魂从身体中抽离出去一样。

我父亲非常注重复调音乐及声部的独立性，并且在我孩童时期就让我弹了许多巴赫的作品。钢琴弹奏不应该只被分为由两只手所弹的两个个体。它既可能被看作是由双手所弹的一个个体——李斯特在他的乐曲中有时用两手交替所奏出的琶音，向我们展示两只手是一体的。或者，就十个独立的手指而言，可以是十个个体。两只手不应该被当作是两个分开的个体。我觉得我们有两只手是一种天生的限制——对钢琴演奏来讲不应该受此影响。

我自幼就明了复调式的聆听和演奏的重要性。我父亲认为每一件事情都应该出乎自然的想法源自于这样一种哲学理念，即强健的精神寓于强健的体魄。他坚持认为你坐在钢琴旁的姿势表明了你的心理状态，并以一种自然的姿势与钢琴保持一定的距离，使你可以将全部的力量用到琴键上。坐椅不应太高也不应太低，以保持笔直的背部。我父亲让我坐在钢琴旁就像坐在桌边吃饭一样地自然，手臂和手掌能自然地下垂到键盘上，肩部不应该抬高，它会影响弹奏的力度。如果你坐得笔直，力量从放松的肩膀下来，手腕就成为手臂与手之间的一个自然环节，这样力量就从肩膀毫无阻碍地直达你的指尖。这些原则我都牢记于心，并身体力行。

下一个问题是手腕的动作，以及如何决定手指应该是扁平，还是弯曲的。可以将手腕动作与弦乐器的运弓动作做一比较，它应该是水平式的左右运行，而不是垂直动作。这一点对于连奏非常重要。手指，而不是手腕的上下动作，决定着奏法（articulation）。人们以为连奏就是一个音连着另一个音，其实即使在连奏中每一个音还是有不同的指触。这时，到底是用扁平的手指还是弯曲的手指的重要性就随之而来。要理解正确的手势，要以想象你手掌中握着一个苹果，这时你的五个手指就变得一样长短；如果将手伸直去握，你的小指就短了很多，——除非你有一双像鲁宾斯坦那样不寻常的手，他的每个手指几乎都一样长短。我的小指不仅短，而且朝里弯曲。当我弯曲我的手指时，它们就变得差不多一样长短，这样掌握下键的重量就容易得多。

钢琴演奏与音乐不仅仅是我生活的一部分，它构成了我生活的基本形态，它养育了我，对我就像食物与水一样地重要。虽然演奏时需要非常的激情和乐感，我想你仍然需要一种正常的健康的生活，以及积极的姿态才能表达这些感受。如果你个人的情绪过分直接地卷入进去，它们会妨碍你确切地表达音乐本身的内涵。

我认为当我们在演奏时表达某些情感的时候，需要对它保持一点超脱的距离，以便对它凝思品味。比如，瓦格纳歌剧《特里斯坦与伊索尔德》中情感最炽烈的乐段，只有经过相当程度的凝思之后才能去表达。深思熟虑与激情投入，对一个音乐家来说是同等重要。在英语中“追忆”与记忆或回忆有明显不同的含义。在音乐与音乐演奏中这是很重要的区别。年轻人记性好，而年纪大的人善追忆。记性是一种当你需要时它召之即来的东西，而追忆则只能通过沉思反省才能获得。追忆是一种艺术，是一种当你需要获得幻觉时的一种技能。举一个简单的例子：虽然你在自己家里，但你仍然可以找到那种想家的感觉。这里就含有追忆的成分，而与记忆没有什么关系。这一点很重要，因为今天我们演奏这么多的音乐作品都是背谱，这也为表演艺术家带来了很多的问题。追忆要求个性化的尝试。音乐演奏中的每一点都取决于追忆的能力。换句话说，即使你已经将《特里斯坦与伊索尔德》牢记于心，即使你能够感到音乐中白热化的张力，你必须能够追忆这种白热化，而不是仅仅记得它，使你能够从一次到另一次的演奏过程中加强这种更深层次的回味。

背谱指挥意味着了解每一个细节，每一个音符，而且不依赖乐队。单单记住音符是不够的，还要知道它们应该如何演奏。单是记忆，如果它没有追忆的支持，会变得不可靠而且机械化。追忆的能力是一种创造性的状态。

每个人都必须工作，必须得到训练，但是“练习”（practising）是一个非音乐化的字眼，这是一个语言学上的问题。相比之下，在希伯莱文中，艺术这个词，与训练及信念是一个词根，相信这不仅仅是巧合。

每个人注意力集中的程度都不相同。每天弹八小时琴，或者不多于四十五分钟，我对自己都没有严格规定，两个极端都是没有效果的。当我的精神不能高度集中时，我就一个音也不再弹，因为这样就会落入机械化的陷阱。

许多人为了与音乐无关的理由练习很多小时，比如为了提高自信。其实只有当你知道你在做什么，并且如何去做时，你才能获得自信。如果你想建立自信心，演奏音乐并不是合适的途径。伟大的作曲家——贝多芬、瓦格纳、德彪西、布列兹或者莫扎特——写下他们内心深处的感觉，并非是为了让我们可怜的钢琴家去获得自信。自信心取决于性格和推论的能力。改善的办法只能是对作品深刻理解或领悟，机械化的重复并不奏效。

某些理解力或悟性来自于视奏，而这种技巧是能够学到的。我不喜欢避难就易地说：“这乐曲太难了，我不自找麻烦了。”这里不仅需要耐心，而且要知难而进，经受磨练。经常视奏，使头脑、眼睛和手指变得协调一致，在第一时间抓住作品整体，然后你可以钻研细节。如果你只见到细节，你就不会视奏。视奏的定义是：往前看，当你弹第一小节时，你的眼睛和头脑已经在第五小节了。

我从我父亲的钢琴课上学到的东西，我从未忘记，也从未做过修正，只是后来有所发展。我弹钢琴至今已经五十多年，我不能说我是无师自通的钢琴家。作为一名指挥，我形成了我自己的一套方法。当然，我早期在我父亲那儿受的音乐教育，那些大音乐家对我的影响，以及我自幼就开始观摩的那些大指挥家，所有这些都对我帮助极大。

二

欧洲间奏曲

1952年7月，我们动身去以色列，中途停留于欧洲。我们一家对迁居以色列向往已久。我父母的主要愿望，是想让他们的儿子成长于多数族裔的环境中，而不是犹太人作为少数民族的聚居区。

我在布宜诺斯艾利斯的罗森塔尔的家中，遇见马克维奇，并弹琴给他听。他告诉我父母，在我的弹奏中有很好的节奏感，他愿意帮助我发展。他有一种感觉，我生来是当指挥家的。马克维奇在当时是一位所谓的“心血来潮的大人物”。他的指挥法独具一格，而且他想成立一所指挥学校。他对我父母说：“带他去萨尔茨堡，他可以参加指挥班的最后一次音乐会。”我去了，弹了巴赫的《D小调协奏曲》。整个夏天观摩他的指挥课，让我获益匪浅。

我们乘飞机从布宜诺斯艾利斯到罗马，然后转坐火车到萨尔茨堡。如今这是一个相当简单的航程，十四五个小时就可以到罗马，中间最多停靠一两次，然后就可以从罗马飞往萨尔茨堡。但在1952年，整个旅程是一次大折腾，需要五十三个小时。如果我没有记错，飞机先停靠蒙特维台奥（Montevideo），然后在巴西停两次，一次是在圣保罗，

1952年我在莫扎特的诞生地萨尔茨堡弹斯皮耐琴

一次是列西夫（Recife），然后在一个叫日光岛（Isla del Sol）的地方停留。它在美洲与非洲之间。接着我们去马德里，最终到达罗马。

一到罗马，我们直接从机场去火车站，坐火车去萨尔茨堡。尽管旅途使人精疲力竭，我仍然记得当我踏上这个城市的土地时，我是何等的兴奋，不仅仅因为这是我所到达的第一座欧洲城市，而且萨尔茨堡是一个与莫扎特名字相连的城市，对我这样一个青年音乐家来说，真是意义重大。

我们在一个私人家租了房间。在萨尔茨堡我们要住相当久，而我们的经济状况不允许我们租住旅馆。我们将行李留在房间里，梳洗一下，换了衣服就直奔艺术节大厅（Festspielhaus）。那时大约是黄昏时分，我们顺道去了位于盖特里德街的莫扎特出生地。然后我们看见人们全进了艺术节大厅。那时候还没有现在的那个大的艺术节大厅，只有弗森赖音乐厅（Felsenreits-chule）及小节日音乐厅（Kleine）。我不知道那时候音乐会的听众是否与今天的听众那样，看上去一样地令人印象深刻，都是高雅的上流社会人士。但是不管怎么说，看到所有通往艺术节大厅的各条小街上的人流都往大厅方向涌去，那景象是很壮观的。

当我知道那晚演出的是莫扎特的歌剧《魔笛》，由卡尔·伯姆指挥时，我的好奇心自然更强了。我从未去过歌剧院，真想一睹为快。当然，那时已经一票难求了。但我对我母亲说，我想自己可以不用票子溜进去。那时我只有九岁，谁也不会注意到我。但是我不晓得散场之后如何与家人会合，他们是循规蹈矩的人，没有票决不会进剧场的。他们视察了一下周围，告诉我他们在一个叫托马赛利咖啡馆里等我，那儿离艺术节大厅不远。我混在人群中间，没有被人发现。当门开了之后，我幸运地进了一个空的包厢，舒舒服服地坐下来，很为自己的计谋得逞而庆幸。我焦急地等着，直到指挥上了台，掌声之后序曲开始，我真是乐坏了。我记得大约是当音乐进行到第十小节或是第二十小节时——想必是整个旅途的劳累和过度的兴奋压倒了我——我即刻陷入了梦乡，序曲及后面的歌唱和对白当然一句都没听到。

当我醒来时，我吓出一身冷汗。我不记得身处何方，我听见乐声飘扬，每个人都坐在那儿。一瞬间我记不起来我父母在哪儿，不知道我在这里做什么，周围的环境是如此陌生。我开始嚎啕大哭，直到领位员冲进来，将我狠狠地拖出包厢外，因为我干扰了听众，他们一直把我扔到艺术节大厅的门外。后来我当然想起了我父母是在咖啡馆里等我，就一路哭着去找他们。当见到他们时，我的眼泪更是止不住地流；我在大庭广众哭出声来，出来时又迷失了方向，感到自己很愚蠢。要是我还呆在那儿，就能够继续欣赏演出，而现在再回去已经太晚了。我第一次接触莫扎特歌剧就出洋相，这当然不是什么好兆头！

许多年之后，在1960年代，我在萨尔茨堡音乐节演出，在那个大的艺术节大厅与维也纳爱乐乐团合作弹奏勃拉姆斯的《D小调协奏曲》。这一次，指挥又是伯姆，我居然愚蠢到把这个故事讲给他听。我告诉他因为是旅行的缘故，我睡着了，但我想他大概会因为我第一次听他的演出是如此下场而觉得有趣。谁知他听了之后，非但不觉得有什么好笑，反而觉得我缺少音乐趣味而相当生气。看来他的幽默感只局限于音乐方面，在其他方面是没什么幽默感的。

在萨尔茨堡我第一次遇见了瑞士钢琴家、指挥家爱德温·费舍尔（Edwin Fischer, 1886–1960）。我弹给他听，还经常去听他的课，过了几年，他带领丹麦皇家乐团在欧洲巡演，他们演出了莫扎特的

《"哈夫纳"交响曲》《C小调钢琴协奏曲》(K.491)《降E大调钢琴协奏曲》(K.482)《D大调回旋曲》及返场曲。费舍尔边弹钢琴边指挥，他的指挥真棒，令我目眩神迷。

他对我极为慈祥恳切。我对他的音乐和为人则佩服得五体投地。我告诉他，我梦想有一天也能在钢琴上指挥莫扎特钢琴协奏曲。他说："如果你想这样做，你必须首先单独学习指挥。你不能仅仅依赖乐队的素质。你必须既能指挥又能弹奏。你还必须具备作为一个独立的指挥所应有的功力。"

费舍尔有两种特质让我留下鲜活的印象，并且赞叹不已：他具有其他钢琴家所没有的那种最自然的连奏。他能够不用踏板就弹出非常美妙的连音，踏板则使它们格外精彩多变。不用踏板的分句听起来更为干净利落，与依靠踏板的奏法很不相同。另外，他弹奏的和弦有一种自然而然的晶莹透亮的音色。比如像在舒伯特的《流浪者幻想曲》中慢乐段的开头。那真是令人神往。他的莫扎特协奏曲弹得恰到好处。快板乐章是那样灵巧而简洁，而慢乐章中丰富的感情色彩则使人难以忘怀。我很少听录音，但如果我想听莫扎特协奏曲的话，我会选择费舍尔的录音。

另外，他演奏的巴赫对我影响极深。他录的《平均律钢琴曲集》和《半音阶幻想与赋格》迄今无可比拟。他对巴赫的演释无拘无束，特别是在赋格曲中充满了生动的活力，在巴赫的节奏外形中，他注入了农夫般粗放的律动。

令人扼腕的是费舍尔的现场演奏比他的录音更精彩。也许录音室使他拘束，只有很少的一些录音可以显示他最好的水平。但是他与富特文格勒合作的贝多芬的《皇帝协奏曲》的录音至今令人难忘。作为指挥，他留下的录音更少，其中有与维也纳爱乐乐团合作的海顿《第104号交响曲》极为精彩。

我听过他在萨尔茨堡的最后一场独奏会，他弹了贝多芬奏鸣曲作品28号、53号和111号，返场弹了《幻想曲》作品77号。他有一种了不起的本领：他的演奏听起来好像即兴所至，他时常给人这样的感觉，似乎他是在那一刻才想到要那样弹的。或许费舍尔并不是那种技巧辉煌的大钢琴家，他甚至都没有想要成为哪一类的钢琴家，但他的演奏让人聚精会神，当他演奏莫扎特《降E大调钢琴协奏曲》（K.482）的末乐章时，是那样地流光溢彩，栩栩如生。他是一位完美的音乐家，能够使乐队完全按照他的意思去演奏。

如果你在九岁时离开一个国家，你不能声称你是成长于那儿的。当然我有许多思考习惯，甚至包括对食物的口味，很早就养成了。我只说西班牙语，从外婆那儿学了一点意第绪语。只是在很久以后，我才认识到我在心智和语言方面受到了许多阿根廷的影响，并且我也不希望将它们从我生活中抹去。我的父母完全是在阿根廷成长并接受教育，而我一直跟他们生活，直到我开始独自旅行的那一天。

阿根廷社会在精神气质上与欧洲文化相近，特别是受西班牙的影响更为强烈，那种享受人生的生活态度是非常拉丁化的。我觉得许多其他的生活方式，比如盎格鲁·撒克逊或是日耳曼，都有其可取之处，但我发现拉丁民族很注重生活中的简单事物，比如一顿讲究的午餐，是相当迷人的。我一直不习惯在两次排演当中只吃一顿美式的汉堡包

1954年，我与父母在萨尔茨堡

作为午餐。在阿根廷，你会享受一顿有一块美味好肉的精美午餐。我喜欢午后坐在咖啡馆里，品赏一支雪茄，甚至在非常忙碌的日子里，我也需要那种偶尔的“闲情逸致”（原文为意大利文——译注）。而且我身上具有那种唐·吉诃德式的纯粹西班牙人的品性——我并不像唐·吉诃德那样要与风车搏斗，但是我对那些来自于虚构与幻想王国的事物多少有点尊崇。对着一份乐谱，凭想象我就能够辨别出它是威尔第还是莫扎特的歌剧。我想我如果是生在维也纳、纽约或伦敦，或许就不一定有这种能力了。这一点，当我在巴黎工作的十五年中变得更为明显，因为西班牙与法国在民风上有许多相似之处。

尽管许多阿根廷的知识分子接受和适应了欧洲文化，但是阿根廷是个略为有些自卑的民族，这一种情形我在那里的时候就有，我想现在也没有太多的改变。这与澳大利亚的情况有些类似，他们接受了欧洲文化，但在欧洲人看来，他们在地理上距欧洲太遥远了。作为一个孩子，第一次去欧洲，去萨尔茨堡，我深有体会。虽然作为一名音乐家，我早已举行过公开演出，但去寻访莫扎特的出生地，对我来说确是一种难忘的经历。

我以前曾听说过种种关于欧洲音乐以及它的传统。譬如在罗森塔尔的家里，那种房屋的式样和生活方式，与在十九世纪及二十世纪初期的柏林和维也纳是非常相似的，在那儿，人们定期地在家里演奏音乐，伴以有趣的谈话。对于我，奥地利食品总是与那样的场合有关。罗森塔尔的家里总是有那种加了掼奶油的苹果饼，在我孩子气的想象中，那是与莫扎特、舒伯特和勃拉姆斯息息相关的——不管那个晚上演奏的是哪一类室内乐。萨尔茨堡和它的生活方式对于我来说，并不太陌生。

饮食是我们文明进展的一个标识。我1950年代去英国时，那里几乎没有什么国际化的食品，不像现在，那儿有了许多意大利餐厅。那时似乎每一个国家都专注于本国的传统、本国的文化和饮食。今天，不管你出生于布宜诺斯艾利斯还是伦敦，在九岁的时候你头一回去吃意大利面条已经不是什么新鲜事，在所有的大城市中都有数不清的意大利餐厅。

我们在萨尔茨堡一直待到1952年8月底，然后动身去维也纳，我父亲在那儿的音乐学院有一个讲座。我在维也纳举行了一系列音乐会，有一场是在美国协会，那次一半的曲目都是美国作曲家的作品。那天本来应该与我合作的指挥海因里奇·荷尔里舍因生病不能上台，由一位年轻人临时代替——他的名字是麦可·吉伦。

维也纳作为一个被外国人占领的城市，被同盟国分为四个区，是个特别奇怪的现象。我记得俄国占领区是不准进入的。作为一个孩子，我没有能力去分析周围的事情。政治体制上，苏联与美国很不相同，比方说，我到处可以看见美国的贡献，在物质上而不是政治意义上的——维也纳到处都是可口可乐。俄国人那时则更加精明狡猾，他们不送可口可乐，而是送来了小提琴家大卫·奥伊斯特拉赫！他们试图在文化上施加影响。我发现苏联希望依靠与奥地利和德国建立文化往来关系，来保持其影响力。而另一方面，美国的马歇尔计划在欧洲的影响力则从来没有这样大。

犹太人的家庭关系是非常密切的。我小时候，我们总是在犹太人或者音乐家的圈子里活动。世上有这么多的犹太人音乐家，这二者是不可分的。在阿根廷我从没有觉得做一名犹太人有什么问题，但在奥地利我开始感觉到了。我记得一些奥地利的犹太朋友带我们去萨尔茨堡附近的一处地方——巴德加斯坦——那儿有一个大瀑布，他们告诉我，在纳粹时期，犹太人被人从上面扔下去。那是我第一回听到这类恐怖事情。

在维也纳，作为一名犹太人孩子，如果我遇到一名非犹太人，我会情不自禁地自问：他在大战中做了什么？他参与了灭绝犹太人的活动吗？或者他只是对这一切无动于衷？这些问题在阿根廷都不存在。当然，作为一个孩子，我不可能完全理解大屠杀的含义，但是我清楚地记得，我与父母在萨尔茨堡和维也纳所听到的故事是深深地困扰着我。只是到后来，我才了解了犹太人和人类历史上那段恐怖的经历。即使作为孩子，也让我留下深刻的烙印。我的父母谈论了发生在欧洲的这些事件，他们向我解释，这是他们移居以色列的理由之一。

我们从维也纳出发去罗马。11月或者是12月，我在那儿开了一场独奏会。那时候，从来没有一年以前或者更早就排定的演出计划。即使那些最成功的艺术家，也是在四五月份演出季的结束，才安排在10月或11月开始的下一演出季的日程（除了少数音乐节，如卢塞恩、萨尔茨堡和爱丁堡音乐节）。在罗马，我去了很多地方试奏，并且被罗马爱乐协会录用，那时的主管是马西姆·波将契诺，他后来成为巴黎歌剧院的总监和佛罗伦萨的市长。这种机会纯属偶然，我们去罗马是因为要在那里坐飞机去以色列，如此而已！

三

以色列

说到底，以色列国是大卫·本-古里安(David Ben-Gurion，1886-1973，以色列首任总理——译注)建立起来的。在以色列，犹太人并不只是出走埃及的希伯莱人的后裔，也不全是专家或艺术家，他们还包括了农业工人之类的人群。换句话说，犹太人的范围在建立这个国家时被拓宽了，他们已不再是少数民族。这个转变，在当时由它的国民以令人佩服的态度来达成，克服了来自欧洲、阿拉伯国家以及南美北美犹太人之间的差异，以及二次大战时遭遇的灭种惨剧。这种进化的过程一直无阻碍地进行到1967年。

我们都清楚犹太人两千年来，头一次可以住在称为自己国家的土地上。由来已久的对异教徒的偏见，和向非犹太人的同化的担心已经完全消失。保留的只是欧洲文化所带来的强健成分，我对于西班牙与葡萄牙裔犹太人的文化了解不多。

当我在以色列的时候，来自欧洲以外的犹太移民中的大部分，是没有受过教育的穷人。大批犹太人从也门涌入以色列。以色列航空公司的班机飞到也门，从那里和伊拉克带回许多犹太人。他们能否融入

我和杰奎琳与大卫·本–古里安夫妇

这个国家是引起争议的。我记得，学校里一个刚从也门来的男孩甚至不会用刀叉，许多人还不具备我们认为是基本的社会技能。

在那时候，超过生活基本需求的任何事物都被认为是奢侈。当我们参加青年运动的时候，那里有一种强烈的反对一切浅薄事物的氛围。如果一名男孩开始蓄小胡子，会被认为是布尔乔亚，一个女孩如果抹口红，会被人瞧不起。这是我第一次看见一个靠理想主义而建立的社会。它对我的生活影响很大，改变了我后来的想法和音乐演奏。我来自于一个传统很不相同的拉丁国家，在那里，人的仪表是很重要的。阿根廷人开了很多很大的时装店。在阿根廷优雅的礼仪是必须的，然而在以色列有一股反对肤浅事物的激情，甚至到了这样的地步：像礼貌待人这种起码的品质，都受到蔑视嘲笑。这是以色列生活中令人不快的一面。但是这不只是一种顾不上关注的态度，而是一种来自于健康的理想主义和积极思考的执着。

外面的人倾向于用老眼光来看待以色列，好像他们仍然是在国外聚居区的犹太人。但是新事物层出不穷——开拓者的精神，大事业的目标和行动。在家里我受到的教育使我有一种成就感，我的家教基于自我观察和自我分析。这点对于我作为一名音乐家来说极为重要，我们不可避免地受到公众的注视。我时常会想，我做的事他们会喜欢还是不喜欢？而1950年代，以色列而不是犹太人的独立思考的自信心渗透了我的家庭生活之中，家庭和国家成为一体，让我在很长一段时期中心境平和。直到后来，因为杰奎琳的病情，使我必须面对个人的问题，这种稳定的心境才受到外来力量的干扰。

我这种心境上的稳定，以及对于个人、社会、生活与国家一体的持继不断的关注，时常给外界一种自傲的印象，有时确实如此，因为——婉转地说——以色列人的行为时常轻视社交礼仪而接近于傲慢。但我希望它对我的影响是正面的。

当我们迁往以色列之后，我面临着一种新语言的冲击。在萨尔茨堡和维也纳度过了夏季的几个月，12月到达以色列时，那里已经是学期中间，我感受相当异样。本来我已经错过了半年的学校课程，因为欧洲的夏季在阿根廷正好是冬季。我在阿根廷是3月开始学期，然后7月份就离开了。我一到以色列就进入学校，已经是期中，面对一种不要说是一个字，甚至连字母也不懂的语言，真是谈何容易！

我家里没有人会讲希伯莱语，看来因为在马克维奇邀请的催促下，我们做出动身去以色列的决定是太仓促了。我肯定自己得学希伯莱文，但是不可能在学期中间插班。与其他同学相处我没有问题，然而语言确是个难题。

当然，以色列有许多从别的国家来的移民，但是1948年左右，从欧洲来的移民在那里占了大多数。我不记得还有其他同学会说西班牙语的。

最初的冲击过去之后，像其他孩子一样，我对于新环境适应得很快。我既非特别合群，但也不特别怯生，很容易交朋友。因为气候关系，孩子们都在户外消磨空余时间。我在特拉维夫的街上学会了踢足球——今天这种情形是难以想象的，但那时特拉维夫只是个小镇，除了上课和练琴，其他时间我都在街上玩耍。以后我参加过青年运动，那时候小孩子的社交天地确实是在大街上；不像现在，那时没有毒品和犯罪的问题。以色列是犹太人理想主义的中心。我们相信只要犹太人住在他们自己的国家里，有些问题就不会在他们周围产生，甚至设置犹太人警察这种想法都很奇怪。在国外的聚居区，犹太人通常是自雇专业人士：医生、律师、艺术家、作家或银行家，但是说到犹太警察、犹太士兵或犹太小偷——所有这些通常的名称在那时还是新鲜事。每个家庭夜不闭户，窗户敞开，邻居串门子走亲戚。街道都很狭窄，来往很方便。

每个人都想要建设一种新生活、新国家、新社会——无时无刻都可以见到这种混合了复国主义和社会主义理想的迹象；每个人的生活态度都是热切向上。几年之后我在学校里读到孔德（Auguste Comte，德国哲学家——译注）和他的实证论，那完全是当时我们的思想和生活方式在学理上的一个实例。在日常生活中我们遇到的问题是，我们的国土曾经是一片沙漠，我们灌溉她，建造公园和房子，这种创造性的努力是驱使当时以色列社会发展的动力。

从1952年12月至1954年夏天，我完全没有离开过以色列。我们祖孙三代住一套公寓，这是一个真正的家，外面没有任何事物可以干扰我们的安全感。我想这一点太可贵了，因为现在世界上任何地方都很难再有这样的和睦融洽。同时，我对阿根廷或者来自国外聚居区的所有事物都反感。对我，这已成为过去，我不想听也不想说西班牙语，当然，这是一种孩子气的反映，但是我感觉这里才是我们的祖国、我们的社会和我们的家。

我很幸运，我上的那所小学有一位非常好的校长，他替我在家里补课，不光帮助我学习语言，还让我保持我在家中学习的相同准则。我学了英语——今天在以色列英语仍然是第二语言。至关重要的是，我开始有了作为一名犹太人的自我认同感。与国外聚居区的犹太人相比，这是一种完全不同的经验，在国外，非犹太人看得出你的“不同”。在以色列，这是一种与历史有关的犹太意识。以色列在开始阶段是相当世俗的社会，虽然包含了激进的宗教成分。《圣经》是作为历史的一部分来学习，被当作我们的传统甚至我们的日常生活。逾越节和所有犹太节日，是被作为历史传统而不是宗教节日来庆祝。在学校里教的千百年以前的犹太史是如此鲜活生动。这种历史课的教法与当今，比如法国的教法截然不同，在那里你学到的是：查理曼大帝（Charlemagne，公元742—814年，生地不详——译注）或者在美国你读到的是美国革命，这些发生在遥远年代的事情好像对当代生活没有什么影响。我认为学校教的科目应该与我们今天的生活息息相关。触类旁通，举一反三的能力应该受到鼓励，学以致用才是学习的目的。

以色列有一种强烈的历史感。当我开始研究歌剧的时候，有人提醒我，你在舞台上展现的东西要让今天的观众产生共鸣，我有意识地试图将历史与当代生活的关联运用到歌剧演出中去，并且进一步运用到抽象音乐——交响乐、钢琴音乐或室内乐之中。那些二百年之前写的作品在今天依然是如此中肯贴切。犹太历史在当代生活中扮演重要角色的感觉，帮助我认识到伟大的音乐作品都有其两面——一面属于它的时代，另一面属于永恒。这另一面使我们能欣赏两三个世纪以前的作品。

在我的青少年时期我对哲学很有兴趣，我读了许多斯宾诺莎（Baruch de Spinoza，1632—1677，荷兰哲学家——译注）和克尔凯戈尔（Kierkegaard，1813—1855年，又译泽尔齐克果，丹麦宗教哲学家——译注）的著作。作为一个在以色列的青年，我受到两位哲学家的深刻影响，一位是马汀·布勃（Martin Buber，1878–1965年，犹太哲学家——译注），一位是马克思·勃劳德（Max Brod，1884–1968年，生于布拉格，德语作家、作曲家——译注）。布勃让我认识到事物从来不是它们看起来应该的那样，而是取决于各人的观点。在以色列学校里，我们没有把《圣经》作为宗教书，而是作为犹太传统的一部分。从哲学的角度来探讨不同的《圣经》。很小我就懂得尊重思想，了解它在日常生活中的重要。人的大部分忧虑和苦恼都是由于没有能力思考，即使有些人愿意并且能够以哲学的观点来思考音乐、政治或者历史，而面对人生中的起伏曲折，仍需要思考。

我父亲仍然是我的音乐老师，但我也跟一位以色列作曲家学了一阵作曲，保尔·本海姆来自慕尼黑，他的原名是保尔·法兰肯伯格。他是相当不错的作曲家，他教我和声，但不很严格。他那一套可以称作是一种“兴德米特简易音乐教程”，省略了许多费时的传统方法。一直到1955年在巴黎，纳迪娅·布朗热（Nadia Boulanger，1887–1979年，俄裔法国音乐教师——译注）把我像人们所说的那样，“放进作坊受训”，从她那里我才受到了苦行僧式的严格的音乐教育。

我在以色列开了独奏会及室内乐音乐会。1953年，我第一次与以色列爱乐乐团合作，指挥是米尔顿·凯第姆，一位非常出色的音乐家，作为中提琴独奏家曾与托斯卡尼尼指挥的NBC乐团合作，后来成为西雅图乐团的指挥。听众和乐队队员对我的演奏反映毁誉参半。一方面，他们认为我是一个明日之星，前程远大的男孩；另一方面，那是一种典型的犹太人式的反映——咳，我们见过太多的神童了。

当我与以色列爱乐乐团合作的时候，他们才只有十七年的历史。

由布朗内斯劳·胡伯曼创立于1936年，在我举行首演的时候，乐队中大部分是第一批来自德国与波兰的乐师，这是一个相当中欧式的乐队。1990年4月，当我带领柏林爱乐乐团去以色列演出时，对于我和上了年纪的以色列听众来说柏林爱乐乐团的音色是相当熟悉的，这是伴随我成长的声音。以色列演奏员处理乐句的方式你可以在中欧最好的乐队中听到。

以色列爱乐在1960年代经历了转变，不仅仅是因为原先的队员被年轻的演奏员替换，而且从苏联来了许多犹太裔音乐家。乐队的第一批队员，它的“一期”，都是德国犹太人和波兰犹太人。今天，那里有美国的木管演奏员，俄国的提琴家，和以色列新一代的弦乐队员，还有一位阿根廷的双簧管演奏员，这个乐队成了一个风格上的混合体。但是在这支乐队开始阶段，它具有一种温暖的音色和感情上的张力，这种丰富的表现力让我们耳熟能详，令人想起那些伟大的犹太裔小提琴家——胡伯曼、奥伊斯特拉赫，或斯特恩。不管怎么说，在以色列仍然有组织得极为出色的音乐生活。以色列爱乐拥有三千名以上的长期听众，而在特拉维夫和耶路撒冷加起来只有不到一百万的人口。

乐队的早期不存在工会和商业化的问题。乐队成员并不觉得他们仅仅是在提供服务或者谋一种职业。音乐演奏是他们生活中的核心。

那时候有一位来自捷克的非常好的指挥，乔治·辛格。他阅历丰富，是我所遇见的第一位对于歌剧无所不知的人。他拿给我看《齐格弗里德》，那是我头一回见到瓦格纳歌剧的总谱。我当然看不懂，那也是我第一次见识那些古怪的乐器，譬如像“瓦格纳大号”。那时我太年轻，而且完全不感兴趣。但后来，当我对瓦格纳发生兴趣并开始研究他的音乐时，我认识到那是辛格，他第一个向我展示了瓦格纳精细复杂的配器法。鲁宾斯坦来以色列的时候，他总是要求与辛格一起合作，因为辛格是一位音乐各个方面的通才。我在海法（Haifa）与耶路撒冷也与他一起演出过。

四

欧洲间奏曲二

在1954年的夏天，我的双亲决定我应该去萨尔茨堡跟马克维奇学习指挥。我花了许多功夫学习乐队总谱，准备进他的指挥班。我父亲与马克维奇之间曾有过长时间的争执，因为马克维奇要求我停止钢琴演奏，在未来的音乐生涯中仅仅做一名指挥。而我父亲觉得我应该在学指挥的同时，继续发展钢琴的潜力，并积累大量曲目。他认为我才十一岁，没有必要去做这样一种“二者必居其一”的断然决定。当然他是正确的，日后我努力地既当指挥又弹钢琴。

我在指挥班上是年龄最小的，其他同学都已超过二十岁。我记得许多我的所谓同行对我并不友好。毕竟，我只不过是个孩子。只有一个人是例外，赫伯特·布隆姆斯泰德（Herbert Blomstedt，1927年－ ，后任旧金山交响乐团指挥——译注）。他待我极好，当我有语言困难时，总是为我解释——我的英语很差，至于德文，就仅仅是我九岁时在维也纳和萨尔茨堡时学来的那一点。

马克维奇在指挥班的助理是沃尔夫冈·萨瓦利什。去萨尔茨堡之前我需预备几首交响曲，我记得有门德尔松的“意大利”，贝多芬的

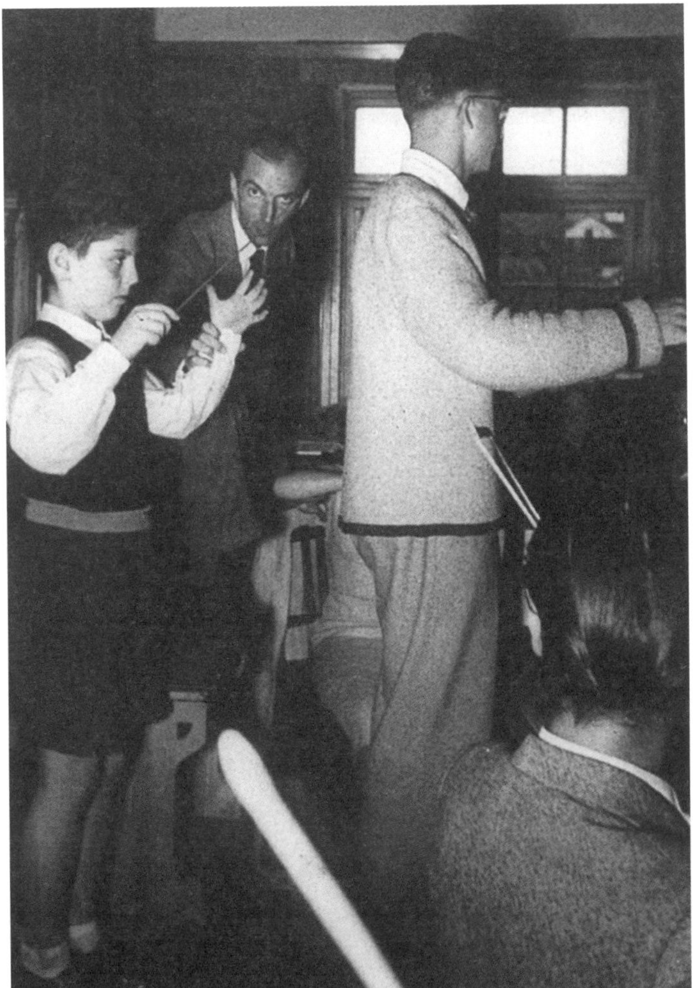

1954年，我在萨尔茨堡马克维奇的指挥班上

《第四交响曲》及勃拉姆斯的《海顿主题变奏曲》，我在指挥班结束时指挥了这首作品。我做了准备，但完全没有实际指挥演奏的经验。至于移调，可以看出我在以色列所学的理论课程是不完整的。本·海姆把课程变得太容易，他让我在做四声部的移调练习时，只做高、低两个声部，而且只移在简单的调号上。一直到1955年冬天，我跟纳迪娅·布朗热学习时，我才掌握了同时移四五个调的技能。

我相信走捷径能节省时间，不仅是在音乐中。但是如果对全过程没有一个概念，这样做是危险的，有时就错失了基本的原理。我在钢琴演奏时经常运用这一原则。在贝多芬的奏鸣曲中的困难段落中，如果你将那些音用两只手分开去弹，会变得容易些，但是那样就会失去它的表现力，失去它的难度。举例来说，《汉马克拉维亚奏鸣曲》（*Hammerklavier Sonata*，《降B大调奏鸣曲》作品106号——译注）的开头，左手从降B低音大跳到中间的和弦是非常难把握的，和弦很容易弹错。但是如果把它们分别用两只手来弹，用左手弹低音，而右手弹和弦，当然容易很多。但那种在低音与和弦之间的巨大的距离感，以及相关的表现力也就丧失贻尽。（查尔斯·罗森在其2002年出版的《钢琴笔记》的第一章也以这一例子发表过几乎相同的见解。见*Charles Roson*：*Piano Notes*，英文版第22页——译注）

马克维奇坚持节奏的精确与平衡，他喜欢清晰的声音、清晰的节奏和清晰的指挥动作。他的指挥法的要点是省略一切不必要的动作，那些多余的动作只会分散注意力。有时我觉得他简化得过分了，但是他的影响是正面的。他还非常强调姿势，如何站立；如何运用手臂；如何握指挥棒。他坚信右手并不仅仅是打拍子，而且表明了指挥者对于乐队力度的要求。他发明了平面八字型的横向式的指挥动作，拍子打得非常连贯。换句话说，手臂必须是以圆润的动作，而不是有棱角的生硬的动作，来暗示不间断的音乐线条。他也有一套简单的左手动作来提示力度的轻重。

萨尔茨堡的课程的优点，是每周的每一天都有乐队提供排练五至六小时，使学生得到大量的实践经验。

1954年的夏天，我在萨尔茨堡遇见了富特文格勒（Wilhelm Furtwangler，1886-1954年，德国指挥家——译注）。我被介绍给他，为他演奏，他对我的演奏印象深刻。我必须承认，他给我写的一封信为我在事业上广开了门路。他写道："这个十一岁的巴伦博伊姆是一个非凡的人才！"这成为我以后二十年的推荐信！他也邀请我与他的柏林爱乐乐团合作演出。这是他可以赠予我的最大荣誉，但可惜被我父亲回绝了。我想他认为，战争中的所有暴行才过去不久，对于一个犹太家庭来说，从以色列去德国还太早了些。(在那时候我一直很奇怪当时以色列与德国没有外交关系，但是与奥地利却存在着外交关系。奥地利人不知以何种方法让世人相信他们是纳粹和希特勒的受害者。他们真是世界上最狡猾的人。他们做到了将贝多芬化作奥地利人，而将希特勒归于德国人！)

富特文格勒也让我观摩他的排练。他那时正排练《唐·乔凡尼》，准备拍成电影。我记得我坐在靠近羽管键琴旁边，我也听了他的音乐会，那一场全部是贝多芬的作品，由维也纳爱乐演奏《第八交响曲》《大赋格曲》和《第七交响曲》。

那一年的11月，富特文格勒去世。作为一名指挥家，他的方法与我们每天在课上学到的迥然不同。我们被告知不应有任何多余的动作，而当富特文格勒指挥时，他的动作是非常凭直觉的，本能的，像德国人说的那种“动作戏码”。我记得乐队散发出的那种情感上的张力令人难以忘怀。当他排练《第七交响曲》时，他只排乐章的转换段落（transpositions），至少我记得是如此。他从来没有让一首乐曲从头至尾地奏一遍，他只排那些地方，比如从序奏到快板的那一段。不管那一处是多么短小，他排练时却一个细节都不放过，不仅是分句，声部的平衡，还有连结那一乐段的前面一小节，他对细节的精雕细凿给了我极深的印象。作为一个人，我被他强烈地吸引住了。我从他身上学到的东西，包括后来通过他的录音；与他一起演奏过的音乐家的谈话，以及在他家中研究他的乐谱，都对我影响深远。如果你观察他做的力度记号，会让你见识到为什么富特文格勒的指挥与众不同。他有一套适用于他自己的演奏的术语，这不单是用放大镜去找出一个代表渐强（crescendo）的字母C，而且是在渐强开始的地方，要有整个心理上、结构上，甚至是整段乐曲的准备。富特文格勒死后，他对后世造成的影响有个问题，那就是人们很容易模仿他的外表动作，甚至夸大歪曲。

使我大惑不解的是，当音乐家觉得需要改变力度时，十有八九他们都会放慢速度以求得更多的表情。他们放慢速度时毫不犹豫，却从来没有想过加快速度。正确理解音乐术语至关重要——它们主要源自于意大利文和德文——都有确定的含义，并且是可以分析的。例如，散板（Rubato，又译自由节奏——译注）的原意是“偷窃”，当你拿了东西之后，你必须归还！从音乐上讲，这意味着如果你在某处放缓以求得更大的表现力，你一定要在别的地方“归还”。速度上的涨落起伏与灵活多变必须与严格的节拍相关联。在理想的情况下，当散板节奏超过了三四小节时，在后来的八小节或十六小节之内，失去的速度就应

我和父母1954年在萨尔茨堡见富特文格勒

该得到补偿，假如你开着节拍器演奏一个十六小节的乐句，在开头的时候你有些节拍上的自由和起伏，但是在十六小节结束时，你仍然能够跟得上它的节拍。莫扎特和肖邦对散板的运用是著名的。旋律略为自由，而伴奏部分保持严格的节奏。

富特文格勒对于散板的运用从来不是随兴所至的，或者仅仅是为了强调那些优美或戏剧性的段落。这是一种在乐曲结构意义上的强调手法，他能够将理智与感情高度集中，并将其传达给乐队。我至今仍不明白这其中多少是出自于他理性思考的；多少是出自于他主观的感受。有时候这两者是密不可分的，令人感到他达到了这样理想的境界——用心来想，而用头脑来感觉。

他去世之后，我去了他在瑞士的家。他的遗孀仁慈地让我看他遗留的总谱。他做的记号有些相当有意思，并且非常详尽。许多标记都与声部平衡及力度变化有关。他用德文标记的许多速度记号恰好是它们的反义词，也许不是一种巧合，像“nicht zu geschwind，nicht zu schnell，nicht zu langsam”在意大利文中它们是“快板，更加活泼”。富特文格勒一贯专注于力度变化——在电影短片中他指挥舒伯特的《未完成交响曲》的镜头中可以看得到——以及连奏。有些人以为这些都是来自于他的直感，但是当你和那些与他一起工作过或经常观摩他的人交谈，像切利比达克、费舍尔-迪斯考，他们会告诉你，他排练时经常会停下，说：“这里不够优美”，或“它听起来不对劲”。他的要求时常能够通过他古怪的手势来达到。你能够意识到，他的要求和他达到的效果，有多少是出于深思熟虑的结果。

他从来没有为了声音本身的目的而去操纵或品玩声响。有时候声音是令人难以置信地优美动人，但那总是与富特文格勒想要达到的效果相关。他能够使乐队的演奏有一种震撼人心的紧张度，像在贝多芬《第九交响曲》第一乐章中的高潮部分；或者像勃拉姆斯《第四交响曲》中帕萨卡里亚舞曲中的再现部，高音A在弦乐组进入时，似乎有一种肉体上的痛感。用诗歌般的词藻来形容音乐是危险的，因为音乐有不同的含义，但是我从来没有听到别的指挥将“绝望”的情绪表达得如此明晰。他对海顿的交响乐和某些舒伯特作品的诠释，我觉得是轻盈美妙的。相隔这么多年代之后，你今天去听柏林爱乐，你会感到——至少我是如此——你所熟悉的富特文格勒的特征仍然存在。

富特文格勒与柏林爱乐在音乐上的合作关系是如此积极和卓有成果，甚至你分不清楚什么是他给予他们的，什么是他们给予他的。我与这个乐团相处越久，我听富特文格勒的录音越多，或者重读他写的东西，我就越感到他与乐队的关系已到了水乳交融的境地。只有与他们，他才能达成他想要的演释，而同时，他给了他们得以代代相传的某些东西。

我想富特文格勒非常强烈地意识到音乐与自然的相同之处，它那奔腾的河流和暴风雨——不管一部作品已经排练过多少次，像陈年佳酿一般，但是当它那晚被演奏的时候它总有一种火山喷发般的激情，那是自他之后无人可以企及的。他总被称作最后的浪漫主义者，如果你演奏得富于表情，但是严格按照速度，那么你就是一位古典主义者！

尚·考克陶（Jean Coctean，1889–1963年，法国作家——译注）认为模仿是奉承和恭维的最高形式。人们或许为了奉承富特文格勒而模仿他，但模仿只能重现表面和外在的东西。富特文格勒式的渐快或渐慢，或富特文格勒式的着重音（agogic accentuation）都来自于内在的需要，如果你没有意识到这种内在的压力，那种外在的表现形式就成了滑稽。在1960年代后期，许多年轻音乐家称富特文格勒是他们的偶像，他的那种自由度成为时尚，但是富特文格勒的自由与音乐的结构息息相关，而这正是他的模仿者所欠缺的。

有一个富特文格勒留下的巴赫《第五号勃兰登堡协奏曲》的录音，其中的钢琴部分是他弹的，那个华彩乐段令人惊异。我不知道人们在何种程度上能够容忍这种风格上的混杂，但是它那种宏大的气势和色彩让你感到是管风琴在演奏。它令我陶醉。在他指挥的莫扎特《G小调交响曲》(K.550) 第一乐章与末乐章中，那是一种真正的“非常快而简洁的快板”(allegro molto alla breve)，没有那种时常听到的死气沉沉的风格，我从未听过如此令人信服的演奏。

当我没有演出时，都在以色列上学，但我也去了几次国外。1954年或1955年我去苏黎世和阿姆斯特丹开音乐会。我在英国的第一场音乐会是在伯恩茅斯 (Bournemouth)，为此我准备了美国作曲家辟斯顿 (Walter Piston) 的一首小协奏曲。

1955–1956年的冬天我去了巴黎，在那里呆了一年半，跟布朗热学作曲。我记得与她的联系是通过马克维奇，他们是好朋友。我的父母随我同去，一家人过着正常的家庭生活，当然我父亲任何时候总是教学生。我父母认为保持紧密的家庭关系是必要的。我从美—以文化基金会得到一份奖学金，那使我们可以应付国外生活的开支。

当我去布朗热那里上课时，几乎是像玩游戏一样地有趣。她的钢琴上总是放着一本巴赫的《平均律钢琴曲集》，她会翻到某一页说：“把这首用降E小调弹出来。”——换种说法，就是移调。开始我发现这样弹极其困难。她教对位法相当严格，但对我的作曲习作却相当宽容。对我所写的东西她从来不是学究式地不肯通融。我一周两次跟她上个别课，每周三上集体课。她使我明了音乐的曲式结构不是一种干巴巴的课题，而是音乐的组成部分——你能够感性地接受它，而不单是理性地把握它。

1956年1月我首次在伦敦公演，由约瑟夫·克里帕斯（Josef Krips）指挥。我记得1955年夏季在萨尔茨堡上指挥课时去圣·莫里斯旅行，克里帕斯正在那儿度假，我去弹给他听，他已经听说了许多关于我的事情，但是他一定要试听以后才决定是否与我合作。他非常执着于这一观点：即必须要以优美的歌唱音调来演奏古典作曲家的作品，尤其是莫扎特与舒伯特的。他拒绝哪怕是一丝一毫的粗糙。同时他也相当注意速度和节奏的严格性，而且对于放慢速度以求表现的企图从不让步。他总是说音乐是贵族的，而不是平民的——关于速度和节奏这当然是一个正确的比喻。

那时我为菲利普唱片公司录了我第一张唱片。在录音棚里由于你可以随意地停下，再重新开录，因此你以为你的演奏可以更有自发性和冲动性。可是，实际情况恰恰相反。在录音室中有一种趋向：要将成竹在胸的所有要点一下子表达出来，这成为一种有意识的努力。虽然在音乐会中你也想要在一部作品中表达一切你思考过、研究过和体会到的东西，但是你不可能停下重来，而正是这一点加强了演奏上的紧迫的冲力。

我不赞同格伦·古尔德（Glenn Gould，1932–1982年，加拿大钢

1956年，在伦敦皇家节日大厅与约瑟夫·克里帕斯为我的首演排练

琴家——译注）的观点，即录音是今天音乐的唯一出路。对于我，音乐就像自然界一样，是生生不息的。想让时钟的钟摆停止不动的努力在生活中是不可能的，它永远在摆动。这种关于音乐的自然主义的想法与录音是相对立的，而录音充其量只是某个特定时刻的历史性记录。

当格伦·古尔德在一篇争辩性的文章中，说我通常只允许录音师将一个乐章录制不超出两次，他说得绝对正确，而且我对于那样的结果已觉得满意。我不认为，如果我在录音室里花费几个星期去录制一首奏鸣曲结果会更好，因为那样使我必须放弃演奏的自如，以换取无菌式的枯燥乏味。如今，我喜欢现场录音超过一切。那是某一特定时刻的音乐见解的一种实录，一次特定的演奏的记载；那是拥有在公众面前演奏时所具的自发性和紧张度，是你在录音室里永远做不到的。

虽然我几乎有大半生的时间一直在弹巴赫的《戈德堡变奏曲》，但是我直到1989年才在布宜诺斯艾利斯的音乐会上正式演出，那是在科隆大剧院我登台四十周年的纪念音乐会。那次音乐会之后发行了实况录音唱片，我想录音室里的结果不会比它更好。谁知道，如果两年，五年或者十年之后我对这部作品的诠释会是怎样？古尔德在他的《戈德堡变奏曲》第一次录音的许多年之后，以非常不同的方式重录了这部作品，没有人能说这是他最终的版本，假如他活得足够长久，而可以录第三次的话。

1956年4月，我参加了在那不勒斯的一次钢琴比赛。是卡洛·泽基（Carlo Zecchi，1903–1980年，布佐尼的学生——译注）送我去的——在观摩了他在罗马的圣塔西西利亚学校的钢琴班之后，我获得一份证书。在1956年夏天，我参加了他在锡耶那（Siena 意大利中部城市——译注）的一个指挥班，他对我很友好，并鼓励我继续学习指挥。他的课程标志着我与两位同窗友谊的开端，克劳迪奥·阿巴多与祖宾·梅塔，我们都在同一班。在柏林爱乐的“音乐家之室”中有我作为礼物赠送给那儿的一张海报，我在我父母的老屋里找到了它——那是一张1956年夏的最后一场音乐会海报，我们三人指挥！阿巴多比我大十岁，而梅塔比我大六岁，但是我们之间有一种真正的同伴关系，我们一起玩过不少鬼把戏。

虽然我与阿巴多的友谊延续至今，但梅塔与我从一开始就是更密切的朋友，到今天还是像1956年时那样地亲密无间。他二十岁时我是十四岁，六岁的差别是很显著的，我看他就如看一位年长的兄长，富于经验的成年人，不仅在指挥上而且是生活的各方面。他已经结婚，而我只是个刚刚开始注意女孩的毛小子。

不久，在1962年，梅塔成为蒙特利尔交响乐团的音乐指导，几个月之后又成为洛杉矶爱乐的音乐指导。事实上，成年以后的他一直同时任两个乐团的音乐指导，先是蒙特利尔与洛杉矶，后来是洛杉矶与以色列，再后来是以色列与纽约爱乐。从一开始我就被他所吸引，他对音乐的敏感领悟，将音乐的想法转换成姿势的能力，与各种人特别是乐队成员打交道的方法都很吸引我。

他可能是我唯一的从当初到今天一直不变的知心朋友。许多事情，特别是有关以色列的事件将我们紧密相连。当1967年“六日战争”爆发之时，他取消了他所有的合约，飞往以色列，他只是想要与他的朋友们，不光是杰奎琳和我，还有以色列乐队中的朋友在一起，这不仅令

梅塔与我从一开始就是密切的朋友。1965年与他在特拉维夫。

人感动而且让人钦佩。他对以色列国的感情成为一支经久不息的主导旋律，鸣响在他自己和在以色列爱乐的生存之中。

对我而言，祖宾·梅塔是第一位，而且是最重要的榜样，他“国际化”了音乐——就字面上最好的意义来说。一直到第二次世界大战并且包括大战期间，普遍的认同是德国音乐家演奏德国音乐；法国音乐家演奏法国音乐，而意大利则献身于威尔第和普契尼。当然这是一种过分简单化的说法，也有许多相反的例子，但是总的来说情况就是如此。我记得我读过一本富特文格勒的作曲教师瓦尔特·赖兹勒写得很有趣的书，其中试图以哲学的角度来证明你必须是德国人，才能理解贝多芬。突然间，出现了一位来自帕西 (Parsee) 的印度人，他凑巧在维也纳学习，他不仅完全理解了西方音乐，而且成为当今最杰出的指挥之一，对于瓦格纳和理查·施特劳斯或者普契尼和威尔第的歌剧都同样擅长，更不必说他那广泛的交响乐曲目了。

在这个意义上祖宾·梅塔成为一个榜样，我想，不仅对我，也对后一代的许多年轻指挥家。听他1960年代指挥维也纳爱乐演奏的布鲁克纳交响曲特别令人难忘，它是那样地自然天成，让你以为他是生于林茨的郊外。我记得在他演出了布鲁克纳《第九交响曲》之后，一家奥地利报纸的评论以“从孟买到林茨并不遥远”作为标题。通过祖宾，我对以前所不了解的音乐产生了极大兴趣，特别是歌剧，还有施特劳斯和布鲁克纳。

1968年以色列爱乐任命梅塔为音乐指导，后来任命他为终身音乐总监。他是第一位拥有这个头衔的人，在他之前，该乐团的演奏员们从来没有音乐总监，他们在艺术和行政上实行自我管理并曾以此而自豪。对于他的任命，不仅是因为他与乐队合作无间，而且是为他对以色列的关注和投入的热情所作的报答。他在1961年首次访问以色列就立即与乐团建立了良好的关系。他们演出了德沃夏克的《第七交响曲》、斯特拉文斯基的《三个乐章的交响曲》和柯达伊的《格兰塔舞曲》。

他与以色列的关系有些方面很难解释。如我已经说过的，祖宾来自一个帕西家庭——帕西是个很小的族裔——全世界只有十万人口，他们信奉起源于古波斯的琐罗亚斯德教（Zoroastrain）。据说他们是塞路斯（Cyrus）的后裔，在巴比伦入侵之后，波斯王给予他们独立和自由，但是我想这并不是使他与以色列有紧密关系的理由。他是一个非常泛国际化的人，在任何社会都适得其所，不管是在维也纳、洛杉矶或是佛罗伦萨，在哪里他都很活跃。但我相信在他内心深处，没有一处地方会让他产生归属感。以色列，碰巧通过他与乐队的关系，还有类似的生活方式，使他想起了孟买的日子。我想特拉维夫与孟买的相似之处，一定要比维也纳与孟买之间多得多。那使他有一种宾至如归的感觉。多年来他对于以色列所作出的贡献使他成为那里文化生活中的支柱。

在1991年波斯湾战争时，我们第三次在战争情况下在以色列相聚。第一次是1967年，第二次在1973年。而在1991年，一旦乐团被允许演出时，我们就举行了音乐会——为了安全理由，已经停演好几个星期了。2月中旬，艾萨克·斯特恩来了，引起世人注目的是，对于乐队队员，还是听众来说，那时的音乐意味着什么。斯特恩、梅塔与乐队在耶路撒冷的音乐会上演奏时，空袭警报响了，乐队队员只能停止演奏，听众全都戴上了防毒面罩，而斯特恩则走回舞台，在没有乐队伴奏的情况下，继续演奏巴赫。我年轻的同行叶菲姆·勃朗夫曼（Yefim Bronfman）也在那里演奏。我与梅塔则在战争的最后几天与乐队一起演出。

波斯湾战争时在以色列的经历，以及1989年11月在柏林墙倒塌时发生的事件，促使我重新思考那种有关文化的论调的虚伪性。那种说法认为，只有当“真实的问题”被解决了之后，你才能够投入和享有文化。那种论调经常被政治家所利用，尤其是当财政短缺的时候，文化事业总是首先被裁减。那两次不同的经历使我相信，音乐对于大众的意义应该而且可能与那种论调大相径庭。1991年2月在以色列，当警报响起，导弹从伊拉克飞来时，人们在夜晚必须从床上起来两次，戴上面罩，进入密室之中，等待五分钟，才能确定他们能否继续生存。这给以色列大众带来了巨大的心理压力。而一旦安全情况允许，以色列爱乐就开始一天两次的音乐会，在中午十二点及下午三点，因为晚上通常不够安全。每次只有五百位听众可以进入音乐厅，而且必须携带防毒面具。音乐那时候是一种真切的需要，音乐家需要演奏而听众需要聆听。对一些人来说，这是一种忘却前一夜恐惧的办法，对另一些人来说，这是期盼的时刻，是可以不去想明晚那无可避免的警报声的片刻。在任何情况下，音乐都不是那种肤浅的娱乐。

1989年11月在柏林，当柏林墙倒了的时候，柏林爱乐的团员自发地要求为来自东德的人们演奏，自从柏林被柏林墙分割之后，这么多年他们一直不能越界听到这一乐团的演奏。1989年11月12日我荣幸地担任指挥的那场音乐会是一种信息的表达，其中不仅有乐团音乐家能够为来自东德的同胞演奏的喜悦，也不仅有听众能听到柏林爱乐演奏的喜悦，而且还包括了在那群情激动的时刻演奏和聆听音乐的需要。

当我结束了泽基在锡耶纳的指挥课程之后，我返回以色列。1955年我目击了西奈战役，外界称之为苏伊士战争。以色列人联合了法国和英国人，进入了埃及。虽然我并没有被卷入其中，但这是我记忆中的第一场战争。特拉维夫有一夜断了电，那像是一种预兆。有意思的是，尽管是战时，每晚我们与以色列爱乐照常演出，在那个困难的时期人们对于音乐的需要更加迫切。指挥弗朗西斯科·莫利那里-帕拉台利坚持留在以色列，他的勇气赢得了每个人的赞赏。另一位拒绝离开以色列的非犹太音乐家是齐诺·弗朗西斯卡蒂（Zino Francescatti，法国小提琴家——译注）。

以色列处于战争之中，被敌人包围，他们要“将犹太人扔进海里”。如果你看一下以色列的地理形势，你就知道要做到这样真的不难。幸好以色列作出了依靠自己强大的军队来保卫国家的决定。

在以色列有一种幽闭恐惧症的感觉：如果你想出国度假或做其他的事，你被迫得去另一大陆。可以将我们的情形与西柏林作一比较——不同的是东德人并没有宣称要将西柏林居民扔进海里。我们的情形不是像从瑞士到意大利那样要坐几个小时的火车——我们只能坐飞机或轮船。

1956年12月（那年巴伦博伊姆是十四岁——译注）我第一次去了北美洲，在那儿开了第一场音乐会，那是多亏了鲁宾斯坦的大力推荐。1957年1月我在纽约开的音乐会还算理想，不很失败，但也不算太轰动。我想我的经纪人胡洛克（Sol Hurok）必须努力确保我有更多的合约，我已不再是孩子，又不是成人——一个尴尬的年纪，不光于我自己，也关系到公众的接受力。不管怎么样，胡洛克一直被鲁宾斯坦所督促，不要放弃对我的信任——而他从来没有。

当我小时候在布宜诺斯艾利斯时，鲁宾斯坦常来演奏。那总是伟大的时刻——他是最受爱戴的音乐家，为了买到他音乐会票的人们通宵排队，有时甚至更久，他们为他而疯狂。我记得当我足够大了而大人允许我去排队时我非常得意。每个家庭成员都轮流排队，我从早上十点站队两个小时，为了买他在科隆大剧院的独奏音乐会的票。

他弹的两首作品让我至今还记忆犹新——一首舒曼的《狂欢节》，另一首是贝多芬的《热情奏鸣曲》。我记得当他演奏时，我是怎样地全神贯注于他的声音，他坐在钢琴旁身姿笔挺，简单自然，完全不像我后来见到的其他钢琴家那样故作姿态。他是个真正的传奇人物。我父亲有一张他题赠的照片。后来我见到他时，他告诉我，当我母亲怀着我的时候，他已经认识我父母了。

我在1955年巴黎所遇见的人当中，有一位波兰作曲家坦斯曼（Alexandre Tansman），他是斯特拉文斯基的朋友。他好像很喜欢我，认为我应当弹给鲁宾斯坦听。我父亲不愿自己直接去找鲁宾斯坦，生怕他会想："这一个来自阿根廷的熟人想把他的天才儿子推荐给我。"不过，要是坦斯曼能够安排这桩事，就再好不过了！这样就做好了我为鲁宾斯坦弹琴的准备。坦斯曼陪我去了巴黎，鲁宾斯坦住在福治大街。他姗姗来迟，对他不能准时深感懊恼。大家坐定之后，我弹给他听。那时我才十二三岁，让他印象最深的是我弹的普罗科菲耶夫的《第二钢琴奏鸣曲》，因为后来他曾多次对我提及。我弹了我所记得的所有曲子，然后，大约一个多小时之后，我父母进来接我。可以想象鲁宾斯坦当时的惊讶，因为他不知道我是谁家的小孩。

他真是极为慈仁慷慨。他建议我应该去美国演奏，而且他要将我介绍给他的经纪人。那时的纽约是音乐的中心，欧洲仍在重建之中，德国还有特别的麻烦，许多艺术家不愿意到那儿去，包括鲁宾斯坦、霍罗维兹、海菲兹和斯特恩等等。

一天，鲁宾斯坦夫人来电话，要我晚上去他们家。许多人在那儿，包括胡洛克和奎沙达，后者从一次大战以来一直是鲁宾斯坦在西班牙和拉丁美洲的经纪人。我弹给他们听了。鲁宾斯坦告诉胡洛克，他认为我应该去美国演出，但是不宜过于曝光。再说我还太年轻，应该让我父母伴行。他还告诉胡洛克，几年之中不要想从我身上赚钱，但是他肯定我有一个远大的前程。鲁宾斯坦特地为我的第一份合同谈判！

我永远不会忘记他的慷慨大度。他总是与我保持联系。两三年之后，他来以色列，我自然去了他所有的音乐会。他总是邀我去他那儿，并听我弹琴，他急于知道我有何长进，而且一直关注着我。

还记得在以色列时的一桩事。鲁宾斯坦那时住在特拉维夫外面的一家旅馆，一天早晨我观摩了他与以色列爱乐的排练之后，他邀我当天下午去见他。我那时大约十五六岁。当我到达旅馆时，搬运夫对我说，鲁宾斯坦与他家人去加李利坐游艇了。我觉得很奇怪，他约我五点见面的。那天我正好生病发烧，可我就是不想放弃这次约会。我在旅馆大厅里等了至少二小时。最后鲁宾斯坦来了，我看到他一脸惊愕——他忘了我们的约会，而且他也发觉我不舒服。但我见到他有说不出的高兴，使他很感动。我们进了他的房间，我弹了舒伯特的《F小调即兴曲》，勃拉姆斯的《亨德尔主题变奏曲》和李斯特的奏鸣曲，他给了不少建议，特别是李斯特奏鸣曲，他认为其中有某种浮士德式的主题，他也解释了声音与速度的关系。当我准备离去时，他说："不，不，你必须呆在这儿与我们一起晚餐。"这邀请对于像我这样年纪的男孩来说真是太意外了。这是我第一次喝伏特加酒，他还给了我一支雪茄烟。当我半夜两点回家时，你可以想象我母亲的脸色。我父母不知道我去了哪儿，我只好拼命解释。

鲁宾斯坦在琴上弹出的不同凡响的声音远近驰名，它是如此高贵丰满。他不喜欢那种所谓"飘忽轻逸"的声音（在弹法国音乐时那种声音很有效果）。对于他来说，声音必须又集中，又自然，而且又有表现力。他时常提醒我，特别是在李斯特奏鸣曲中，那些极弱音不能轻得没有份量。即使当鲁宾斯坦奏出非常强的声音时，它们从来不会发硬。他可以将力量几乎全部靠在键盘上，有时候他甚至从座椅上站起来，而他的手指仍然在他弹的和弦上。他坚持在一首乐曲最戏剧性的地方永远不要加速，要让乐句在它的顶点，它的高潮歌唱。他对于节奏有着独一无二的感觉，他的节奏的稳定性几乎是可以触摸到的。他认为在他年轻时，许多东西他弹得太快。但是他那极好的节奏感给他的演奏增添了自豪的气概，尤其是在典型的波兰乐曲中，像肖邦的波兰舞曲和玛祖卡。他让我注意到节奏与自豪感之间的关联。他告诉我短促的跳音与喜剧化的效果相关，特别是当它们用大管在乐队中奏出的时候，同样的效果也可以在海顿的交响曲中发现。一个意外的停顿，或者一个休止的小节，也会产生喜剧式的效果。当你联想到音乐中的傲气时，它总是伴随着坚定的节奏。它并不一定是军乐式的，但应该是一种强烈的节奏感。鲁宾斯坦直到他去世为止都有这种感觉，这是他最可贵的财富。就像他弹奏的声音一样，极具个性和独一无二。

他的节奏感使他的演奏具有一种无可比拟的生动。当鲁宾斯坦演奏肖邦的《升F小调波兰舞曲》时，就好像是整个乐队在演奏。

当我初执指挥棒时，鲁宾斯坦是少数几位没有说："当心你的钢琴演奏会受影响"的人。他对钢琴之外的音乐都感兴趣。他能够不看谱记得整部《莎乐美》（*Salome*，理查·施特劳斯的歌剧——译注），他喜爱《名歌手》（*Die Meistersinger*，瓦格纳的歌剧——译注），他熟知交响曲。他是音乐家中的多面手，关注所有的音乐。当我开始指挥时，他曾给予我极大的鼓励。

1966年我在布拉格的时候，鲁宾斯坦与他的妻子也在那里，他与捷克爱乐合作演出。我在那儿指挥英国室内乐团，这是我第一次与该乐团一起巡演。鲁宾斯坦对我新的职业很感兴趣，但他不敢确定，既弹钢琴又当指挥是否是一个好主意。后来他出席了我的音乐会，亲耳目睹了之后才相信。我开的音乐会，他如果有可能，总设法来听。在1960年代的纽约和巴黎，音乐会后他总是邀我上他家。

1966年他在马贝拉买了房子并请我去那儿，但我因为8月底和9月初有爱丁堡音乐节演出，之后又得了腮腺炎，只能拒绝了。这次病使我遇见了杰奎琳·杜普蕾，她也得了这种病，病得不轻，我们俩开始在电话中同病相怜。几个月之后，鲁宾斯坦在葡萄牙听到了她的第一次录音，大受感动。他邀请我俩——那时我们已经结婚——一起去他在葡萄牙的住处。他一直要我俩为他演奏，他对杰奎琳着迷，记不清有多少次，我们在那儿一直演奏到清晨。

1967年1月，我指挥了我在欧洲的第一场重要的音乐会——不包括与英国室内乐团的合作，那是与伦敦爱乐乐团，当时叫新爱乐乐团，一起演奏莫扎特的《安魂曲》。这场演出广受注意，因我演出前几天才

我与杰奎琳·杜普蕾

接到通知，原先的指挥病了，人们对我的期待并不高，说到底，那时我作为钢琴家的名声更响。我想他们会找上我实在是因找不到别人来指挥这场音乐会。不管怎样，演出大获成功，并且在许多地方为我广开了演出的机会。几个月以后，应该是1967年春，我在巴黎，鲁宾斯坦请我去吃饭，他跟我说："以色列爱乐的经理刚来过这儿。我预定9月在那时演出，你愿意跟我一块去，并指挥那场音乐会吗？"这是为特拉维夫的新音乐厅开张十周年的纪念音乐会。就这样，鲁宾斯坦成了我指挥的第一位独奏家！这表示他对我充满信心。在那之后，我经常与他合作，直到他退休。我与他合录了贝多芬的五首钢琴协奏曲。杰奎琳和我与他在一起几乎像一家人。在我担任巴黎交响乐团音乐总监时，我定期去拜访他，他家的大门对我永远是敞开的，我们每年都在巴黎演出，直到他停止了演奏。

鲁宾斯坦想要重录贝多芬协奏曲，但不是"第一"和"第二"，是他不常弹的两首。1975年3月他预定在伦敦弹"第四"和"第五"协奏曲，音乐会在星期日，鲁宾斯坦在星期六到达。我们只排练了很短一会儿，然后一起用晚餐，搞到很晚。那时候我对模仿很在行，我模仿各式各样的人，学他们弹琴的样子或其他动作，当然不敢模仿他。我模仿的鲁宾斯坦只是在他家人面前做，我从不敢当着他的面模仿他；一方面这样有失恭敬，另一方面我担心他可能不笑！第二天一早我们去排练场，那时他已经八十八岁，但是仍然兴致很高地将两部协奏曲从头至尾奏了一遍。在我这辈子合作过的所有伟大艺术家中，鲁宾斯坦是最没架子，最少自命不凡的。他会说："你是指挥，你对音乐会负责任。我必须什么时候去音乐厅？"他完全可以倚老卖老自行决定，而他不这样做。他是敬业精神的楷模。

那天晚上开了音乐会，第二天我们分两次录了那两部协奏曲。第三天我们又录了第三协奏曲，事情进展得如此顺利，他情绪很高，提出再录余下的两部，当然他需要个把星期复习一下。两三个星期之后，我们录完了那两部。

关于鲁宾斯坦已经有很多人描写过——他是充满活力的，他喜爱上好的雪茄，等等。当然那些都属实，但我不认为那些文字贴切地描述了他这个人和他丰富的个性。他是如此活跃，如此迷人，生机勃勃又充满智慧和教养。他是一位少见的健谈者，有些开怀畅谈的片断在电视中可以看到，但是作为一位音乐家，他也有非常严肃的一面。直到生命的最后一刻，他对周围的事物都有兴趣和好奇心。甚至当他不再能够弹琴时，他把几乎所有时间都花在听室内乐上，那些音乐他以前一直没有时间聆听和研究。我还记得当他找到那个莫扎特的钢琴木管五重奏的时候，他有多么地兴奋。

他通常从11月到2、3月在美国演出，春天到欧洲。1974年我们在巴黎的香榭丽舍剧院合演，并预定1975年再度合演。但是直到他从美国回来之前，他一直不能确定具体的日程。毕竟他已经上了年纪而且眼睛也不好。在他整个的音乐生涯中他几乎从未临时取消过演出，他一直以此为豪。而那时他的身体状况已经很难保证他可以守诺。3月份他从美国回来，他告诉我，他感觉一切良好，可以演奏。当时巴黎巨大的议会宫已经建成，可是只有一天的时间可供演出，其余时间都已排满。

如果他只能演出一场大家都会觉得遗憾。许多人都希望能听到鲁宾斯坦演奏，但是已经不可能找到另一个乐队和音乐厅有空的日子了。当我向他说明情况之后，他说，那好，我们就一天来两场，在同一剧院，一场下午，一场晚上。他弹了贝多芬《“皇帝”协奏曲》，第一场

1974年在伦敦，我与阿图尔·鲁宾斯坦录制贝多芬钢琴协奏曲

音乐会是在六时或六时半，第二场是在九时或九时半，一点都看不出他有疲劳的迹象。

全世界各地的乐队都有一定的规章制度，其中之一是，排练和演出不能在一天之中多于两次。这是为了防止乐队过度疲劳，这当然是正确的，但这使我们面临相当困难的情况——开音乐会之前，我们必须与他在早上排练一次。而这位年逾八十的老人愿意一天之中排练演出共三次！乐队董事会在这种情形下特别破例，为了鲁宾斯坦——我想如此情况仅此一例。这是我最后一次与他合作。而我最后一次见到他是在他逝世前三个星期，他已经病得很重了。但见到我，他仍然十分高兴，因为他知道我快要做父亲了。我告诉他，我的孩子如果是男的，会起他一样的名字——我大儿子的名字就是戴维·阿图尔。

追溯往事，最有意思的事情是，我指挥而鲁宾斯坦弹奏的乐曲大多数是我自己也弹过的作品，除了肖邦的《F小调协奏曲》。他有一种特别的本事，使别人相信他演奏一首乐曲的手法是唯一可行的一种。当音乐在乐队中进行时，他十分警觉留神，而且持一种开放的态度，他懂得如何以室内乐的方式与乐队合作。在音乐会中，他会注意到乐队是如何将乐句带到钢琴进入的部分，因此他不会按照他原先弹过的一贯手法来弹同一乐句，而是按照当时的情形做出不同的处理。当乐队演奏一个很大的独奏段落时，他是最具骑士风度的伴奏者。例如舒曼协奏曲第一乐章中，当单簧管独奏时，他以极大的兴致来伴随它。完全没有那种姿态："我是伟大的鲁宾斯坦，我弹这样的速度，其他人最好跟着我。"他对音乐同行，特别是乐队成员一向敬重备至。

在杰奎琳·杜普蕾的演奏中，无论速度或力度，都有一种无可辩驳的准确感。

五

从少年到成年

在巴黎随布朗热学习期间，我遇见了另一位对我后来的发展有重要影响的人物。我在坦斯曼家碰见了斯托科夫斯基（Leopold Stokowski），并为他弹奏。我很早就听说过有关他的事迹，他在好莱坞的工作尤其是迪斯尼的《梦幻曲》，使他的名气大过其他的古典音乐家。后来我又惊奇地发现他是如何与费城管弦乐团一起建立了声誉，又如何对现代音乐有浓厚的兴趣，他早年指挥的勋伯格的《古雷之歌》（Gurre Lieder，勋伯格作于1900–1901年，古雷是斯堪的那维亚人神话中的城堡。该曲为规模庞大的乐队与多个合唱队及独唱而作——译注）是在美国的首演。

他对我也非常亲切。我弹了不同风格的乐曲，他的反应是："好极了。你愿意到纽约表演吗？"我的回答是，当然不成问题！我很愿意。他接着说："那你想要弹什么呢？"我说，贝多芬《第三钢琴协奏曲》。"太好了。"他说，"但是你应该弹普罗科菲耶夫的《第一钢琴协奏曲》。"即使现在，普罗科菲耶夫的《第一钢琴协奏曲》也很少有人弹，在当时它完全没有人知道。我自然是别无选择，和斯托科夫斯基一起在纽约演出实在机会难得。于是我开始练习这部作品，并在纽约首演时弹奏。回想我那时弹的通常都是德奥古典派和浪漫派的音乐，诸如贝多芬、莫扎特、勃拉姆斯等。我在纽约的首演居然是普罗科菲耶夫的协奏曲，真是出人意料。

我在柏林与柏林爱乐的首场音乐会的曲目，是另一个不寻常的选择：巴托克的《第一钢琴协奏曲》，我也是特地为了那次演出才学的。我想在年轻时迫使自己去学习一些新作品是有好处的。后来我有能力决定自己的选择了，但巴托克的第一协奏曲一直成为我的保留曲目之一。我曾在美国、欧洲和以色列演奏过无数次，对它越来越喜爱，但每次演奏都有一种冒险的感觉。而普罗科菲耶夫的协奏曲，自1957年1月首演之后我就没再碰过它了。

我应该永远感谢我的父亲，他让我从小就接触五花八门的曲目，所有找得到的东西我都弹，比如，1955年在巴黎我演奏了普罗科菲耶夫的《第九钢琴奏鸣曲》，那时他逝世才两年，我想那是该曲在西方的初次演出。我的音乐教育中唯一被忽视的是新维也纳乐派。多年之后，我转向勋伯格与阿尔班·贝尔格（Alban Berg），是通过布列兹（Pierre Boulez）的介绍。1960年代初，我对二十世纪音乐的兴趣来自家中的音乐教育，以及稍后随布朗热学习作曲，虽然她对勋伯格及贝尔格的音乐毫无兴趣。

斯托科夫斯基当然是个擅长“作秀”的人，但他对乐队技巧有透彻的了解；他对声音和色彩的专注表明他是一位行家。他可称作是音响的魔术师。1960年代末，英国有个电视节目转播他指挥的贝多芬《第九交响曲》，我没有看到，但让我吃惊的是奥托·克伦佩勒（Ott Klemperer）看到之后大为赞赏认为他是位大指挥家。

斯托科夫斯基为人行事时常违背惯例，不像托斯卡尼尼一直带领纽约爱乐，后来又特别为他创立了NBC交响乐团。斯托科夫斯基对青年音乐家和青年乐团特别有兴趣，1940年代曾去阿根廷访问的全美青年乐团（1939–1941年——译注）就是一例。今天欧洲有水平一流的欧盟青年乐队，但在1950年代，没有人对青年乐队感兴趣。斯托科夫斯基带领过的广播交响乐团，是托斯卡尼尼去世后NBC乐团的延续。他也担任过美国交响乐团的指挥。可以说他的声誉在带领费城乐团达到顶峰之后，仍以不寻常的方式活跃了好些年。他的最后几年是在欧洲度过的，也不时在英国和其他地方指挥。

斯托科夫斯基的传奇与他的好莱坞时期有关，这是因为人们倾向于将人归类。在作曲家中，莫扎特被看作洛可可式的风流骑士；贝多芬则是位巨人；肖邦是忧郁的肺结核病人；李斯特年轻时是唐·璜，晚年头上又戴着神父的光环。同样的情形也发生在演奏家身上，但很少有与实际相符的时候。我时常听到精彩的演奏出自于原来没有想到的音乐家。我记得由富特文格勒指挥的弗兰克的《D小调交响曲》十分优美；柏辽兹的《幻想交响曲》被克伦佩勒诠释得令人惊艳。我在现场听到的最令人满意的德彪西的钢琴音乐是由阿劳弹奏的。

自1957年起，我开始每年固定在伦敦威格莫音乐厅（Wigmore Hall）开独奏会。伊丽莎白女王大厅要到1967年才盖好，当时威格莫厅是唯一可供独奏会用的场所，除非是像鲁宾斯坦那样的艺术家才能够在皇家节日大厅那样的大场子演出。当时星期天下午的系列音乐会称为“伦敦钢琴独奏系列”，我在那儿演出有八到十年之久。我第一次在威格莫演奏时，听众只有七八十位。但逐渐地在持久的努力之下，我依靠固定的音乐会建立了自己的声望，十年之后我在皇家节日大厅登台了。

1957年到1959年之间，每年我都在纽约演出五六场音乐会。1959年，有一次我与米特罗普洛斯（Dimitri Mitroponlos）及纽约爱乐合作，在我遇见过的人中，他具有最非凡的记忆力。有一次我在萨尔茨堡听他与维也纳爱乐排练贝尔格的歌剧《沃采克》（*Wozzcck*），他总是背谱指挥，每个音符，甚至歌词都熟记于心，那场面绝对令人震惊。据说他担任明尼阿波利斯乐队音乐指导时，有一次他要指挥一部首次公演的美国作曲家的新作，乐队分谱在前一天才运到，而指挥用的总谱根本就没寄来，于是他带着乐队分谱回家，将它们按乐队的次序排列摊在地上，一个晚上他就将它背了下来，第二天就凭记忆排练了。

他是位个性强烈又极端诚实的纯粹音乐家。我与他在纽约合演时，曲目是门德尔松的《G小调钢琴协奏曲》，那是一场为纽约的美－以文化基金会演出的慈善音乐会，为我提供了去巴黎的奖学金。作为布佐尼的学生，米特罗普洛斯本人也是杰出的钢琴家。在合乐队之前，我与他先用两架钢琴排练了一次，他凭记忆轻松自如地弹了乐队部分，米特罗普洛斯是我所遇见的最沉默寡言又与世无争的人。

1958年，除了北美和欧洲的音乐会之外，我第一次去澳大利亚演出。在当时，那是相当复杂的旅程。没有直达的航班，中途停留多次，你必须在那儿逗留很久才能拿到签证，于是我一次去那儿就呆了四个月。澳大利亚与南美一样，四季与欧洲颠倒，因此旅程正好与学校假期同时。7月和8月是那里的音乐季。我演出了四十场，包括第一次与库贝利克（Rafeal Kubelik）合作。记得我们第一次见面就令人愉快，他给人的印象是既威严又活泼。我见过不少很生动的人，但他们缺少库贝利克的那种活跃。我们合作了贝多芬的第三和第四协奏曲。在第三协奏曲的其中一段，标明应轻声的地方，我粗心地弹成了渐强。库贝利克说："你弹的效果当然不错，甚至可说很美，但你必须舍弃片刻的美来达到长句子和结构的美。"这种观念对我并不新鲜，我听过许多次，但库贝利克的说法是如此清晰又切中要害，使我永远不能忘记。

我对他作为一个音乐家与作为一个人，同样地怀有敬意。他是少数几位真正独立的音乐家，他有自己的原则和立场，从不妥协。

我在澳洲的演出反应良好，但并非轰动一时，评论总是各种说法都有。我在途经的每一个城镇演出，曲目有勃拉姆斯的钢琴协奏曲，柴科夫斯基的《第二钢琴协奏曲》，当然还有贝多芬的协奏曲。

那时澳洲广播部长是查尔斯·摩西，一个很有威势又充满幽默感的人。他很欣赏我的演出，并邀请我1962年再去。那时，澳洲是唯一需要在三四年之前就预先排定演出日程的地方。我在以色列已经指挥过海法乐团，很希望能继续有机会。因此我告诉他，下次来希望能指挥，他答应了。1962年我指挥了墨尔本与悉尼两个乐团。就是这第二次澳洲之旅，奠定了我的指挥生涯。

第一次澳洲之旅后，我回以色列上学。1959–1960年间我十七岁。我的演出生涯前途未卜，我既非儿童又非成人，没有人对我还有"神童"的兴趣，也没有人认为我是成熟的音乐家。在美国没有任何演出，无所事事，经历着青春期的危机。我觉得烦躁，不满意自己的生活，不知将来何去何从。特拉维夫有个小厅在"记者之家"，那里负责音乐会的人问我是否有兴趣开几场独奏会，出于青少年的冲动，我说可以，我要弹贝多芬的全部三十二首奏鸣曲——我真的做到了！那是1960年春，我十七岁，高中毕业前一年，每星期六我去弹一场。这对于我的忧郁症是剂良药。我迫使自己勤奋练习，我学了所有贝多芬奏鸣曲，并且在连续八场音乐会中演奏完毕。

登台演奏的危险之一，是过于意识到听众的存在。换句话说，你上台之时，心中既不能想着要取悦听众，也不能有要达到某种效果的强烈企图。我想，在艺术家与听众之间最佳的交流应该是：当表演者一开始演奏，就忘记听众的存在。只有当表演者完全专注于音乐的时候，听众才能听到最佳的演奏，这种情形当然很不容易达到。我记得鲁宾斯坦说过，只要有人在旁，他就无法真正工作或练习。他告诉我一桩有趣的事，那是他住在旅馆里，当他练琴时，看见侍者端来早餐，他马上就会自动地为侍者表演，就是和独自练习不一样。

钢琴是这么一件中性、无趣的乐器，这一事实正好为你提供了创造更多色彩的潜能。基本的道理很简单：你无法在钢琴上发出一个美妙的单音。一把珍贵的斯特拉迪瓦里小提琴在一个伟大的小琴家手中，一个美妙的单音可以经由变换音色、音质和音量而产生。在钢琴上，至少得两个音，一旦其中的一个音比另一个强些，弱些，或短些，这样你才能辨出两个音之间的区别，并开始在钢琴上创造出有表情的声音来。这就导致一个结论，即钢琴演奏的最重要的素质，是发挥一种画家称作透视的能力。当你欣赏一幅画时，你可以看见一些物体离你较近，而另一些离你较远。钢琴上也同样，它创造的是一种幻象。你可以制造一种连音的假象。如要模仿歌唱家滑音的效果你必须在一个音到另一个音之间不能间断。以前所有伟大的钢琴家（我只能由录音来判断）如布佐尼或达尔伯特（Eugen d'Albert，1864–1932，德国钢琴家——译注）都能以不同的方式来做这点。

钢琴上的声音由于层次不同，有些听起来离耳朵较近。这意味着我前面所说的两只手不代表两个个体，而是一体，要不就是十个个体。手指的独立性是非常重要的，我必须强调钢琴家应该经常弹巴赫《平均律钢琴曲集》中的赋格曲作为训练。

不论你演奏何种乐器，或者是指挥还是歌唱，你只有在几分之一秒之前先在你心中听到你想要的声音，才可能获得它。这是音乐教学不可能传授的一部分。我可以教学生双手怎么摆，怎样将贝多芬《G大调第四钢琴协奏曲》的第一个和弦中的两个D音、三个G音和三个E音弹得听起来有层次；我可以说明为什么键盘上有些音区的声音听起来比较响亮；为什么拇指比小指更具重量等等。但如果一个学生不能在开始弹奏之前在内心想象其声音——即使不同于我要示范给他的那种声音，那么他是永远无法获得他想要的声音的。这种在内心听到声音和乐句进行的能力，是演奏家最为重要的素质。

另一种无法传授的素质，是对音乐的强烈的感受力，以及音乐家与音乐间的互动性。音乐有许多非直觉的要素可以解释；你无法解释的是激情的程度。一位演奏家的伟大与否，是由他带给他演奏中的热烈程度而决定的。如果你要弹奏一个突强音（Sforzando），又不想听起来突兀粗糙，你要“停靠”在这个音上。如果你做不出这种效果，它会给你带来几乎肉体上的痛感。假如你说：“好吧，这个重音比我想象的粗糙一些。”那是不够好的。音乐家对于音乐的强烈的感受力，是会传递到听众身上，并为他们所体会的。

双手的构造有利有弊。肖邦或李斯特的乐曲中有些音符跨度很大，这对我来说可能比其他钢琴家要难许多。（巴伦博伊姆的手很小，大约只有八度多一点。——译注）有些乐曲我根本无法弹奏，例如我最喜爱的二十世纪的音乐之一，巴托克的《第二钢琴协奏曲》，因为我的手伸展不够大。但是我也见过有许多钢琴家有一双大手，能弹所有的作品，然而当他们弹那些需要手指精确控制的乐句时，却不能将手缩小，有些乐曲，像勃拉姆斯的《第一钢琴协奏曲》，身体的伸展就是音乐的一部分。舒曼曾想让他手的伸展更大，于是他用一种机械装置让他的手扩展，结果手指受损，无法再演奏了。

音乐演奏取决于技巧与音乐之间的平衡。每一个技术难点的解决方式都会影响到音乐的表现，你无法将两者分开。比如《热情奏鸣曲》的最后乐章。钢琴家要按照谱上要求的速度来弹已经够困难了，但是更难的是整个乐章的表情，它的旋律线、分句法和激情。希腊文中的tekhne意谓“艺术”，但英文中的technical如今已专门用于艺术表演中的机械方面了。当手指灵活性的技术问题一旦被解决之后，再加入乐感、句法和表情就太晚了。这就是为何我从不机械式地练习的原因，从一开始就必须融为一体。如果机械式练习，音乐的原意就有可能被更改。如果我们将艺术（Art）定义为创意和想象的技能，那么今日已被误解为技巧（Technique）一词，就是指机械方面的东西。某些纯机械的东西，是不能算作技能的。

另一个经常引起混淆的词是“音乐性”（Musicality）。在德文及法文中比英文用得更多。所谓音乐性，是对音乐感受力和表现力的一种模棱两可的描述。这是经常被滥用的词，并且经常与另一个被曲解的词连在一起：灵感。灵感不是天赐的礼物，你不可能平时很机械地练习，然后奢望到了登台的那一刻灵感会突然降临。我们不应该只为音乐之美所陶醉，而应该努力探索它美的起因，理解它的法则和成分。只有理性地领悟之后，才可能迸发灵感的火花。莎士比亚曾将技能定义为理性。灵感只能在理性思考之后才会到来，如等待救世主一样地等待奇迹的发生，当然是不会有的。

音乐涉及到一些简单的规则：不要机械地练习，不要被动地等待灵感，但需要自觉地探寻表情与达到想要的效果的方法。一些看起来对立的因素形成一体：理性与感性，技巧与乐感密不可分。音乐演奏必须是一个有意识的过程。如果有了这个基础，灵感和直觉就比较容易获得。

音乐于我而言，是一种生活方式而不是一种职业。专心致志，全神贯注，"旁若无人"（此处为拉丁文——译注）是演奏者的先决条件。如果演奏时有意识地想取悦于听众，就会马上影响到音乐表演的性质。我们必须心无二用，因为与听众最好的交流，是首先通过我们自身与音乐的交流来达到的。

登台演奏一首乐曲，几乎是一种自我中心的行为。因为我们设想我们将要做的事，值得两三千名听众聚精会神地聆听，一旦演奏结束，这种自我中心的感觉应该消除，否则它会使我们及周围的人的生活变得无法忍受。净化了的表现欲，使自我可以成为创造和想象的中心，过分依赖自我或者忽视自我都是不明智的。

音乐再创造中的思考和理性层面，使你有时必须在各种不同的诠释之中做一综合，因为你不可能将它们同时表现出来。这时有两种概念同时存在：分析性的概念是先果后因，综合性的概念是先因后果。欲知果必先知因，二者是互相牵连的。不同的作曲家可能专注于不同的表现因素上，比如某些乐器的发展可以拓展更多的表现可能。但所有这些都属于暂时的可改变的表现方法，并不改变表现本身。因此即使以哲学的角度来看，依赖机械式的或没有经过仔细推敲的诠释都是不正确的。

如果我们偿试以哲学来理解音乐，我们会发现它包含了三个范畴：物理的、先验的，以及心理的。物理的，是因为音乐作品只能以物理的声音呈现，而且必须符合声响学的原理；先验的，因为它能表达超实体的意境，它有诗一般的表现力，使人能听见“寂静”；心理上的，是因为音乐作品中的不同因素起着不同的作用，和声、节奏或结构之间相互关联，解释这种情况可以用心理学。

每一次演奏应该保持自然的特性，而不能显露此前分析工作。在演奏中，意识和下意识，理性和直觉融为一体。你要觉得你能用感情来思考，用思想来感受。

人类生存的困境并没有因为技术和科学的进步而得到解决。人在本质上是孤独的，又必须在家庭和社会中建立自己的地位，这可能就是斯宾诺沙所指出的，需要发现在心智与自然之间的统一性。音乐正是起着这种作用，它是恒古不变的。我们或许可以改动贝多芬的乐队配器，或者在现代钢琴上可以表现出比他那时候的乐器更多的可能性，但他的音乐表现在全世界的地位是永远不变的。

每一件艺术作品都有其“两面”，一面属于永恒，而另一面属于它们自己的时代。特定的时代有它自己的流行和时尚，某些作品就代表了它的时代。它们会逐渐老化，几代之后就不具任何意义了。使得作品流传下来的因素是它的精神和本质。因此，音乐是完全独立的，它既不需要对它自身价值的确认，也不需要科学或其他艺术的帮助才能存在和被理解。一首音乐作品只能为了它自己而存在，而不是产生于其他任何目的，哪怕是积极和有益的目的。它可以被用于增进物质和精神上的满足，但音乐本身并没有这种特性。音乐并不是其他事物，它既无益也无害。表面上，我们知道音乐可以模仿声音：鸟鸣、海浪，那只是细微末节。某些音乐的气氛让人联想起爱情的场景，或是雄壮的进行，但这些联想都是发生于我们身上，而不是在音乐之中。我经常对同一乐曲，在不同的时候有全然不同的体验。人在悲伤的时刻听一首乐曲会觉得更悲伤，而在愉快的时候听一首乐曲会觉得更愉快，这种说法可能过分简单化了。当我们听《英雄交响曲》的葬礼进行曲时，是从来不会觉得它是欢快的，不过这种例子毕竟是少数。

我们要体会音乐中无限的特质，只能在自身的经验中寻找。作为人类，我们并不具有无限的特质，但作为音乐家，我相信我们可以将有限的力量创造出一个无限的幻象。只有了解自己，才能了解我们身外的事物。研究音乐时，我们需要知道某一乐句是否在技术上很难控制，或者会让我们过于激动而将理智和理解力弃之一边。我想，一味地仿效人格上有缺陷的音乐家是很危险的。瓦格纳就是一个例子。并不是他性格上的缺陷造就了他作为伟大的作曲家，而是尽管他有缺点他仍然是一位伟大的作曲家。

听起来可能言过其实，不过要是艺术家对自己诚实的话，他们会承认他们有一种自以为了不起的倾向。从音乐创造转换到日常生活是极为困难的。在舞台上有益的个性，在生活中可能并不是一种优点。这或许是为什么那样多的艺术家在私人生活中遇到困难的原因。我总是劝年轻音乐家，对音乐创造和现实生活二者之间的区别要有清醒的认识，在他们的独特的艺术领域中要果敢、自信，但是在日常生活中要记得他们与常人没有什么两样。我们都是大同小异的啊！

当我在1961年第一次弹全套的贝多芬奏鸣曲时，我遇见了一位后来与我非常接近，并且对他非常敬佩的音乐家，就是柯曾爵士（Sir Clifford Curzon）。他那时正与以色列爱乐合作演出，对我的贝多芬音乐会很有兴趣，并在他没有演出的那晚前来听了一场我的独奏会。他待我的态度中有一种温暖大度，我们后来相互间很接近，我经常为他的音乐会指挥。他来自相当不同的背景，是上一代典型的英国绅士，有些神经质，很少将事情看得简单容易。我正好与他相反，年轻，在非常有自信的以色列教育下长大，许多让柯曾觉得担忧的事情在我看来是不值一提的小事一桩，但我对他作为一个音乐家和钢琴家非常尊敬。某些最好的演奏，特别是他弹的莫扎特协奏曲，是我所听过的最精彩的。有次我听他弹那些与他个性并不相近的作品，像格里格的钢琴协奏曲，我感到有一种独具一格的色彩。而他与我指挥的克利夫兰交响乐团合作的李斯特《A大调钢琴协奏曲》，是我所记得的最令人信服的诠释。

柯曾具有非常个性化的音色，特别是他弹的莫扎特与舒伯特。他能在钢琴上弹出银铃般的声音。他曾随兰多夫斯卡（Wanda Landowska）学习，发展了他非常敏锐的节奏感，并鼓励他在古典范围内做最大限度的自由发挥。柯曾的“上台慌”让他受了不少罪，他在家里演奏时的某些“激情”（此为法语——译注）也不能轻易在台上体现。柯曾属于施纳贝尔学派，他曾经告诉我许多施纳贝尔和兰多夫斯卡的教学情形。

钢琴演奏基本上可分为三个类型，一个是所谓炫技型，费舍尔和施纳贝尔是要被它们拒之门外的；另一个是所谓智慧型，对施纳贝尔的分析能力推崇备至，例如在他编订的贝多芬钢琴奏鸣曲的版本所体现的那样。这批人士也很重视费舍尔那种敏感，充满生气，且又全然率性，几近即兴的钢琴家。第三类型，费舍尔型。他们认为施纳贝过分依赖思想与理性。通过我与柯曾爵士的往来，我了解到一个音乐家如何能将品位与直觉、思考与分析结合在一起。这就是施纳贝尔演奏艺术的精髓。纯粹主义者批评他太过感性，而直觉主义者又指责他太用脑子。事实上两种特质之间并不矛盾。

有些人认为费舍尔的演奏智性不足，因而认定他不够聪颖，对此我完全不能同意。他的演奏有一种天真自然的特点，所有的诠释都必须尽可能地自然。他总是在音乐中寻找天真、鲜活和纯正的表情，这和矫揉造作是截然不同的。在刚开始接触一件艺术作品的时候，应该是天真朴实的。下一个较复杂的阶段，是考虑作者创作的方法以及如何通过分析和观察来掌握它。这样就理想地进入第三阶段，对作品有了更进一步的理解，一种有意识的天真单纯。这类音乐经常在莫扎特的作品、贝多芬的作品二十七第一号，德沃夏克的大提琴协奏曲慢乐章的引子部分——它们几乎像孩童般地天真朴实。我们必须从哲学的角度弄清一些概念：天真并不是幼稚，就像善感并不意味伤感。艺术和音乐中天真的成分很重要，只有少数伟大艺术家能达到这一境界，费舍尔就是一个显著的例证。

曾经有过几种不同的钢琴学派。有所谓的德国学派，以维也纳的莱舍蒂斯基（Theodot Leschetizki，1830–1915）为代表，包括不同形态的钢琴家，像施纳贝尔、费舍尔、巴克豪斯（Wilhelm Backhaus，1884–1969），吉塞金（Walter Giesekin）和肯普夫（Wilhelm

Kempff，1895—1991）。有著名的俄国学派，世界著名的技巧卓越的大师，像吉列尔斯、李赫特，以及较早的拉赫玛尼诺夫和霍罗维兹等。在此之前还有法国学派，人数不多，但也产生了像科托和伊夫·纳特（Yves Nat，1890—1956）这样伟大的钢琴家，可是在法国之外知道他们的人并不多。伟大的意大利学派，从布佐尼到米凯兰基里和波利尼。这些学派，或多或少都与李斯特有渊源，没有这位祖父级的人物，所有上述学派都不可能存在。李斯特的匈牙利—斯洛伐克风格为俄国学派所发展，他演奏风格优雅的一面流传到法国，而他的理智的一面则影响了德国与意大利学派。当你分析这些学派时，你几乎可能见到李斯特生涯中的不同阶段。布达佩斯时期连结着东欧和俄罗斯，罗马时期与意大利，魏玛时期与德国，当然，还有巴黎时期对法国的影响。

德国分支，近代由布佐尼和阿劳为代表，可能受到李斯特对瓦格纳的兴趣，和以贝多芬交响曲及舒伯特歌曲的钢琴改编曲的影响。俄国分支更注重钢琴的技巧，李斯特演奏中节奏的自由度，最出色的例子是波兰钢琴家霍夫曼（Josef Hoffmann，1876—1957）。在这一学派中你可以听到旋律与伴奏部分强烈的力度对比。你可以感到旋律以中强和强音的力度来演奏，而伴奏部分以极弱来演奏。德国学派在伴奏与旋律之间的力度差别就小得多，这只是俄国学派的许多特点之一，现代的苏联学派仍然继承着这些特点。

苏联培养出许多伟大的钢琴家。当苏联向西方文化关上大门的时候，一种纯粹的所谓浪漫主义的演奏风格比别处更长久地被保留下来。1965年当我第一次去那里时，我感到在那种极自由和富于想象力的钢琴演奏与那里暗淡沉闷的日常生活之间形成了强烈的对照。音乐家们似乎要将在日常生活中所缺乏的光彩和欢愉，及由之而产生的挫折感，一古脑儿地倾泻于他们的乐器中。那里的生活刻板单调，而音乐世界却丰富多彩。过去的二十多年中，当俄国音乐家有许多机会与西方交流，并接触到现代的音乐演奏方式时，对我来说，那非常吸引人的老派的音乐演奏就逐渐消失了，他们好像被西方较不迷人的一面所吸引。我对1989年引起东西两德统一的改变很感兴趣。对西方来说，不但要把自由的生活方式传入东德，而且还应从东德获取一些价值观念。这种价值观念不必是东欧式的，而是共存了这么久的民众特性与体制的结合——那些年头娱乐和喜悦的机会是如此少，他们的价值观就相对偏重于人性和文化上。我在莫斯科地铁中看见许多人在读陀思妥耶夫斯基和契可夫，这可能是过去文化控制的结果，但这并不表示我们为了它与可鄙的政治体制有关而排斥它。我希望东德人民将与西方分享他们的文化价值观，要是西方对这种价值观持开放态度，我想他们一定会这样做的。否则，所谓的东德解放只是一种现代版的殖民主义。

1960年春，我在学校完成了学业，还得到了离境许可证，开始了我去南美洲首次巡回演出。我父亲陪同我去布宜诺斯艾利斯，这是我们八年前离开之后首次回到那里。我又独自去了秘鲁、巴西、委内瑞拉及墨西哥。我在哥伦比亚日后成为毒品之都的麦德林市（Medellin）弹奏了贝多芬的全套奏鸣曲，当时那里还是南美的文化中心。那次的演出经验对我几年前在特拉维夫演奏贝多芬系列是非常有帮助。之后，我回到以前同样的状况：无所事事。第二年，我首次弹了莫扎特所有的钢琴奏鸣曲，在特拉维夫、耶路撒冷以及以色列其他城市也开了几场音乐会。我也首次在伊拉斯（Elath）演出。实际上，这段时间我多半呆在以色列。

直到我第二次访问澳大利亚之后，才开始同时弹奏和指挥，日子才过得快一些。我指挥墨尔本交响乐团演出莫扎特《第四十交响曲》，单簧管协奏曲和贝多芬的《第四交响曲》。我和悉尼交响乐团的演出节目几乎相同，只是以《G大调长笛协奏曲》代替了单簧管协奏曲。

1962年秋我回到美国，再次在纽约演出。我开始经常与优秀的指挥家斯坦因伯格（William Steinberg）合作。1950年代和1960年代初他同时任匹兹堡和伦敦爱乐的音乐总监。我与他在两个城市都演出过。在伦敦有过一次令我非常满意的贝多芬《第四钢琴协奏曲》的演出，而匹兹堡我几乎每年都去。他那时又成为纽约爱乐的顾问，因此我也常去那儿演出。我印象较深的曲目有莫扎特和贝多芬的协奏曲，及勃拉姆斯的第一协奏曲。

斯坦因伯格是位极有修养的音乐家，他本人也是位非常好的钢琴家，曾在科隆与克伦佩勒合作演出，担任勋伯格的《月光下的彼埃罗》（*Pierrot Lunaire*）中的钢琴部分。虽然以色列爱乐乐团是胡伯曼在1936年建立的，斯坦因伯格却是一手将他们训练出来的人。

第一位指挥以色列爱乐的是托斯卡尼尼。当然，一个由来自不同国家成员组成的乐队，需要有人在托斯卡尼尼来到之前将它训练好，斯坦因伯格就是被选中做先期工作的。他是个很好的指挥，拥有庞大的曲目，对乐队有极佳的控制力。他不但对于德奥乐派的作品，如布鲁克纳、马勒、贝多芬、勃拉姆斯等很擅长，还能将那时在美国不常演奏的作曲家——柏辽兹和埃尔加的作品，让受过德国训练的队员们完美地演奏。

他对于我们合演的作品，总有中肯而有意思的建议。我记得的一个细节是贝多芬“皇帝协奏曲”第二乐章到第三乐章的转换段落。第二乐章以B大调收尾，这时的音乐像减速的车轮一般停顿下来，然后在一个奇妙的片刻，停留在B音上，完全没有和声，接着下行半音到降B音，那是第三乐章降E大调的属音。接着第三乐章的主题以慢速度呈现，由钢琴奏出，仅以圆号延长音及弦乐拨弦的和弦伴奏，好像末乐章的主题试探性地以萌芽状态出现。第二乐章的弱拍（此处指第二乐章八十二小节的最后一个降B延长音——译注）也即是末乐章的起拍以极弱奏出，暂停之后，突然石破天惊地，钢琴以最强音奏出末乐章的主题。这个降B音的起拍当然很难，因为长音在钢琴上会趋向渐弱，很不容易把降B音与第三乐章的缝隙补好。斯坦因伯格告诉我，他记得贝多芬专家尤金·达尔伯特的演奏。他在最后这一个音上制造出一种极度渐强的假象，因此末乐章的爆发也就顺理成章了。我在演奏此曲时时常想这些话，确实说得真切。在一个音上渐强的假象不可思议地投射到乐队中，我想听众也感受到了这一点。这只是斯坦因伯格许多伟大的音乐见识和想象力的一例。

生活中有许多巧合，美国有一座城市总对我充满信任，每次我去美国，它总邀请我去演出，那就是芝加哥。我和它的关系始于1958年，经由胡洛克的中介，他是一个老派的经纪人。他似乎有一种本领，只消看你走上台的样子，就知道你有没有希望成名。他不会装作很有音乐修养，但他有一种经纪人的本能。他靠白手起家，一个典型的欧洲犹太移民，初到美国时身无分文，一路奋斗到出人头地。

芝加哥另有一位叫策尔泽（Harry Zelzer）的经纪人，对当地的独奏会节目安排拥有极大的决定权。他的“艺术家联盟”公司举办了一系列钢琴独奏会，总是排下我的档期。有意思的是我如今又重回这座城市，却是以芝加哥交响乐团音乐总监的身份。

从1962年起，我开始在英国呆得更久。那时我首次与巴比罗利爵士合作。他不但是个伟大的音乐家和指挥家，而且指挥和研究总谱的方法也独具一格。他的指挥率性多于理性，生动并富想象力。虽然他母亲是法国人，父亲是意大利人，巴比罗利却是个典型的伦敦佬：一口地道的伦敦腔。

说来也许意外，巴比罗利对马勒特有感情。他将马勒的音乐带到柏林爱乐，并与他们一起演奏了几部马勒交响曲。他是位杰出的大提琴家，担任过埃尔加《大提琴协奏曲》的首演。也在1925年勋伯格的《第一号室内交响曲》的英国首演中任大提琴手。毫无疑问地，他是位极为进取的音乐家，对马勒、海顿、普契尼或勃拉姆斯的作品都一样在行。我听过的一些法国音乐的最佳演奏，包括德彪西的《大海》和拉威尔的作品都是由他指挥的；他演释的埃尔加特别令人亲切。在他一生中，经常受到英国人的批评，尤其是他演释的埃尔加作品。他们认为他情绪化，太自由。但我觉得他给埃尔加的音乐带来另一层面貌，一种类似马勒的紧张感。马勒在纽约的最后音乐会中指挥了埃尔加的《谜语主题变奏曲》应该不是巧合。在埃尔加的伟大作品中，有一种接近于神经质的特色。人们通常认为埃尔加是一位完美的英国绅士，维多丽亚时代的作曲家，而忽略了他上述的特点。关于“海顿爸爸”简单化的归类也有这种“弊端”。

埃尔加与柏辽兹有相似的命运，都是在德国接受之后才被他们自己的国家肯定。埃尔加最大的成功之一是1904年在杜塞多夫演出他的神剧《哲朗修斯之梦》(*The Dream of Gerontius*)，对其热情赞颂的是理查·施特劳斯。施特劳斯也在英国“宣扬”埃尔加，当时埃尔加在英国默默无闻，而如今情况截然不同了，埃尔加已经成为民族英雄。

巴比罗利对英国其他音乐家也很在行，特别是沃恩·威廉斯(Ralph Vaughan Williams)，海顿的音乐也使他感到特别接近。巴比罗利的音乐表现非常自然，是德国人所谓的“音乐大师”(此为德文——译注)。鲜为人知的是他准备和训练乐队的精确与专注，这对我很有启发。我不仅是指他研读总谱的方式，而且还包括他亲自试奏每一组弦乐器的弓法，他对弦乐器极为精通，能使弦乐组达到他所要求的音色和奏法。他几乎能够在任何一个乐队中制造出所谓的“巴比罗利之声”。

巴比罗利是个热心肠的人，大部分与他接触过的人都很敬爱他。他个性上的不稳定，可能来自于他接替托斯卡尼尼成为纽约爱乐指挥的不愉快经验。有一段时期，我常与他的“哈雷乐团”(Halle)一起在曼彻斯特演出。当时他正演出一些马勒的交响曲，在交响曲之前，他通常与我一起合作一首莫扎特的协奏曲。

1962年至1966年之间，我大部分时间在英国演出，期间我于1962年12月去了蒙特利尔与梅塔合作了理查·施特劳斯的《布莱斯克》(*Burleske*)，之后不久，我又去洛杉矶与弗朗西克(Jànos

Ferencsik) 合作了一场音乐会。1963年起，我开始去德国演出，我的首演是在慕尼黑，与黎格（Fritz Rieger) 的慕尼黑爱乐演出。在柏林我和RIAS交响乐团合作。就是那一年，柏林爱乐的督导斯特莱斯曼（Wolfgang Stresmann) 听了我的演奏，邀请我第二年再去演出，他和我订了两场合同，一场在1964年6月，另一场是同年9月。6月的一场，预定由布列兹指挥，是二十世纪音乐系列之一。布列兹已决定的曲目是巴托克的《第一钢琴协奏曲》，因此我必须做一选择，要么就从头开始学这首我从未弹过的曲子，要么就放弃与柏林爱乐合作的机会，我当然选择了前者。

这是我与布列兹长久而多产的友谊的开端。斯特莱斯曼告诉我，第二场音乐会我可以自己选择曲目，那是富特文格勒的逝世十周年纪念音乐会，因此我想演奏他写的钢琴协奏曲可能很适当。我永远忘不了当我告诉斯特莱斯曼我的建议时，他惊讶的眼神。我相信他以为我会想弹贝多芬或勃拉姆的协奏曲，要不就是莫扎特。富特文格勒的钢琴协奏曲是他绝没有想到的曲目。但他说，假如我真要弹，柏林爱乐自然可以演奏他们前任指挥的作品。1964年9月，在梅塔指挥下，我们演出了那首乐曲。

三十多年中，斯特莱斯曼都是我在柏林的好友与知己。他本人是指挥，是瓦尔特的崇拜者，是个特别富于文化修养的人。我在柏林的音乐会他每场必到，然后他会谈他的看法，他通常会对乐队的速度和层次说出发人深省的观点。我一直很感谢他的诚恳和说出他真实想法的勇气，那些并不会是好听的话。

富特文格勒的钢琴协奏曲是苦心经营的产物。它非常的长，超过七十五分钟，又非常的难，但绝不是枯燥无味的。浪漫派后期的钢琴协

1964年，我与柏林爱乐乐团演奏巴托克的钢琴协奏曲

奏曲的曲目很少。瑞格（Max Reger，1873—1916，德国作曲家——译注）仅有一首，其他如马勒、布鲁克纳、理查·施特劳斯（除了轻快的滑稽曲之外）都无所建树。因此富特文格勒的协奏曲真补了这一空隙。你可以在其中察觉到勃拉姆斯、柴科夫斯基、瓦格纳，甚至弗兰克的影响。但它的写法与配器十分精致，我认为它应在基本曲目中占有一席之地。在我的柏林演出之前，我曾在苏黎世的广播节目中，及在洛杉矶弹过一次，并愿意有机会再弹。我在柏林爱乐成立一百周年的纪念音乐会中指挥过富氏的《第二交响曲》中的诙谐曲乐章。然后在2002年我指挥了他的整部交响曲，是芝加哥交响乐团演奏。

梅塔和我不仅在北美洲演出，他还邀请我在1963年和1964年去巴黎与协会的学院乐团合作演出。我的朋友现在成了我的指路天使！总有一些人对我充满信心。胡洛克培养了美国人对我的兴趣；亨特（Ian Hunter）则在英国做了相同的事情，有时他们并没能从我身上赚钱，但他们还是照样继续给我演出的机会。

智利钢琴家阿劳也是很小就开始他的演奏生涯，他说过："当一个人的裤脚越穿越长，他的成就就越来越短。"从我小时起，阿劳就是我心目中完美的音乐家。他对于他的乐器有一种不可思议的控制力，他的曲目可能是古往今来的钢琴家中最广泛的，另外，他对钢琴以外的领域怀有极大的兴趣。在他没演出的日子，你可以在歌剧院、书店或任何展览会中遇见他。阿劳可以说是日耳曼和拉丁民族特性相融合的一个范例。他少年时代就来到柏林，在克劳泽（Martin Krause）门下完成学业，而克劳泽则是李斯特的弟子。

阿劳开启了我的音乐视野。众所周知他是贝多芬、勃拉姆斯奏鸣曲和协奏曲的伟大诠释者。在我小时候，他是第一位让我认识到李斯特不仅仅是炫技大师，而且是融合了匈牙利脾性和法国文化气质和教养（不只是通过玛利·达古夫人）的极其重要和极具表现力的作曲家，同时他也与当时重要的德国音乐文化保持着紧密的联系。李斯特在音乐史上的重要地位不应低估。瓦格纳要是没有与李斯特的接触，他的作品可能会有不同的面貌。这是今日大家都承认的，不过在1950年没有多少人有这样的认识。像阿劳那样著名的贝多芬权威，都能以极大的兴趣和精力来钻研李斯特的作品，这给我和其他人以很大的启迪。

阿劳的钢琴演奏极具个性。在琴键上他手掌和手臂毫不僵硬，他反对那些动作僵硬的钢琴学派。我们不应忘记，即使在二十世纪初，许多钢琴教师在他们学生的手背上放一枚硬币，不管弹奏时手指在键盘两端之间移动的速度有多快，硬币都不允许掉落。僵硬的演奏法有它的拥护者，这种没有音乐感的方法是阿劳所反对的。他发展出一种温暖、柔和、丰润的钢琴音色，很难在别的人那儿听到这种声音。我在1950年代和1960年代常听他演奏，作为指挥也常与他合作。他那毫不妥协的个性令人敬畏。

他有勇气只弹他认定是理想的曲子，从不追求轻易的成功，也不为了讨好听众而追求廉价的效果，这也适用于他出于对音乐的理解而选择的速度和表情。不仅在李斯特和德彪西的作品中他会允许自己的演奏有更大的张力和深度，就是在莫扎特和舒伯特这样的作品中他也会这么做。这种不妥协的作风当然来自于他极端的诚实坦率。在我年轻时他常来听我的音乐会，他从来不说空洞的好话。总有一些中肯积极的建议，他的批评从不使我灰心，是我思考的食粮。

阿根廷有一条法律规定，要是你生于阿根廷，你一辈子都是阿根廷公民。这条法律救了许多在1920年代移民到阿根廷的德国裔和波兰裔的犹太人。许多人后来带着他们在阿根廷出生的孩子回到祖国，当希特勒掌权时，他们不能碰这些人，因为他们持阿根廷护照，至少对他们有所顾忌。当我十九或二十岁时，我收到阿根廷的征兵令。当时征兵是用抽签方式，也就是说并非所有人都会去当兵，签数低者免役，中间数服役一年，高者则要去海军服役两年。我抽到高签数，但是为了完成我在欧洲的学业及欧美的演出合同，我办了两年缓期。此后当局又宣布两次缓期是极限。可是我不再回到阿根廷，理由是我是以色列公民，并持以色列护照。这并不是说我可以用以色列护照去阿根廷，而是我可以用阿根廷护照去世界上任何一个国家，除以色列之外；我也可以用以色列护照去世界上任何一个国家，除了阿根廷之外！

1963年我预定要在布宜诺斯艾利斯演出，可是我的护照被没收，演出也因此取消。我当时在柏林停留了几个月，情况很不妙，因为那时以色列和德国没有外交关系，柏林围墙刚建立，柏林是个被围的孤岛，我被困在柏林，没有了阿根廷护照，以色列护照上又没有德国签证！

那时我和东柏林轻歌剧院的一些人成了好朋友，还经常观摩费森斯坦（Walter Felsenstein）的排练。事实上，那是我第一次参加歌剧预演，我看了普契尼的《托斯卡》和布里顿的《仲夏夜之梦》。那里有一位出色的美国黑人女高音艾拉·李（Elle Lee）。我们常合作室内乐，多半是德国艺术歌曲。周围有多位歌手，而我的视谱能力还不错，我时常为他们伴奏。同年我还去了拜罗伊特，在范弗利德厅（Hans Wahmfried）演了两场，其中一场独奏会，另一场与艾拉·李合作。独奏会中我弹了一首贝多芬奏鸣曲，一首李斯特奏鸣曲，还坚持弹了勃拉姆斯的作品——在拜罗伊特！（因为瓦格纳和勃拉姆斯在音乐上截然对立的态度，拜罗伊特音乐节一般不演奏勃拉姆斯的作品——译注）以前一直对我很友好的格拉维纳伯爵，当时就起身离席以示抗议。

六

英国

大约是1964年，亨特告诉我："下次你来曼彻斯特时，很不巧哈雷乐团将去巡回演出，不过有个到访的乐团可以与你合作。"这就成为我与英国室内乐团在曼彻斯特演出的开始。指挥是普里查（John Pritchard）。我与该乐团有种一见如故的和谐关系，包括乐队队员及经理史特碧。她是著名小号手菲立普·琼斯的妻子。她知道我有意做指挥，我们谈到她的同胞费舍尔（她是瑞士人），我告诉她，我对费舍尔同时弹奏和指挥莫扎特协奏曲留有特别的印象。

1965年我首次去莫斯科旅行，在那里我收到一份电报，问我是否愿意和英国室内乐团演出两场，一场在瑞定（Reading），一场在剑桥。这是我们合作的开端。以后我们又为英国广播公司录了音，还去了伦敦及其他地方。1966年我们参加布拉格之春音乐节，我在那儿见到鲁宾斯坦，听他弹了勃拉姆斯的《第二钢琴协奏曲》，之后我和乐团又到希腊和卢塞恩演出。逐渐地，乐团的主要活动分为三部分，布里顿主要指挥他自己的作品，并在爱丁堡音乐节发表他为乐队写的新作。雷帕（Raymond Leppard）专职早期音乐：亨德尔、巴赫等。另一

鲁宾斯坦在伦敦皇家艾尔伯特大厅与以色列爱乐乐团合作演出

在我这辈子合作过的所有伟大艺术家中，鲁宾斯坦是最没架子，最少自命不凡的。

位是我。英国室内乐团有三位风格和曲目互补的指挥一起工作，我一年中有三个月与他们在一起。我们录了许多唱片，包括莫扎特所有的钢琴协奏曲、《安魂曲》，几部交响曲，嬉游曲，小夜曲，一些二十世纪的音乐作品，包括巴托克的《为弦乐、打击乐和钢片琴》。每年至少一次，有时两三次巡演，足迹遍及德国、西班牙、意大利和巴黎及斯堪的纳维亚等。然后在1968年我们首次赴美，次年，我们开始环球旅行，到过美国、澳洲、意大利和以色列。

1973年我们不远万里到了印度和日本。其间在印度孟买的一场演出让我特受感动。那里的听众特别热情和内行，大多数人通过与英国的接触，了解欧洲音乐生活的每一细节。他们常听唱片和BBC的广播。起初我担心我们在孟买演出的曲目不够普及，因为我们没有为了大众的口味而特意安排节目，我们演出的节目中有勋伯格的《升华之夜》，出发前我为此请教过梅塔，我们能否演出较深奥的作品，还是应该局限于经典名作。他说，我们演什么都可以。我对他说的将信将疑，不知其中多少是出于过分的爱国心。结果我对于孟买听众的热烈反映和音乐鉴赏力大为惊讶。听众中大部分是帕西族的拜火教徒，他们是当地对古典音乐最有兴趣的族群。

英国室内乐团的“持有者”和经营者是巴拉蒂（Quintin Ballardie），他曾是富特文格勒和克伦佩勒手下的团员，当时是伦敦爱乐的中提琴首席。在某些方面他相当独断。我这样并不是说其不好的一面，而是指他知道要维持最高的水平，有时只能非常严格。他经营乐团的模式，类似以铁腕经营爱乐乐团的李格（Walter Legge）。要知道伦敦的乐团除了两个歌剧院乐队和BBC之外，直至今日都没有全职合同，不像巴黎、阿姆斯特丹、柏林那些乐团有政府补助。他们的工

1960年代末，我与英国室内乐团巡演时排练

作以每日为单位计算，演一场算一场，按场计酬，排练和演出的报酬都不相同。这让人不得不敬佩英国的演奏员，他们的生活比起欧洲大陆的同行来要辛苦得多。有时他们为了生活被迫增加演出。我不知道如今怎样，但那时伦敦的四个乐团每年都要在皇家节日厅演出三十场。平均每一场不同的节目要排练三次，所以一场音乐会要花上两天时间，一天是两场排练，一天是彩排和正式演出，这样总共是六十四个工作日，然而他们只得到微薄的收入，所以他们还得通过经纪人和董事会去找额外的工作。从长远来看，这种状况给伦敦的节目带来了消极影响。因为补助太少而必须依靠门票收入，因此上演的多是标准曲目，

以吸引一般的听众。可能正是这种情况导致产生了利润丰厚的录音项目。

1960年代的伦敦是世界录音中心。巴黎交响乐团直到1967年才建立，其他的法国乐团都是临时拼凑。柏林和维也纳爱乐录了不少唱片，柏林爱乐那时几乎只与他们的首席指挥录音。美国的乐团要价太高，伦敦有水平极高的录音场所可以随时使用，英国演奏员也一向以视奏能力强和速度快著称，整个程序比别的地方相对简便。可以说他们的水平从来没有低于非常专业标准之下，但也从未超过这水平。这是一种非常高的中等水平。这并不是在批评演奏员，情况是他们没有固定的工作，乐团也没有固定的家，每天排练的场所都不同。如果有三场以上的排练，你必须在两三个不同的地方练习，然后在节日厅演出。一个乐团通常只能在最后彩排时才进音乐厅，伦敦附近有不同的场所可供练习。后来虽然造了亨利·伍德厅（Henry Wood Hall），不过它的音效与节日厅极不相同。

伦敦四个乐团之间的差别很小，尤其是弦乐手，只要有两天的假期就跑到另一乐团去打工。一个演奏员可能星期一有两场排练，星期二彩排，和伦敦爱乐上台，又同时在星期一晚上和星期二下午和伦敦交响乐团或爱乐管弦乐团排练。从音乐上来说，这种安排相当混乱。我对英国演奏员的敬业精神充满敬佩。

虽然其他的室内乐团还不少，但英国室内乐团是唯一固定的乐团，团员多数加入四重奏组和其他组合，而以乐团为基地。当时乐团的首席是赫维兹，出名的室内乐演奏家，中提琴首席是阿隆维兹，他与阿玛迪乌斯（Amadeus）四重奏团录过许多著名的唱片。整个乐团虽不是全部，却是大部分由这类欧洲或其他国家的移民所组成，和阿玛迪乌斯四重奏的成分类似。当然，团里也有不少英国演奏家，但乐团的风格来自于中欧的室内乐背景。这几乎全是正面的影响，当然也有些负面的影响。他们有一种对音乐的奉献精神，充分地感到音乐演奏的乐趣，几乎是“家庭音乐”（此为德文——译注）的扩展。换句话说，乐团成立的动机不是纯粹的职业性的，不是为了经济的目的。事实上，他们是一群相当不寻常的人。乐团的音色和特性与我十多年来就熟悉的以色列爱乐相似。尤其是弦乐有一种其他英国乐团所没有的温暖性质，管乐组也多半是出色的独奏家。

英国的音乐生活经过了很大的改变，部分原因是伊丽莎白女皇厅的建立，它的大小适合室内乐音乐会，坐位是一千二百左右。之后巴比肯中心也建立了。国内有这么好的场所当然不错，但旅行演出的价值还是不可估量的。道理很简单，在国内每个演奏员都把排练和演出作为日常生活的一部分，他们还有家庭生活和其他职务。在巡回演出时，排练和上台成为他们的活动中心，巡回活动给乐团带来的团队精神是无可比拟的。十五年来我带领巴黎交响乐团巡演时，也发现同样情形。是录音和旅行把我与乐团之间的关系带到更接近的境界。

英国室内乐团经历了新旧更替的改变。其中包括了优秀的首席葛西亚（Jos Luis Garcia），我在乐团首访马德里时就认识他，他加入时先坐第二小提琴最末的位子，很快就提升到第一小提琴首席。最后他不但是乐团首席，还是位一流的独奏家。在我们录完了全部莫扎特协奏曲之后，我仍然与乐团保持联系，因为他们给了我这那多，我事业的发展与他们息息相关。我后来与他们合作不多，主要是时间不允许。

音乐演奏的基础来自互相聆听。当你只有一个人独奏，像钢琴之类的乐器时，每一个手或每一个手指都必须听到另一个手或手指，不能单独地弹。但是一旦你与别人一起演奏，例如小提琴或歌唱家，音乐表现的基础就来自于倾听你的合作者。倾听是比一般的听到要更为主动的过程，不仅要保持你自己的演奏，同时又须听到你的同伴，是一件不容易的事，可以想象在六重奏、八重奏甚至室内乐团中的难度了。在英国室内乐团中经常有六到八位第一小提琴，有时在节日音乐厅会增加到十位。这表示每位乐手担当的责任，要比拥有十六位第一小提琴的乐团来得大。小提琴在室内乐团曲目中通常担任主要角色，当你只有六至八位小提琴手时，只要一个提琴手的音色比其他人稍为粗糙一些，刺耳的声音就会很突出。正因为个人的贡献是如此重要，在室内乐团中的演奏是一种特殊和高难度的工作。此外，指挥的角色是由十八世纪像今日室内乐团一样规模的乐团中演变出来的，那时通常由小提琴首席领导演出，因此在英国，人们仍称小提琴首席为“乐团领导”，而不是“音乐会首席”。很久以前，类似英国室内乐团那样大小的乐团演奏莫扎特作品是不需要指挥的。

我在英国室内乐团的工作中学到了一点：在所有事情中，积极性和原动力需要来自于演奏员。就音乐方面讲，指挥不可避免地要组织乐团，还要将他的乐思与个性去影响乐团，但是一个室内乐团不能以公仆心态来演奏，演奏员必须主动参与，这一点我一直试图在交响乐团中加以发展。英国室内乐团的演奏员有他们自己非常清晰的奏法和分句概念，我尝试将它们在表情和力度持续上加以扩展。当我与柏林爱乐录制莫扎特的歌剧作品时，我要做的几乎是相反的事情。柏林爱乐已经具备了它著名的美丽持续的音响，所以我主要集中心思在奏法和分句上。一个好的室内乐团演奏员因为在乐团中担当着重要角色，通常对于奏法和分句有着精确的感觉。

虽然那时我的大部分时间都花在英国室内乐团上，但我与其他乐团仍然有着常规的联系。1965年标志着我事业第二阶段的开端。

杰奎琳·杜普蕾和我预定1967年4月与英国室内乐团合作一场音乐会，但是我们先是在1966年12月于傅聪家中邂逅，那时他是梅纽因的女婿。我们那时在一起整夜地演奏室内乐，我们几乎是一见钟情，无论在音乐上还是性格上。两三个月之后我们决定结婚。为了要皈依我的宗教，她那时已开始学习犹太教义。我完全没有影响她，是她自愿的，一方面为了我，一方面为了希望我们将来想有的小孩。另一种可能是因为她所认识的许多大音乐家都是犹太人，她希望与他们分享这种经验。

大卫·本·古里安参加了我们1967年6月的婚礼，还和我们合影，虽然他对音乐并不很感兴趣，但他却是杰奎琳的崇拜者。一个英国女子，那时还是异教徒，在战争之中远嫁以色列，具有特殊的意义。她成为以色列的一种象征。本·古里安非常了解这一点。

我们相遇数周之后，有一次我放《特里斯担与伊索尔德》的序曲与“爱之死”乐段的唱片给杰奎琳听。在那之前她从未听过瓦格纳的音乐，但只要她第一次听到什么音乐，就马上会成为她的一部分，每次我弹给她听，或她自己听到什么音乐，好像总会激起她心中的共鸣。她对虚伪做作的东西有种恐惧。她具有演奏家中罕见的天赋，让你觉得她演奏的是自己谱写的作品。她从来不知道什么叫技术困难，也不知道安全保守的演奏。她演奏时那种完全投入，忘我的境界，是其他同行和听众最为欣赏的。在她的演奏中，无论速度或力度，都有一种无可辩驳的准确感。她大量使用自由节奏，但那是如此地令人信服，让人真正见识到什么是超凡入圣。

她在音乐上是个叛逆者，有她自己的倔强主张，有一种发自内心的力量使她反抗现存的约定俗成的事物。但她的个性、超凡的魅力和全神贯注的定力，让你思忖这种改动乐谱的音乐演奏方式，还真有其道理！换了其他的音乐家，这种反应可能变成任性或随心所欲，但杰奎琳的演奏绝没有这些随意的性质。

杰奎琳对别人非常和善，这使她很难去批评那些对音乐不够投入，或不够诚实的音乐家。任何一个不愿全心投入的人，都可说是不诚实的。当她只有十五六岁时，她参加了卡萨尔斯在泽马特（Zermart，瑞士的一个城市——译注）的大师班，那时她已是个反叛分子。以后她又到莫斯科几个月，随罗斯特罗波维奇学习，在那里也是以反叛出名。她也跟托特里埃（Paul Tortelier）学过几个月。她不会自动地接受权威，必须向她证明那是有道理的。她不但是反叛者，而且还保留着天真的直觉，她与音乐有着几乎直接的交流。我对她作为音乐家的风采留有强烈的印象。

那时候，杰奎琳的录音较多，与她同一级别的大提琴家只有一位托特里埃。当然引人注目的还有罗斯特罗波维奇，不过他还在苏联，只是偶然到西方演出。与她同辈的大提琴家几乎没有，所以她实际上没有竞争对手。

我们合录的第一张唱片是在1967年，她演奏海顿的C大调和博凯里尼的协奏曲。1970年她想和我录制德沃夏克的大提琴协奏曲，我们

1969年，杰奎琳在皇家艾尔伯特大厅演出

1967年，我与杰奎琳在耶路撒冷的婚礼上

1967年，在我们特拉维夫的结婚招待会与巴比罗利夫妇和梅塔

我与杰奎琳在伦敦阿贝路录音室

打算在芝加哥录制，因为那儿有很优秀的乐团，而且她以前与他们合作过。她与我又合录了肖邦和弗兰克的奏鸣曲，柴科夫斯基的三重奏是在特拉维夫的现场录音，那时她已经病得有些无法演奏了，她的生命是如此短暂。

杰奎琳的演奏方式从她十多岁起就没有改变多少，你可以从她逝世后才出版的非常早期的录音中听得出。即使在那时，她的演奏已经是难以置信地充满张力和生气蓬勃。当然她不断地成熟，但是她大提琴演奏的基本个性特点，早在她年轻时即已成型。在我一生遇见的伟大音乐家之中，从来没有碰见一位像杰奎琳那样能将音乐表达得如此自然洒脱的音乐家。大多数的音乐家使你感到他们是恰好会演奏的凡人，杰奎琳则是天生的音乐家，恰好也是凡人。当然人需要吃喝睡觉和交朋友。但对于她来说，在生活中占的比例是不同的，音乐是她存在的中心。

在病情使她失去活动能力之前，她还能在大提琴上尽情发挥，无须多加练习。她有其他音乐家所没有的对于声音的想象力，她是自然之子，一位天生有着正确直觉的音乐家。

1967年3月我应邀与克伦佩勒和他的爱乐管弦乐团演奏莫扎特的《第二十五号钢琴协奏曲》。音乐会之后，我们又一次录了音。我们之间立即有了一种和谐的关系。我在伦敦已经听过他几次演出。克伦佩勒是个直率的人，在我所认识的数千人之中，没有一个像他那样地不修边幅的人（他女儿曾说她没有一次见他照过镜子，更别提梳头发了）。他对任何装饰性的东西完全没有兴趣，除了女人之外——或许他并不视她们为纯粹装饰品吧！

他带给乐队的能量，是由于他直截了当毫不犹豫地达到他的目标的那种态度。像克伦佩勒那样伟大的音乐家当然不会不重视声音，但他的精神是专注于速度、力度和平衡等的正确表达。他花费很多功夫在乐团不同乐器的平衡上，然后他会专注于力度和张力。我不认为他以声响作为音乐演奏的主要因素。

虽然我比他年轻许多，但我们之间往来密切（当时克伦佩勒已经八十二岁，而巴伦博伊姆是二十四岁——译注），他也是我的精神导师。他极欣赏杰奎琳的演奏，并与她成为好友。听了我们合奏的勃拉姆斯《F大调奏鸣曲》之后，他说他从未想到勃拉姆斯可以写出这样热情的音乐，他的赞美让她难以忘怀。他真的为杰奎琳的音乐个性、她对于音乐的专注和投入而感动。

克伦佩勒不论作为一个人还是作为一个音乐家，都是有自己原则的。从这点上说，他应该是所有音乐家的不朽典范。更有甚者，这些特点还扩展到乐队之中。毫无疑问，他们的内在力量是从他身上汲取的。他对音乐演奏或其他人的错误都很敏感，有时会变得愤世嫉俗，这种性格造就了有关克伦佩勒的种种传闻，听起来似乎他很严厉。

从1967年我认识他直到他逝世，我从未看到他性格中有不吸引人的一面。我们录完莫扎特协奏曲之后，他建议再录贝多芬的协奏曲。之前他已录过贝多芬的几乎所有作品：交响曲、《庄严弥撒》《菲岱里奥》、小提琴协奏曲，就是没有录过整套的钢琴协奏曲，人们期待他能录制它们。他想要和我合作，当然是我的荣幸。他也从中得到试探我能力和耐久力的乐趣。例如，当我们开始录音时，他从来不预先告诉我录哪一首曲子。他只是说："你是个足够好的音乐家。一个足够好的音乐家可以做任何事情。"他对这类游戏很有兴趣。

他是个非常热心的人，他很能体谅诚实的人。诚实大概是他最重视的品质，包括别人和他本人。他最感兴趣，也最尊重的人之一是布列兹。对他来说，布列兹不仅代表着未来，而且是个与他自己一样，坚持诚实原则的人。

克伦佩勒是个求知欲极强的人，至死都是如此。你可以想见他当时在柏林克罗尔（Kroll）歌剧院时的情形。（克伦佩勒在1927—1931年任该歌剧院音乐总监时致力上演歌剧新作——译注）他从来不是墨守成规的人。当我和布列兹1967年3月在伦敦演出贝尔格的《室内乐协奏曲》时——这是一首对听众和演奏员来说都相当陌生的曲子——但克伦佩勒对它很有兴趣，每次排练都来凝神细听。

1968年或1969年，克伦佩勒和杰奎琳开始录制《唐·吉诃德》，我也预定与他同台演出，节目包括贝多芬的《合唱幻想曲》《第四钢琴协奏曲》和《唐·吉诃德》。他有个习惯喜欢先录音再演出，但是他觉得身体不适，录音只好中断，音乐会也改由鲍尔德爵士 (Sir Andrian Bould) 指挥。

我每次去伦敦，都去看望他。他也把我作为指挥来接待。事实上，他参加了我在1967年指挥的几场音乐会。当我应邀去罗马指挥莫扎特的歌剧《女人心》时，我向克伦佩勒请教。他花了很长时间，与我一起根据总谱走了一遍。他对我的指挥非常肯定，大加鼓励，虽然他认为我早年指挥时的速度多半太快。但他是完全正确的。

有一次他邀我去他下榻的旅馆见他，见面之后，他让我在钢琴上试奏他作的歌剧中的选段。然后他问我："你喜欢我的音乐吗？"我稍稍犹豫了一下。他转身对他女儿说："巴伦博伊姆是个好人，可惜他对于音乐的品位太差。"

我最后一次见到他是在耶路撒冷，那应该是1972年末或1973年初。他年轻时由犹太教皈依到基督教，他告诉我，那时他天真地认为一个人必须是基督徒才能指挥巴赫的《马太受难曲》或《约翰受难曲》之类的基督教音乐。后来他又回归犹太教，甚至领有以色列护照。他是没有指挥过以色列爱乐的最著名的以色列指挥！

七

关于指挥及室内乐

如果你问一位一流的乐队成员，他会告诉你，很少有指挥会对乐队产生什么影响。他们根据指挥提示的速度演奏，加上他想要求的细微差别和平衡，就到此为止了。但是一位好的指挥在音乐上的影响是可以那样的强烈，演奏员对他的手掌、手指、眼睛或身体最细小的动作都会有所反应。假如乐队和指挥成为一体，他们的演奏会随着指挥身体的直立、前倾、后移或左右摆动而变化。指挥的起拍更是控制了第一个音的发生。如果他的起始拍缺乏果断性，乐队的声音就会死气沉沉，除非演奏员完全不注意他。如果演奏员认为指挥没有传递什么有意思的信息，不愿或无法照他的意思去演奏，那么他们将会把贝多芬交响曲按照他们已经演奏过上千次的方式来演出。但是如果他们尊重他的意愿，他们将会从起拍起就跟随他，不论是指挥要求的音色的刚柔，或者音符停留的长短，揉弦音振幅的大小等，都会直接受到指挥的影响。

一位好的指挥不会每小节或每一拍都打拍子，乐队及听众也应该忘记有节拍或小节线的存在。那是说，当一个乐句包括了几个小节时，

我通常将工作分为三个阶段：
第一阶段是在家研读总谱，第二步是排练，最后一个阶段是演出。

如果指挥每一拍或每一小节都打拍子，那么他将会把音乐带回到最原始的境地。

一位好指挥应该将拍子打在节骨眼上，打拍子的用意是指挥让乐队知道如何演奏。实际的拍子和手势应该要能传递给演奏员不单是演奏的时机，而且还有音符之间的空隙要如何连接。当我指挥我最熟悉的两个乐团，即柏林爱乐和芝加哥交响乐团时，我能够有时在三、四拍之间都不指挥，因为我知道演奏员能够自行演奏这些片断。我可以将责任交给乐队，直到下一个需要强调的时机来临，然后我再做出另一个手势。

你不可能将每一个动作都预先设计好。因为这样只会束缚你自己。所有的指挥动作都应该是给整个乐队或其一部分的信号。即使你可以凭直觉演奏乐器或歌唱，你不可能只凭直觉来指挥乐队。指挥对乐队的影响与交流，必须基于理性的基础之上。他们必须了解一个乐句在这儿有四小节，在那儿有八小节，高潮在什么地方。作为一个独奏家或独唱家，你可以大量依靠直觉，虽然这不是最好的方式。这是为什么才十一岁的神童梅纽因可以与柏林爱乐演出巴赫、贝多芬、勃拉姆斯的协奏曲，但是十一岁的儿童，无论他多有天赋，是无法站在乐队前指挥贝多芬或勃拉姆斯的交响曲，因为与乐队的交流必须是在理性的基础上才可能。

我通常将工作分为三个阶段：第一阶段是在家研读总谱，第二步是排练，最后一个阶段是演出。研究总谱的过程正好与作曲的过程相反。作曲家有了一个乐思，可能那只是一个片断，然后他把它扩展。不论它是灵感、知识或直觉，他都可以在一段时间之后根据它产生一首完整的乐曲。这不一定是布鲁克纳的交响曲，同样的原则也适用于莫扎特、肖邦或韦伯恩的最短小的乐曲中。当一个指挥初次接触一首乐曲时，他并不会去注意细节，他必须在心中将乐曲依作曲的方式重新组合一遍，然后才寻求细节。你可以将指挥的工作比做修车的技工，他们可以将车子拆成零件，再将它组装起来。指挥必须能把例如贝多芬《英雄交响曲》第一乐章中的和声、节奏、力度甚至音程之间的关系连接贯通。贝多芬经常由大的音程转移到小的音程，以这种缩小音符间的音程距离来增加张力。如果《英雄交响曲》由开头到第一个极强音之间都没有用半音音程，那么就没有张力可言。

当切利比达克说，他的同行中很少人能读谱时，很多人都很反感。但是他们只听到了他词义上的一面。他说这话的意思是，许多指挥在读谱时都无法听到乐队可能产生的音色、力度和声部层次。你研读总谱，看到其中有一处标着渐强，然后乐队会由极弱奏到极强。如果第二长笛（这里并不是不重要的）、定音鼓、小号及长号同时开始这个渐强，你就可以听到这种谱上注明的效果。但要做到这点，你需要有相应的知识和能力。想要在乐队中达到渐强，所有的乐器是不可能同时开始的。渐强要安排成让各个乐器都能依次被听见。一个指挥必须从音响学的角度来考虑，而这是很难的。例如在瓦格纳的《女武神》的起始，大提琴与低音提琴奏出五个十六分音符及一个四分音符，谱上都是强奏。然后第二拍立即是突轻，你不能只是先强后弱地演奏。强音应当要逐渐增强，以便在突轻之前制造一种好像是断崖峭壁般的效果。这就是读谱的结果：头两个四分音是强音，第三个则是弱音。所有的细节都可以学习，除了张力。一个强音或弱音的张力，以及你演奏从极强到突轻转换之间的那种力量，是无法学习的。

首先谈一谈力度，轻与响之间的关系。轻奏不能只以科学方法来测量，多少分贝算是弱音，再加多少分贝又算中弱等。速度也不是绝对的。它只有在其他因素，如声部层次、力度、揉音等正确了之后才会感到正确。当一位小提琴家以相当快的速度演奏时，他的揉音是有它一定的方式的。当指挥要求作速度上的改变时，他必须知道随之而来的其他改变，如句法和音质等。这要从弓法开始，运弓的速度比方向重要。（一位好的小提琴家可以用下弓做出渐强，这是违反自然的方式，因为弓尾的重量比弓尖大。他同样也可以用上弓来奏出渐弱。）当速度改变时就须调整，如果演奏员不明白其中道理，指挥必须提醒他们。富特文格勒说的仍然正确——正确的速度是，当你演奏的那一个片刻，不可能有其他的方式。今天人们习惯于将现场演奏和录音来作比较，这种决定速度的方式就非常困难了。

按顺序来说，在开始排练之前你首先研究总谱。你遇到的第一个问题，是你只能抽象地在理论上实验。如果你自己演奏乐器，你可以在乐器上尝试不同的分句和奏法，听到不同的声响。但当你站在乐队面前，情形就复杂多了。你的时间有限，而且也不是只有你一个人演奏。当乐队开始演奏时，突然间你会感到很难告诉他们你在实验时的心得，甚至是多少个地方你想要他们做渐强或突强。一次排练从上午十点到十二点或下午一点，你须把你实验时的设想加进去，同时准备好正式的演出。演奏员要考虑你所有的建议和要求，还要专注于自己乐器的技术问题上，你必须尽力给予他们帮助。例如，要是某一片断特别困难，一位年轻缺少经验的指挥可能会说：“接下来是个很大的突强！”或者说：“我们这里要有更多的渐弱！”如果没有达到预期的效果，他会以为队员没有努力尝试。当然，每个乐队中都难免会有些不易相处的人，毕竟这是由脾气素质都不相同的人所组成的团体。有些人可能有二十或二十五年的经验，而指挥或许才执指挥棒不过几年。队员的经验和年轻指挥的权威之间很难达到理想的平衡。

随着指挥年岁和经验的增长，问题会逐渐改变。你到达一个已不再年轻，而乐队成员逐渐年轻化的状态，这时候，富于历练与缺少经验的问题就反转来了。一位年轻的双簧管或长笛手可能有一个很好的想法，这时你不能固执守旧而拒绝倾听他们。

我想，自发性、对乐谱的熟悉程度，以及对技巧的绝对把握对指挥来说是很重要的。你必须了解乐队中的人有他们自身和音乐上的难处。你应当敢于承认自己的错误。没有不犯错误的人。如果你有一个出色的乐队而某些地方出了差错，那可能是指挥的过失。如果你打错了拍子，将三拍子打成四拍，是没有推脱的余地的，你必须要学会说："这是我的错。"如能做到这点，事情就过去了，并且你会得到乐队的尊重。（此外，如你承认错误，下次别人犯错时你就可以理直气壮地纠正他！）年轻指挥不必讨好每一个演奏员，而应该赢得乐队的尊敬。好感是自然产生的，不能强求。

我总是在我，或者乐队觉得有必要时才进行排练。我也一直有兴趣，有好奇心和有准备时才工作。好奇心是指有发现新事物的欲望。如果一位音乐家缺乏好奇心，或者会说："我已经演奏贝多芬交响曲四十年了，它对我而言没有什么新奇。"那么他是无可救药了。一个真正伟大的乐队应该同时具备经验和好奇心。一旦音乐上的艰苦工作完毕，你会感到自信和轻松，而乐队对你的好感和敬意也随之而来。

排练时一件重要的事情是，了解何处需要强调，何处则不需要。与写作相同，在重点处划线强调，如果你在一句中每个字底下都划黑线，那么等于没有做任何强调。音乐演奏和分句的道理是一样的。首先要有清晰的概念和想法，然后一直练习到演奏员完全明了你在哪里要强调为止。如果你在这点上与乐队一致，而且知道他们不只是盲从而是与你同心同德，那么每一场音乐会都可以做不同的重点处理。总体的原则和音准位置不变，但演奏的手法可以调整，那样在音乐会中就会有一种自发即兴的感觉了。

绝对音高感是矫正音准的帮手。音准并不存在于真空之中，它经常会受到正确或不正确的平衡所左右。一个音可能太高或太低，一个和弦可能听起来不清晰，因为从平衡的角度来看，它是不正确的。和弦中的泛音也可能突然变得太强或太弱，声音也可能不齐。木管的和弦中，双簧管的声音有时特别有穿透力，因而听起来比别的乐器刺耳，影响到整个和弦听起来不对或不干净。你或许会以为这时的双簧管音准偏高，事实上它只是太突出罢了。与你熟悉的乐队排练时，你可以向他们提出改正，在芝加哥乐团和柏林乐团我都没有碰到过这种问题。

时常有人说乐队队员不喜欢排练，但从他们的角度来说，有些指挥也浪费了排练的时间。指挥要能将整首乐曲奏完，记得每一细节，还要随时改正错误，因为事后他可能会忘了。你在研读总谱或排练时功夫下得越多，在晚上演出时你就会更加自如。这好比你第一次去树林里散步，你不知道林间小径通往何处，但如果你看过地图，你就感到心情轻松多了。有些音乐家认为如果你在音乐中理性的分析做得太多，就会缺少新鲜感，其实新鲜感随着有条理的工作反而会增多。

我也相信作为一名音乐家，除非你了解贝多芬的钢琴奏鸣曲，他的四重奏和其他主要作品，否则你不可能指挥或领悟他的交响曲的主要精神。许多全套作品代表了作曲家的创作精华。我认为在贝多芬，是他的钢琴奏鸣曲和弦乐四重奏，在莫扎特是他的钢琴协奏曲和歌剧。

如果你不知道莫扎特的《后宫诱逃》《唐·璜》的第一幕，以及《C大调钢琴协奏曲》（K.467），怎么能够指挥好《朱比特交响曲》？如果你不了解柏辽兹的《罗密欧与朱丽叶》《浮士德的惩罚》，如何能够指挥他的《幻想交响曲》？如果舒伯特的《未完成交响曲》是你所知道的唯一的一首他的作品，你怎么去指挥？除非你了解德彪西的钢琴前奏曲和练习曲，否则你不可能去指挥他的《大海》。对于作曲家的所有创作你得有尽可能全面的了解。贝多芬的《英雄》与《田园》两首交响曲之间的差异，可能比风格类似的两个作曲家的作品还要大。贝多芬在每一个作品中几乎都能创造出新的音乐语言和样式，你要了解这些乐曲，以便知道以何种方式来诠释你将要指挥的曲子。

所有的年轻指挥，都会有意或无意地模仿其他指挥的动作。当他看到他想要达到的效果可以由这种方式来办到，他很自然地会这么做，但最终他会找到自己的一套手势动作的。整个问题都与一个经常被滥用来形容指挥的字眼“超凡魅力”有关。如果你想去模仿有那种天赋的人，只会变成滑稽的漫画，弄巧成拙。因为你只能学到外表的动作，相对说来那是较为容易学到的。

拿富特文格勒来说，从他的纪录片中你可以模仿他的姿势或颤抖的双手，从录音中你可以仿效他速度的变化，但是并不理解其背后的奥妙。或者，你可以模仿切利比达克那种偏慢的速度，但你不了解他选择慢速是因为需要时间来清楚地表达音乐中的细节。

一个人能够演奏或指挥的曲目是有限的，但是保持好奇心是很重要的。克伦佩勒就有这种好奇心，他会去听他不熟悉的曲子的排练。阿劳有广泛的曲目，还通晓许多他自己没有演奏过的音乐。我想这种永不满足的好奇心，是我们不断进步的保证。

我与英国室内乐团合作的亮点，是我们录制的莫扎特钢琴协奏曲的全集。我们总共花了十年的时间，并先后在巴黎、伦敦和纽约演出过。同时指挥并演奏钢琴所带来的问题，与演奏的乐曲的性质互相关连。那不仅是在没有独立的指挥的情况下，能做到什么表现的问题。如今人们甚至可以和一个优秀的乐队演奏肖邦的协奏曲，并同时指挥，但这样做意义并不大。

莫扎特的音乐具有双重的性格，有时是钢琴与乐队的对话，有时是钢琴与乐队的对抗。乐句和奏法的统一性可以由弹奏者同时兼指挥来达到，这是单独的指挥所做不到的。贝多芬早期的协奏曲也是同样的情形，它们是比较轻巧的作品，炫技的风格营造了趣味盎然的意境。我把拉威尔的协奏曲也归入这一类乐曲之中。米特罗普洛斯（Dimitris Mitropoulos，1893–1960年，美籍希腊指挥家——译注）曾经指挥兼演奏普罗科菲耶夫的《第三钢琴协奏曲》，我真希望能亲耳聆听。他于1920年代和柏林爱乐合演过此曲。事实上，普罗科菲耶夫本人在1921年与芝加哥交响乐团首演时，也是这样做的。但是弹着琴又指挥，多半是指莫扎特的钢琴协奏曲。

同时指挥和演奏钢琴的目的是和谐一致。即使在“对话”部分或钢琴与乐队并置交织的场合，由唯一的一个乐思来引导演奏是具有优势的。当没有独立的指挥时，乐队会更注意聆听独奏者，不仅知道何时该演奏，更知道该怎样演奏。

困难是明摆着的：你必须一心两用，同时照顾演奏及指挥这两方面。当你弹奏复杂精细的经过句时，还得用左手或面部表情来提醒乐队。有时钢琴独奏部分常会悄悄地结束而带进乐队的强奏。你必须在心理上和生理上都能控制，钢琴独奏家此时要能同时顾及自己的乐器及乐队。

我首次独奏兼指挥是在1950年代，距今已四十多年了，经验告诉我，要如此做，必须成为一个称职的指挥才可胜任。想一想莫扎特协奏曲开头那些复杂的全奏吧！也许你不必指挥斯特拉文斯基《春之祭》之类复杂的乐曲，但至少得能够指挥莫扎特的交响曲。好的乐队或多或少地能自行演奏，但那不是独奏兼指挥的目的。

我觉得不用指挥演奏是违反音乐与专业的本性的。平时说的"跟随"独奏，已经是个错误的概念。为了跟随某一个人，你只好在他后面！同时独奏兼指挥，或没有指挥演奏一首莫扎特协奏曲，是极为不同的。后一种情形不是为了音乐，而是为了方便，为了"作秀"，或是为了省去聘请指挥的钱。那样是对乐队的一种侮辱。柏林爱乐可以完美地不用指挥而演奏莫扎特的交响曲，他们也可如此协奏莫扎特的协奏曲，但是说到音乐上的深度，则只能依靠同时兼指挥的独奏者。

1964年我首次与布列兹合作。不久，我又与他在巴黎演出了一系列以现代音乐为主的音乐会。我们演奏了贝尔格的室内协奏曲，我另外还弹了勋伯格的作品11号和作品19号。我们开始了事业上和私人间的持续关系，经常一起合作。1967年，我们在伦敦不仅弹了室内协奏曲，还弹了一些古典曲目，包括贝多芬的第四及第五协奏曲。当他担任BBC乐团和纽约爱乐的首席指挥时，我也经常与他同台。我们的"拿手好戏”（此为法语——译注）是巴托克的《第一钢琴协奏曲》，在当时它是很少被演奏的。我们在伦敦与BBC乐团合演此曲，也在巴黎、克利夫兰、芝加哥演出，还录过唱片。当我在1975年被提名为巴黎管弦乐团的音乐总监时，他早在1960年代就已离开当地，而且不愿与巴黎或法国政府打交道，他甚至不准巴黎管弦乐团演奏他的乐曲。当我成功地说服他，让我们在巴黎演出他的乐曲时，那真是我最高兴的一刻。他甚至还答应指挥巴黎管弦乐团。

这个大事件发生的确切日期是1976年1月5日，音乐会节目是贝多芬的《“皇帝”协奏曲》和斯特拉文斯基的《火鸟》全集。浪子回头引起巴黎很大的期待和兴奋，布列兹从此开始了和巴黎管弦乐团的长久关系。蓬皮杜（Georges Pompidou，1969—1974年任法国总统——译注）满足了他开创“声学与音乐研究协会”的条件，这是在1977年，布列兹领导下创立的蓬皮杜中心的一部分，主要是实验和研究现代作曲的技巧。在我和巴黎管弦乐团共事的十五年期间，他一直是热诚的支持者，无论从乐团的曲目，还是到巴黎的音乐生活，他都是领军人物。

布列兹准备音乐会极为周详，不但研究总谱，还将乐队分声部练习。他不但排练每一声部，而且还让每一个演奏员了解音乐的曲式结构。他排练的方式相当特别，首要的是他的耳朵极为可靠，他可以在音乐进行到最复杂的地方和音量最大的时刻，听到最微小的细节，能够分辨细微的音准偏差。我从他那儿学到很多。如许多钢琴家一样，我对于音准不是特别敏感，因为钢琴的音准问题实际上是调音师的职责，即使钢琴的音走得很厉害，钢琴家也束手无策。换成弦乐和管乐或声乐家，他们就必须对音准负责，不能太低或太高。要听出一个音是偏高或偏低是很难的，要求每一个演奏员都控制好音准就更加困

1988年在巴黎，我与布列兹录制他的《标记》

难，那需要长久的训练。对演奏员、歌唱家和指挥来说，音准问题都应该不留情面地处理。歌唱家时常有这样的情形，即使指挥提醒他们音准有问题之后也无法纠正，因为他们失去了必要的自信，于是这个问题变成了感情上或心理上的争执。把它作为纯粹音乐或艺术技巧上的问题来对待是很重要的。

布列兹以他对音乐理念的执着而著名。他的想法和作为完全没有傲慢自大的成分，因此他期待他的同事们有与他一样的诚意和投入。要让他为避免犯错而不把心中真实的想法说出来，是不可能的。这种直率和不妥协的性格，使他备受尊敬。对我来说，他是个正直的人。这种诚实的个性，多次使他卷入有关音乐演奏和艺术管理方面的争论，也导致他早年说过的那些偏激之语，像“勋伯格已死！”“歌剧院该烧了！”等等。这种思想上的独立性使他有勇气面对问题，不论是在作曲时或在担任纽约爱乐、BBC乐团的指挥，或者后来在担任“声学与音乐研究协会”总监的时候。

作为一名作曲家，他是个有趣的混合体。他的整个训练和早期作品都深受其老师梅西安的影响。接触了新维也纳乐派及担任了拜罗伊特的指导，指挥过《帕西法尔》《尼伯龙根的指环》等歌剧之后，更使他的视野得以扩展。我认为他是当今仍活跃于音乐舞台的最为多才多艺的音乐家。他的配器法极具想象力。例如《仪式》（*Ritual*，纪念布鲁诺·马德那的作品——译注）将乐队分成几个独立的部分。又如《标记》（*Notations*，又译《记谱法》）乐队一方面被作为巨大的装置，另一方面在弦乐组营造极为独立的部门，听起来乐队不像是弦乐、木管、铜管和打击乐四个组。它们好像是具备所有这些特性的一体，或七八十个个体，因为即使在《标记》的弦乐组的乐谱中，也被细分成每个演奏员有自己的部分，与其他人都不相同。我可以将它比作弹钢琴时双手是一体或十个个体的问题。在布列兹的管弦乐中也一样，它是一个或八十个单位，绝不是三个或四个。

《标记》是一系列由十二首乐曲组成的管弦乐小曲，布列兹早年写的钢琴小曲中含有它们的雏形。他先为巴黎管弦乐团写了头四首，后几首是为芝加哥交响乐团续写的。

布列兹让我相信，现代音乐难以被人接受，一方面是首演时的水平不高，另一方面是现代作品多半只演出一两次就束之高阁，被人遗忘。《标记》的头四首由我指挥世界首演，之后我又和巴黎管弦乐团在不同地方至少演出了三次以上。看到演奏员不但学会了这首乐曲，而且觉得它是我们保留曲目的一部分，我相当惊喜。每当我们重拾它的曲谱，我们都会回想起前几次在该作品上面所花的功夫，因此我们能够用对基本曲目一样的熟练和理解来演奏这部作品。

如今，演奏一些最优秀的当代作品，要比以前难得多，因为我们只重视首演。一些作品只有通过反复演奏，才会变得较易理解和记忆，而这种重复是当代音乐的演奏者和音乐界通常都忽略的一项工作。有些作品很难被接受，因为它们只有演奏过一两次。

当我定期指挥一些当代作品时，它们会成为我常备曲目的一部分，我会像对待拉威尔、德彪西，甚至莫扎特或贝多芬的作品一样，一再地研究其总谱。假如你说："明天有布列兹的新作品首演。"每个人都会转过头来有兴趣地听你叙述。如果一年之后你说："现在我们将要第二次演出布列兹的这首作品。"每个人都将拔腿就走。我完全赞同布列兹的建议，音乐教育不仅要包括所有的体系——调性音乐、无调性音乐、序列音乐，而且还应该保证重要的现代作品有经常演出的机会。当你听贝多芬《第五交响曲》时，你会记得你知道的有关它的一切，哪怕只是个平庸的演奏。我们认为这类乐曲比较容易接受，是因为它们的风格早已在记忆中沉淀，就好比上好的葡萄酒需要时间沉淀和发酵一样。但我相信，贝多芬的后期四重奏对当时的演奏者和听众来说，就像今天对巴托克的四重奏一样的困难。

另外，现代音乐的演出水平经常参差不齐。我在巴黎和芝加哥都曾努力奋斗，不仅是要争取新作品的世界首演，或者让重要的新作品有第二、第三、第四和第五次的表演机会，而且要争取有充足的排练时间。对于复杂的作品，只在演出之前的两天才开始排练是远远不够的。当你面对一首全新的乐曲，演奏者和指挥都需要有时间去消化，以达到对音乐相当程度的熟悉。

一个确切的例子：我和巴黎管弦乐团在1981年演出《标记》的前四首，它在音乐上非常复杂而且难以演奏，对听众来说很难理解，当然也不容易指挥。在音乐上和技术上，对我们都是困难重重。我们将其彻底地排练。我将弦乐、木管、铜管和打击乐组分组练习，然后在首演之前又进行了几次统排。两三年之后，我们想再次演出《标记》，那时它已经显得容易一些了，乐队中一些人也已经演奏过它。过了几年，我们第三次将它搬上舞台，我觉得这是在我的经验中，一首新作品第一次成为基本曲目，至少对于乐团而言是如此。演奏员开始对这首乐曲产生共鸣，就像他们一辈子演奏的基本曲目，如贝多芬、勃拉姆斯或德彪西一样。他们已知道预期的效果。

众所周知，西方的绘画早在二千年前，文学更在三四千年前就有了。但是我们日常所听的古典音乐主要是十七世纪以后的产物，三百年是个很短的时间。所以西方古典音乐是艺术中最年轻的一门。

调性音乐中有种成分让我觉得是超人工的。我不知道是否确实如此，或者是像布列兹说的那样，它是个习惯问题：我们在这种音乐和其调性体系中成长，于是倾向于把它看作是超越人工的尺度，事实上它是不存在的。我相信当音乐中的音调、声响在流动时，会产生某种独立的特性。这适用于《诸神的黄昏》，也适用于莫扎特早期最短小的小步舞曲中。了解瓦格纳的半音体系是否引导了勋伯格的十二音体系的变革并不重要，勋伯格的规则是否打破了调性系统也不是重点，重要的是那些音乐现象发生了。自法国大革命起就有争取平等的斗争，而在马克思、恩格斯和列宁的著作中达到了极致。我在音乐中也见到了类似的情况，如果我的推测正确，那么我们现在正处于困境之中，因为音乐处于踌躇困顿的死胡同之中已经很久了。

我想，我们今日的处境，从前的人们可能从未遇到过。今天多数有经验的音乐会常客，仍然将斯特拉文斯基、勋伯格、巴托克看作是当代或近代作曲家。但是他们的作品大部分是写于1910年至1920年之间。而那些在1876年目睹拜罗伊特首演《尼伯龙根的指环》的大众，当然是不会将海顿晚年或贝多芬中期的交响乐看作是当代或近代音乐的。

对于音乐的兴趣从来没有像今天这么大，也从来没有这么多的人能够聆听音乐，但我不能确定听众的素质。1820年时的听众对于贝多芬的晚期作品，必定像今日我们对于布列兹、梅西安或卢托斯拉夫斯基（Witold Lutoslawski，1913–1994年，波兰作曲家——译注）一样地觉得难以理解，但是贝多芬时代的听众具有良好的音乐教育背景：许多听众在首演时就对乐曲拥有今日一般听众所缺乏的知识。

1966年9月我第一次去日本。我很幸运地有机会在许多国家呆过，也因此通晓多种语言，包括英文、希伯莱文、德文、意大利文和西班牙文。正因为如此，到大多数国家我都很自在。从没有一个国家像日本那样使我感到很懊丧，因为我连一个商店招牌都看不懂，更不用提他们卖的是自行车还是食盐了。要依赖翻译是很恼人的事，我在1965年的苏联之行也同样感到这点。

当时的日本对古典音乐就已经有强烈的兴趣，使人不敢相信西方音乐在日本只是近期的现象。贝多芬的《第九交响曲》在第一次世界大战时才在日本首次演出，但今天东京的音乐演出可能比欧美任何一国的首都都要频繁。在日本演出最有意思的一点，不是因为那儿的人对音乐有极大的兴趣，或是热衷于购买唱片和发展我们能够获利的录音技术，促使我一次又一次地前往日本的原因是，我越来越觉得日本听众对音乐的态度与欧美听众大相径庭，他们丝毫不认为音乐是一种娱乐，听众对于音乐的专注可以让你感触得到，这对于台上的音乐家是一种鼓舞。也许因为是一种距离感使他们觉得如此，我不能确定。不论原因如何，他们对文化这种毕恭毕敬的态度，是值得西方人学习的，我仅仅指挥过一次日本的交响乐团，那是NHK乐团，在1973年，那是令人难以忘怀的经验。1990年我与东京爱乐在帕帕诺（Antonio Pappano）指挥下合作勃拉姆斯的两首钢琴协奏曲，乐队演奏员的敬业精神和严谨的态度深深地打动了我。

我相信用不了多久，日本演奏家就会像欧洲人一般自由自在地面对音乐，走近音乐。他们对音乐的崇敬和认真态度，极强烈地预示了下一代将会发展出他们对音乐的一种归属感。有时候我想要告诉日本人，虽然这是西方音乐，是另一种文明的产物，但是其中有着人类的共性，远远超越它是来源于法国或德国这一界限。

1967年我不但作为独奏者与克伦佩勒指挥的新爱乐乐团合作，而且还首次指挥了该乐团演出莫扎特的《安魂曲》。我在此以前已经指挥过一些合唱音乐，包括莫扎特和勃拉姆斯的《安魂曲》，一些布鲁克纳的《弥撒》，及贝多芬的《第九交响曲》。我从匹兹 (Wilhelm Pitz) 那儿学到不少东西，他是位罕见的优秀音乐家和合唱指挥。当我和克伦佩勒在1960年代后期合作时，匹兹是合唱团指挥，他让我第一次见识了合唱指挥的奥妙。他能通过非常细致的连音和顿音的不同唱法以及它们的综合，达到多种不同的表现力，让我感受极深。我特别记得他指挥的布鲁克纳《感恩赞美曲》时，合唱队突然迸发出非常有表现力的声音，这种内在的张力是因为匹兹的训练。他激发了我指挥更多合唱作品的欲望，并且由此使我想要指挥更多的歌剧。

合唱经常用在乐队全奏时，如果只是出现一大堆没有控制的、含混不清的声音，听起来就没有什么表情可言。但是，当匹兹将各个声部的力度层次调整之后，它们就达到了另一种境界。我很清楚地记得他怎样排练《感恩赞美曲》的齐唱部分“Aeterna fac cum Sanctistuis”。它要出现七次，从一开始它的标记就是极强，匹兹则使合唱队保留能量、音量和紧张度，以便在高潮时做到更强的力度。

1968年我第一次和伦敦交响乐团去纽约，当时该团的首席指挥是克提兹 (István Kertész)。他上场前突然得病，我临时替补指挥。第二年，我首度和柏林及纽约爱乐合作。当时，我还不能确定是否应放弃钢琴演奏专注于指挥，或是取钢琴而弃指挥。许多与我共事的朋友也不认为我能两者兼顾，一些人认为我应该放弃钢琴，其中有许多人认为我在指挥上更能展现才华，好的钢琴家人才辈出，而好的指挥却凤毛麟角。我极力反对这种盲目的见解，宁愿让我的选择更加开放。我开始经常与费舍尔-迪斯考（Dietrich Fischer-Dieskau，1925年- ，德国男中音歌唱家——译注）合作，我的朋友更加难以想象我如何能一面自己独奏，一面又为他人伴奏。而且我又开始室内乐演奏，尤其是与杰奎琳和祖克曼，稍后又与帕尔曼合作。我同时是室内乐团的独奏兼指挥，又带领不同的交响乐团。1973年我首次指挥了歌剧，我想人们那时已经放弃向我劝说了。在我看来，他们都是狭隘偏见的受害者，希望从事上述领域的人都是各自的专家。我必须承认，我从来没有想象过我可以同时活跃在所有这些领域中，事实上，我对过度分散自己的注意力相当担心。

我一直希望找出一种乐器的本性是如何影响演奏家的句法和奏法的，我由这种办法学到许多东西。当然，你只能从室内乐演奏中去学习。大多数我所演奏的有弦乐的室内乐是与杰奎琳合作的。过去许多年我疏忽了室内乐演奏，是由于没有人能够取代她的地位。

室内乐的基本原则是对话，意即每个乐器各自表述，其他时候又互相交谈。室内乐是音乐演奏的精华这种观念，已经逐渐因各种原因而消失。原先，它是在私人家庭中演奏的，不论演奏者是业余爱好者还是职业音乐家，而现在人们已很少有空闲来参与，多数是被动地聆听与欣赏。今天有成千上万的人欣赏音乐，但只有极少数人会为了乐趣

1972年，我与费舍尔–迪斯考在爱丁堡录制勃拉姆斯的《安魂曲》

而去演奏室内乐，这是一种传统的丧失。各种各样的音乐媒体提供了音乐欣赏：广播、电视，当然还有唱片。但是我想，对室内乐演奏的兴趣的消逝，是二十世纪思维方式的结果。

当一首乐曲在演奏时，它是流动的，依赖于不同场所的音效和不同的演奏者，每次都可能有所变化。一个作曲家对一首作品应该是怎样的声响，在他的心里可以有明确的概念，他可以想怎么写就怎么写，这纯粹是他意志的创作。但是一旦他把它写下来，这首乐曲就遵循其他的法则了。作为一个指挥，必须注意这点。在对一首作品的预先的构想和实际的演奏之间，很难有完美的平衡，而每次演奏也不可能一模一样。

传统上，室内乐是在很小的场合演奏的，要比今日可容纳二三千人的音乐厅小得多。有趣的是，电视虽然可供千万人欣赏，却保持着这种亲切感，因为镜头可以拉近与演奏者的距离。拍摄一支交响乐队是相当困难的，更别提有合唱、独唱和其他乐器的大型乐队了。而转播室内乐，三重奏、四重奏或八重奏，不仅容易而且也有趣得多。电视可以使你清楚地看见演奏者的面部表情和身体动作。我觉得在电视上观看三四个人或八个人，比看一两百个人有意思得多。这当然与眼睛的接受力有关，不过眼睛与耳朵的功能在电视上是越来越难分开了，我们日常生活的大部分时间都处于可怕的噪音之中，人们忽略了耳朵也有记忆。你从三十五层的旅馆乘电梯下楼，电梯里在播放音乐；你坐进出租车，车里收音机放的是另一种音乐，然后你到了音乐厅，听到贝多芬奏鸣曲或弦乐四重奏的第一小节，此时你的听觉自动地会把过去一小时中听过的音乐混合在一块。这就是为什么我尽量避免在音乐会之前听音乐的原因，不管我是去演出还是去听音乐会。钢琴家或小提琴家有时会练习到上台之前一分钟，这可能是有必要的。但如果你能避免练到最后一刻，你会发现在台上奏出第一个音符的时候，感觉是多么的清新。

我在一个每星期都有室内乐在家里演奏的环境中长大。一直到1960年代，我们仍常在伦敦的家中演奏自娱。那时我与克利夫兰交响乐团合作，小提琴副首席是史坦哈特，中提琴首席是斯克尼特，大提琴独奏家是艾金斯。我在此前从来不认识这些人，但几次排练使我们建立了专业和私人的关系。我们在排练结束后去斯克尼特家中吃点东西，然后通宵演奏室内乐。早晨我没有回旅馆，吃过早餐就直接去排练场。

卡萨尔斯(Pablo Casals)与我接触不算多,但这位伟大的音乐家对音乐演奏,特别是弦乐方面的影响无人能及。我第一次见到他是在波多黎各,之后又好几次到那里参加他主办的音乐节,担任钢琴独奏或指挥。我演奏勃拉姆斯钢琴协奏曲,并在杰奎琳演奏艾尔加的协奏曲中任指挥。卡萨尔斯具有重要的历史地位,因为他可能是第一位狂热地追求完美音准的大提琴家。在他之前,我想人们已接受这一事实:认为大提琴太难演奏,在高把位时经常只能牺牲音准。

卡萨尔斯对音准及奏法的整个概念,不只对弦乐家有重要启发,对我的钢琴演奏和音乐观念有很深的影响。他是所谓有表现力的音准的提倡者,而不是绝对的平均律音准。钢琴并没有弦乐器那种调音的自由,等音关系在钢琴上并不存在:升D或降E是一样的音高。而在弦乐器上,你可以稍微调整音高,以改变音色和表情力度。假如升F出现在G大调的音阶中,它要比F大调的降G音高出一些。换句话说,由一个升F进行到G音,要比降G音下行到F时的音要来得高。

巴赫的《钢琴平均律曲集》,主要是理顺所有音调上的问题。卡萨尔斯使我明了了音符的地理位置,有些音符会产生一种好像往下拉的下降感觉,另一些音符则会使人有向上推的感觉。在钢琴上你当然不可能做到这一点,不过要是你的听觉在十二平均律的键盘上对音高的倾向有所警觉,你可以控制你的双手,使弹出来的和弦有层次感和紧张度,以弥补不能随意地在琴上调整音高的缺陷。这是卡萨尔斯对他那时代的音乐家的启发，也是所有调性音乐中的重要一课。

此外，卡萨尔斯对乐句中短音符的重视是不可低估的。特别是在连奏中，短音符很容易被吞没了。卡萨尔斯对短小音符的清晰的演奏，有着近乎着魔的挑剔。他时常用拟声的方法向乐队描述这一点。他用“啦啦啦”，不仅是母音的组合——aeiou——而且包括了让每个音符清晰断开的子音。在他指挥马尔波罗乐队排练巴赫C大调组曲的实况录音中，你可以听见他如何强调十六分音符。

这两点是他对诠释演奏上主要的历史性贡献。随着他年岁增长，他更加专注于这两点，使得一些受他影响的年轻音乐家，经常夸张地模仿他，甚至到了可笑的地步。

因为我是钢琴家，卡萨尔斯的想法对我特别有意义。我尝试以弦乐器运弓的方法在钢琴上弹连音，而他则试图将弦乐器演奏得像钢琴一般。即使控制得最美妙的连奏，在钢琴上仍需保持清晰自然的音符，因为它的每个音由不同的键产生。

卡萨尔斯身边有不少音乐家和他一起演奏室内乐，并且为他的音乐和个人魅力所吸引。这些人中最为特殊的是艾萨克·斯特恩。他以技艺精湛的演奏家出现于音乐舞台，但不久之后就深深地迷上室内乐，并且发展出极具创意的小提琴技巧。即使当他演奏最需要高超小提琴技巧的乐曲，例如维尼亚夫斯基的《第二小提琴协奏曲》时，他也从不满足于传统的美妙音色，而总是试图超越乐器的性能。显然地所有伟大的小提琴家都试图超越他们乐器的极限，但我觉得斯特恩更执着于音乐的潜能而不是乐器的性能。这使他在漫长的演奏生涯中，一直能有不寻常的小提琴音色。这些音色来自于广泛运用不同的揉弦，他有时以非常少，有时甚至完全不用揉弦来达到特殊的音色。对于左手

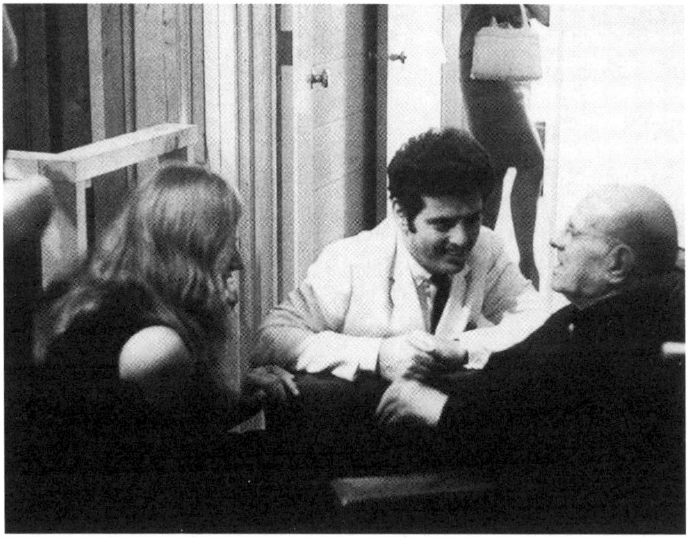

1969年，我与杰奎琳在美国见卡萨尔斯

和运弓的手臂的协调，也有精确的感觉。在所有伟大的小提琴家中，斯特恩比其他人更让我了解到运弓的重要，没有必要每次你拉到一端时一定要使用全弓，从音乐表现的角度来说，这是非常不利的方式。有时你只用弓子的一小部分，以产生集中的音色及不同表现力的句法，在下一次运用全弓时，声音听起来会更有回响。

斯特恩对于音乐家的重大影响，主要见于对年轻一辈的小提琴家的教诲，尤其是来自以色列的一群。（在以色列他除了演奏之外还花费了很多心思在教学上。）我心中想到的，当然是祖克曼（Pinchas Zukerman）和帕尔曼。我在以色列时与他们两位有过短暂的接触，那时我们都是少年。祖克曼在以色列参加过布达佩斯四重奏组的贝多芬四重奏演出，卡萨尔斯也在那儿。1968年我在纽约见到他，那时他十九岁，已经是有名气的演奏家了，他熟记所有的室内乐作品，能够演奏任何你想得到的室内乐中的小提琴或中提琴部分。我们在一次音乐会之后见了面，那一次我与奥曼迪指挥的费城交响乐团合作。第二天祖克曼、杰奎琳和我在旅馆中演奏自娱。一种知音感油然而生，当时我们就决定要经常在一起演奏三重奏。

祖克曼也常作为独奏家与我一起演出。他首次在英国登台是与我合作，乐队是英国室内乐团。我们也于1969年在纽约演出，在杰奎琳仍然可以演奏的期间，他成为我们音乐生活的一部分，三重奏成为我们音乐会中的高潮。他与杰奎琳之间有一种弦乐家之间的默契。他们的揉弦音和运弓的配合，我在其他的著名独奏家组合的演奏中很少听到过。

帕尔曼在那时还是个纯粹的小提琴独奏家，他对室内乐也很有兴趣，但室内乐在他生活中占的比重不大。他四岁时得了小儿麻痹症。他特殊的音乐天分，他那种战胜残疾的坚强个性，使他成为一个独特的人。他必须坚强地面对传统的观念，人们不习惯见到小提琴家坐着演奏，很少人在那时相信他能有独奏家的前途，因为旅行和其他的生理障碍给他带来许多不便。我不用在这里指出，他后来证明了那些疑虑都是多余的。

在与他合作的许多个愉快的夜晚之中，我特别记得1970年我们与柏林爱乐的演出，他在柏林的首演是演奏柴科夫斯基的小提琴协奏曲。当听众见到他出场时的惊讶表情，我至今仍然记忆犹新。我拿着他的提琴，站在他身后，感到那不是通常听众给予舞台上的音乐家

1969年，我与杰奎琳、祖克曼在伦敦阿贝路录音室录制三重奏

的掌声，那是一种对他的勇气的崇敬，混合了某种肃默，似乎鼓掌太响会与这种场合不相配。当他一开始演奏，每个听众都忘了他是因为小儿麻痹症之故而坐着演奏的，他们都为他的演奏所倾倒。在最后一乐章中他的提琴断了一根弦。在那一乐章中独奏者不演奏的间歇不多，但就在短短二小节之间，他将他的斯特拉第瓦里琴交给布兰迪斯（Thomas Brandis，柏林爱乐的首席）并交换他的提琴。布兰迪斯旁边的演奏员则将他的琴与布兰迪斯交换，以便他可以替那把斯特拉第瓦里提琴换弦。这一过程完成之后，布兰迪斯继续用帕尔曼的琴演奏。我记得帕尔曼的面部表情，他想要回自己的琴。他的控制是如此出

色，以至没有人听得出音色上的差别。另一方面，我也忘不了布兰迪斯将那把价值连城的斯特拉第瓦里琴夹在下颚底下时的喜悦，我想他在末乐章结束之前，是非常不情愿地交出这把琴的！

我见过的最自然天成的小提琴家，是米尔斯坦（Nathan Milstein，1903—1992年，俄国著名小提琴家——译注）。我在巴黎的时期，他时常与我合作。他能够以最轻而易举的方式，奏出最有个性最为优美的音色。他持琴的姿势几乎是琴头已垂到腹部。排练时他坐在椅子上，一条大手帕覆盖在肩上，一副漫不经心的表情，好像那是世上最容易的事情。米尔斯坦给我作为指挥最重要的启迪是，永远不要迫使小提琴，或其他任何乐器，去发出超越其音量或强度限制之外的声音。他的丰富多变的音色来自于他独特的指法，他说他的指法每一晚都依据直觉而有所不同，并以此自豪。有次我们在巴黎，一周之中数次演奏门德尔松和勃拉姆斯的协奏曲，令我惊奇的是他那种天赋的即兴本领，他可以在每晚的演出中，自然而轻松地使用不同的指法和弓法。米尔斯坦是我心目中完美小提琴家的最高典范。

八

1967年之后的以色列

1967年春季，以色列正值危急之际。纳赛尔（Nasser，1918—1970年，埃及总统——译注）封闭了蒂朗海峡，你不是预言家也能知道战争已经迫在眉睫了。在当时危急的情势下，我不能离开家人和以色列爱乐的同事朋友，于是决定回家。我搭乘5月31日最后一班正常的航班，杰奎琳坚持与我同行。我们每晚在特拉维夫和海法举办音乐会，战争前夕的6月5日，我们在毕尔夕巴（Beersheba）演出了最后一场音乐会，那是位于特拉维夫和当时埃及边界之中的一个城市，那晚音乐会之后，我们开车回特拉维夫的途中见到了大量的坦克车与我们反向而驰，此时我们了解到战争是多么迫近了。祖宾·梅塔也在几天之后抵达。

由于以色列空军在战争开始之后几小时就将埃及的空军摧毁于地面，以色列才得以获胜。在当时，结局还不是很明朗，但是所有以色列人都确切地知道这是一场有关国家存亡之战。

如果你为生存而战，你必须相信你能赢，但当时的情势就像1948年建国的时候那样，对以色列相当不利，最好的证明是公众的舆论在

一个星期之内都转向了。直到战争开始的前一日，欧洲的舆论几乎都是亲以色列的（我不知道美国的情况，因为我当时人在欧洲）。当以色列证明它可以保卫自己，成功地生存之后，一夜之间公众的观点就转而指责它了。

1967年的战争确保了以色列国家与民族在中东的生存，但也引发了一个严重的问题，那就是有许多阿拉伯人从此落入以色列的控制之中。以色列本身才刚从流落四方的少数民族成为一个多数民族的国家，马上又要面对国内的少数民族。这是犹太民族几千年来未曾遇到过的问题。我不认为这种角色的转换是平顺的，要求历史上受人歧视的民众不歧视他人几乎是不可能的，当你想到沙俄时期对犹太人的大屠杀，西班牙的宗教裁判所，还有纳粹的暴行，所谓反犹主义只是一种轻描淡写的说法。无论如何，即使阿拉伯少数民族唯一的梦想是消灭以色列，以色列和它的政治家还是需要对他们宽容。

我不是政治家，也没有什么锦囊妙计，更没有资格对以色列的政治家提什么建议。我只能表达我个人的、作为一名犹太人的意见，那就是一定要想出一种宽容的方式。我们经受了几世纪的迫害，所以为我们的邻人着想，可能是对以色列人民过多、过早的一种期望。但是这种容忍是犹太国生存的必要条件，而且宽容在犹太思想或犹太哲学中并不是一种陌生的概念。圣经或犹太法典不仅教我们自立，而且教我们如何与邻人相处。但是培养如我所说的这种容忍，需要大家有共识去改变许多犹太人在长期受迫害中求生时所形成的观念和态度。犹太式的幽默，经常是以损害其他民族而开的玩笑，例如“异教徒应得的教训”等说法，在犹太人是少数民族时是可以容忍的，甚至是可敬佩的。一旦以色列的犹太人处于掌握其他少数民族生杀大权的地位时，

它就不能再开这种玩笑了。

以色列发展的下一阶段，和阿拉伯邻国共处，是我希望下一代以色列人可以见到的。相信1967年以来的一连串事件，证明了和平共存是以色列在国家实体和精神上都能长久生存的必然途径。这是未来发展的最重要的一步。以色列位处中东，它有责任维护当地的文明和繁荣。当以色列建国时，没有做充分努力来确保它将来会成为中东诸国的一员，学校的第二语言教的不是阿拉伯文而是英文，第三种语言才是法文或阿拉伯文。我们四周都是阿拉伯国家，不应忘记他们对人类文明发展做出了极大的贡献。中世纪时阿拉伯的诗歌就已十分丰富繁荣了。许多科学的发现源自阿拉伯人，化学和代数等词都来自阿拉伯文，就是这方面的证据。

一旦和平共存的原则能够实现，以色列可以担当更重要的角色，成为中东地区的主要领导国。我相信以色列不应总是面向欧美，应该变为东西之间的交接点。中东文化的一部分应该引进到教育体系之中，阿拉伯文应成为必修的第二语言，更应发展出中东特色的以色列文化。

在饮食文化中，这一点已经做到了。在以色列每个人都会吃阿拉伯食品，接受他们的饮食习惯，同时也继续吃典型的犹太食物。这种态度也应该带到文化与政治观念之中。阿拉伯人应该确信这样一个事实：以色列不是被西方列强人为地建立起来的国家，不只是包括由华沙、柏林、纽约、莫斯科、布宜诺斯艾利斯等地迁来的人民，还有一部分是来自于中东当地的。

在我心目中，这种方式是以色列达到和平共存的唯一途径。它不能像孤岛一般处于邻国之中。要是我们仍然处于战争状态，这种目标是不可能达到的。但是一旦共存的问题被解决了，我们必须要做好这些准备，我不是国防专家，而且我也不希望对我不懂的事务发表看法。我确实知道的以色列唯一可以忠实遵守的犹太人国家的原则，如本·古里安和他的同志们所倡导的，是成为中东社会的一分子。泰迪·科列克（Teddy Kollek，1911－2007年，曾多年任耶路撒冷市长，努力让该市成为犹太教、回教和基督教的圣城——译注）在他任耶路撒冷市长时也为此理想贡献了毕生精力。文化、语言和知识方面的交流不能在和平到来之后才开始，我们应该预早准备。

历史告诉我们以、阿之间能够共存，甚至互相促进（我心里想的当然是中世纪时的西班牙）。以阿之间在中东共同合作的想法，让人心驰神往。我们很可能见到第二次的启蒙运动。

讽刺的是，巴勒斯坦人的自我意识，是被拒绝承认他们生存权利的以色列政客所激发的。我记得梅厄夫人（Golda Meir，1898–1978年，以色列第三任总理——译注）在1970年时被问及巴勒斯坦问题时答道："你说的巴勒斯坦问题是什么？现在唯一的巴勒斯坦人是住在当年被称为巴勒斯坦的犹太人！"这简直是自找麻烦。即便从策略的角度来说，这种宣称都是不明智的。

巴勒斯坦到底是不是一个独立的国家，或是约旦或以色列的一部分，我无法断言。但我知道有一天中东，或者说近东，会产生由埃及、以色列、约旦、黎巴嫩和叙利亚组成的国家共同体。

当我在1967年2月战争后一周左右回到欧洲时，人们已不再以弱者来看待以色列，但也不敢掉以轻心。第二次世界大战的恐怖事件已突然从记忆中消失，人们对犹太帝国有一种由模糊到明确的暗示。我再次了解到我们是多么健忘，才不过几天功夫，世人已经忘记这个使阿拉伯人以失败告终的战争，是由他们开启的。

我小时候就见过本·古里安，那是在1950年代初，他来听我演奏。那时每个人都想要改变犹太人的形象，由散居各地的犹太人变为以色列国的犹太人，这使得每个人都想尽办法做出各种姿态，其中有好有坏，包括将姓名改为希伯来文。本·古里安并非他的原名，他原来是生在波兰的戴维·格鲁恩（David Grun）。他很认真地想叫我改姓，从意第绪语的巴伦博伊姆（意为梨树）改为希伯莱语。他试图说服我父母改姓为阿格西（Agassi，希伯莱语的意思是梨）。我们都不为所动。他自我解嘲地说，最好在我成名之前改姓，因为对其他人来说，阿格西要比巴伦博伊姆容易记住，即使那些不会念巴伦博伊姆的人也能正确地说出阿格西，而且还会认为那是意大利人的姓呢。

本·古里安是个务实而又具远见的人。以色列能有今日的局面，有一大部分是他的功劳。他是上世纪伟大的政治家之一，其地位可与英国的丘吉尔相比。他不仅只是一个政客，而且还是一个政治家。其中的差别是政客只关心实际的计划，而政治家是个有策略和理想的人。理想家的特质则又不常与政客们相符。

上演瓦格纳的歌剧，将会面临与此相同的问题。因为其中象征主义的一面与自然主义的一面，看起来似乎难以协调，甚至互相抵触。《尼伯龙根的指环》不是只有水与火的自然主义作品，事实上它的自然主义的因素经常是以管弦乐来表达，不必一一在舞台布景上表现。瓦格纳歌剧中的角色和场景，尤其是《指环》，具有象征主义意义，几乎是无法单纯以自然主义的方式来表达的。

一个政治家必须具备这种幻想家和实践家的特征，以达到他的理想。本·古里安就有犹太民族主义和社会主义的梦想，他不单提供了建立以色列国家的动力，而且能够领导人们为此努力。我早年记忆中的以色列，就是他这种梦想的体现。

本·古里安对以色列及二十世纪贡献中最独特的一点，是他总能体察以色列立国需要尊重中东业已存在的一切。他是位犹太斗士，但当事态恶化，群情激奋的时候，他又能居中调停。他和英国代管政府及日后与阿拉伯国家的关系，证明了我前面提到的他的特点。即使在1967年“六日战争”爆发之后，他已是个不在其位的老人，但他仍然致力于培养以色列人一种全新的前瞻的态度。战后他发表了一些极有远见的看法（当然那时举国上下兴高采烈，没有人能听得进去），他说他宁可归还所有占领的土地以换取和平。这是一种理想主义的想法，因为没有一个阿拉伯国家愿意与以色列和平共处。他又说他会推倒耶路撒冷的所有旧城墙。全世界都会起而反对这种做法，但这是确保耶路撒冷永远不再被分割的唯一办法。旧耶路撒冷的城墙不但是实际上，更是心理上的一道障碍。我们都知道柏林墙代表的意义，它只不过存在了三十年，耶路撒冷的城墙已存在几世纪了。

本·古里安对耶路撒冷城的统一与和平共存有一个梦想。不幸的是，随着1967年战争的胜利所带给全国的喜悦，他的理想与远景被忽略了。他不再引起人们的重视，他去世后，以色列政坛进入了一个混乱状态，给以色列和它的阿拉伯邻国都带来了不幸的后果。

今日以色列的总理需要三种品质。第一，他要能应付以色列人民。同时应付二三百万犹太人可不是一件容易的事（有一个古老的笑话，说每有一个犹太人，就有三个政党）！他必须要能够管理众人，包括阿拉伯少数民族。第二，一个以色列总理要能应付以色列之外的犹太人，不单是华盛顿的犹太说客，还包括南、北美洲及欧洲的犹太社团。苏联在本·古里安的时代还难以接近，但是某种形式的对话还是可能的。他可以传播他的热诚，但又不能使被迫害过的犹太社区难以接受。在1950年代，所谓犹太复国主义者，并非在里约热内卢、华盛顿或是巴黎那些谈论犹太复国的人，而是能够到以色列，对建国做出实际贡献的人。以色列总理的第三种品质，是要能与阿拉伯国家及强权们打交道。1950年代我们还得与英、法周旋，法国有戴高乐，我们也不应忘记英国直到1940年代末才撤离中东。本·古里安很善于在这样复杂的环境中措置裕如。与阿拉伯人打交道的主要难题，是他们完全不愿承认以色列为独立国家。虽然本·古里安的犹太建国政策毫不退让，他也总是传递了要尊重阿拉伯国家权利的想法。这当然不容易，因为以色列与阿拉伯国家处于交战状态，阿拉伯人的最终目标是要把犹太人赶下海。所以这不只是一场战争，是生死存亡问题。

我对本·古里安和他对维持以色列在中东的均势做的努力有无限的敬意。我想他不断地有新的主意，随时对冲突保持警觉的能力，来自于他对哲学问题的浓厚兴趣。

他博览群书，对东方思想与佛教都有兴趣，并练习瑜珈。他为唐吉诃德这个人物着迷，希望他的西班牙语好到可以阅读塞万提斯的原著。当国家和人民处于危急状态之时，很难想象他如何还能对中东纠纷之外的事情感兴趣。他的哲学好奇心时常引起误解，许多以色列人只会关心他们自身或以色列的问题。他是我的榜样，是个一心为民的象征，既能注重实效又能抽空研究佛教及其他哲学经典。他对音乐没有特别的兴趣，但能了解它对人的重要性。他鼓励各种文化协会，特别是以色列爱乐的创立。虽然他很少亲临音乐会，但是当以色列爱乐的新家，曼氏音乐厅落成时，他是开幕式音乐会中的座上嘉宾。

九

艺术歌曲与客席指挥

1969年我首次为费舍尔–迪斯考伴奏。此前除了1963年在拜罗伊特之外，我从来没有公开为独唱家作过伴奏。此后的二十年中，我经常与他合作。自从1952年在维也纳听了他的演唱，我就成为他的歌迷。1968年他在罗马出席了一场我和杰奎琳的音乐会，还写了一封极为感人的信赞美我们。那时我正在筹备一个专门表演室内乐的伦敦音乐节，称作“南岸夏季音乐会”（South Bank Summer Music）。这个主意一半来自我，一半来自节日音乐厅的主管当局，而我是1968年到1970年之间的负责人。

当然那时伦敦已经有了夏季音乐节，其中之一是世界最大规模的又是传统的逍遥音乐会（Promenad Concerts），每年在皇家阿尔伯特大厅举行。但是在交响乐队常年演出的节日音乐厅和伊丽莎白女皇厅，整个夏季都没有音乐演出。每年正式的音乐季在6月或7月初结束，然后伦敦除了以交响乐为主的逍遥音乐会外不再有音乐演出。当局无法决定如何来利用节日音乐厅，只有一小段时间用来演芭蕾舞。他们问我的设想，我们设计了一张在南岸表演室内乐的蓝图。因为费舍尔–

迪斯考很欣赏我们在罗马的演出，我问他是否愿意来演唱，他答应了。我们在伦敦的第一场演出曲目是舒伯特的《冬之旅》。

这成了后来长期合作的开端，包括许多在欧美的音乐会，和一些录音项目。多亏他让我熟悉了许多我不知道的声乐作品，尤其是雨果·沃尔夫（Hugo Wolf，1860–1903年，奥地利作曲家——译注）的作品。我们录制了沃尔夫为男声而写的所有曲子，勃拉姆斯的所有独唱歌曲，以及马勒、莫扎特、李斯特和舒伯特的歌曲。

当我九岁在萨尔斯堡时，我只会说西班牙语，因而那些日子里我学会了说带有奥地利口音的德语。但以后几年我不再有机会说德语，在柏林时我周围又都是说英语的人。与费舍尔–迪斯考的合作让我深入学习德语，如何让语言和音乐结合，如何了解词义以及将音节与音乐配合。他让我了解简单的事情，例如当元音跟随辅音时，辅音必须唱在音符之前。

费舍尔–迪斯考是少数几位对现代音乐持积极态度的独唱家。他为演唱斯特拉文斯基的《亚伯拉罕与以撒》（*Abraham and Isaac*，作于1963年——译注）所下的功夫是那样细致周到，他的希伯莱语使人惊讶。我也有幸与他一起演出了卢托斯拉夫斯基及艾利伯·瑞曼（Aribert Reimc，1936年– ，德国作曲家、钢琴家——译注）的乐曲。我记得与他录过奇马罗沙（Domenico Cimarosa，1949–1801年，意大利作曲家——译注）的《秘密婚礼》，难以置信地见到他如何将他的直感与德国式的细心，用于捕捉角色中的幽默个性和意大利语言的特色。

对钢琴家来说，熟悉和演奏艺术歌曲是很有益处的。首先，人声是最直接的乐器。你演奏带有歌词的音乐，譬如德国艺术歌曲，你会了解当一个生动的字或意象出现在歌词中时，音乐会发生怎样的变化。例如，当舒伯特在歌曲中用到“死亡”（tod，德语）一词时，和声与节奏会发生不寻常的变化，舒伯特是否有意识地或是无意识地作这种变化并不重要，重要的是它是特殊的。当你在舒伯特的钢琴奏鸣曲或即兴曲中发现有类似的句型时，对他的音乐会有更深的感受。换句话说，接触同一作曲家的不同作品，你会学到更多。

所有拉丁语系的语种都有一种向前的倾向，法文是个极端的例子，重音都是在每个字的最后，而德文的发音就不是靠前，而是往后拉。这是来自于语言的实际声音，莫扎特是一个好的例证。他既写德语歌剧与歌曲，又写意大利语的歌剧，还作了些法文的歌曲。弱起小节的一个音或一组音，通常和所有的语言有关。当你说德语中的定冠词das和die时，它们的长度比意大利文中的il或la来得长。比如说La luna（意大利文为“月亮”）会向前推，但德文中的同义词der mond，你说的时候，在冠词和名词中都有较宽的声音。

描述的手法对于艺术歌曲相当重要。当钢琴弹奏序奏、间奏或尾声时，整个的气氛应该被渲染出来，有时候可能只有半小节，像舒伯特的《纺车旁的格丽卿》，纺车轮的转动先由钢琴带出来。演奏艺术歌曲，可以使钢琴家发展描绘的能力——有时只是细微的节奏形态或调性上的变化，就能改变整个气氛。

另一个要素，适用于钢琴与弦乐器的室内乐演奏，但是对声乐更为重要的是踏板的使用。虽然人声是独立于钢琴的，但是一旦伴奏过分使用延音踏板，歌词和人声都会模糊不清了。人声的延长音时常需要以一种清晰的钢琴声音来衬托，用来与圆润流畅的歌声形成对照。

如何将声音从舞台传送到听众席上，是一个很有意思的问题。如果在一部歌剧的女高音部分注明要轻声演唱，那么一个小嗓门的女高音的声音就会太弱，而大嗓门的女高音可能较合适，看角色而定。如莫扎特歌剧中唐娜·安娜（Donna Anna，《唐·乔凡尼》中女主角）和费奥迪里齐（Fiordiligi，《女人心》中一角），苏珊娜（Susanna，《费加罗的婚礼》中女主角）和巴巴利娜（Barbarina，《费加罗的婚礼》中一角）之间的差别很明显，但从音乐的角度来讲，这些差别并没有被强调。这里不但和人声的质地有关，也牵涉到声音的传送。当你在一个过分大的，不适合某些音乐表演的厅里演出，不管那是艺术歌曲或是勃拉姆斯的钢琴间奏曲，钢琴家或歌唱家都必须人为地尽力将声音传送给听众。要是你能够将上千听众的注意力集中到你身旁，而不是费力地试图将声音投射到听众席的最后一排，这种效果要好得多。费舍尔–迪斯考就有这种将听众拉近到身边的天生才能。

一个歌唱家，不论他是唱沃坦（Wotan，《指环》中的主角——译注），或是《冬之旅》，他对于歌词的理解应该是同样深刻的。其中的区别是在歌剧或清唱剧中，歌唱家习惯于接受指挥的提示，而艺术歌曲演唱者必须完全依靠自己。

歌剧演唱者经常无法唱好艺术歌曲，因为他们的表达习惯时常与舞台动作或指挥手势连结在一起了。很少有歌唱家能够两全其美。我觉得这么多歌唱家将他们的精力和时间奉献于歌剧演唱方面，没有时间去唱艺术歌曲，或是直到职业生涯的后期，许多演唱的习惯已经定型了才开始独唱，是一桩可惜的事。而极少有钢琴家担任艺术歌曲的伴奏，我也认为是很遗憾的。我早年和珍尼特·贝克（Janet Baker，1933年－ ，英国女中音歌唱家——译注）合作，后来又经常给杰西·诺曼伴奏。大量的声乐曲目中——不论是艺术歌曲、歌剧或是合唱曲，有许多具有拟声的效果。只有专门研究声音在语言中的角色，才能将它完美地表达出来。一个伟大的歌唱家既了解音乐语言，同时对文字语言的发音也很清楚，这两者的结合才能完美地唱好艺术歌曲。

1960年代末我开始经常指挥主要的交响乐团：我与伦敦交响乐团于1968年首次前往纽约；1969年指挥了柏林爱乐；1969年或1970年间指挥了一些美国的优秀交响乐团，包括芝加哥、克利夫兰、纽约和费城。同时我继续与英国的乐团合作，先是与新爱乐，后来是伦敦爱乐。我从未认真考虑过担任永久性的音乐总监职务，因为我觉得它会占去我作为客席身份去指挥不同乐团、演奏钢琴及后来指挥歌剧的时间。然后乔治·塞尔（George Szell，1897－1970年，匈牙利指挥家——译注）邀请我定期去指挥纽约爱乐，在布列兹成为他们的音乐总监之前，塞尔是音乐顾问。

1955年我在萨尔茨堡的指挥课上见到塞尔的时候，我还是个孩子。（当年巴氏是十三岁——译注）当时马克维奇因生病无法来萨尔茨堡。这使得莫扎特学院处于一种相当尴尬的状况，因为所有来上课的学生与乐队都到了，但是却没有领导人。幸亏他们找来了那个夏季在萨尔茨堡音乐节指挥的指挥家，给了我们一整天的课程。米特罗普洛斯来了，塞尔也来了。我想还有其他指挥，但是这两位留给我清晰的记忆，特别是塞尔，因为他来上课那天正巧轮到我指挥。

他非常严厉苛刻，很像克伦佩勒，因为他喜欢把人丢进困境中，再看他们如何解救自己。他记得我是弹钢琴的，因为一年前有一次我在富特文格勒的推荐下曾经弹给他听过（富氏听过我弹之后邀请我与柏林爱乐一起演出，结果被我父亲拒绝了，他就建议我弹给塞尔听，因为他可以帮助我去美国演出），塞尔很惊讶地发现我现在是一个指挥了。他自然很怀疑，他说的第一句话是："你要指挥什么？"我说："噢，我准备了贝多芬的《第四交响曲》。"那是我们上这个课的必备曲目之一。但是塞尔说："我倒要想看看你如何处理《第五交响曲》。"那部交响曲的开头对所有的乐队和指挥几乎都是一个恶梦，很难奏得整齐。他一下子就把我扔进这个困境之中真是够残忍的。我想他是要让我知道指挥并不是每个人都可以玩的把戏。我试着去指挥它，结果当然可想而知，整个乐曲很快就乱作一团。塞尔很严厉地告诉我专心弹琴，做一个严肃的音乐家。他认为我对指挥的兴趣只是当作一种轻松的消遣而已。1968年当我在卡内基大厅指挥伦敦交响乐团首演时，听到塞尔在场的消息，我的心情是既高兴又害怕。我担心的是我知道他记性极好，应该会记得萨尔斯堡的往事，即便那已是十三年之前的事情。事后我又非常高兴，因为即使他曾待我那样严厉，演出之后他就邀请我去纽约爱乐作定期的客席指挥。

我与塞尔的最后一次见面，是在1970年于克利夫兰演奏巴托克的协奏曲时，布列兹指挥。他来音乐厅欣赏，那时他的健康情况已很不好，几个月之后他就病逝了。他对我俩的演出很夸奖，他对这首协奏曲极为熟悉，曾与鲁道夫·塞金录过唱片，他说这是他指挥过的最困难的乐曲，对我们的演出很满意。我在下半场很荣幸地和他一起坐在他的包厢中欣赏布列兹指挥马勒的《第五交响曲》。这是塞尔从未指挥过的乐曲，我与他坐在一起共用一本总谱，听布列兹的指挥。从那以后我再也没有见到他。

1970年7月底，塞尔和巴比罗利相继辞世，不但是乐坛的重大损失，也使得两个乐团失去了带队人。他们两人都不只是一般的音乐指导，塞尔是个伟大的教育家，在克利夫兰时，他成功地在乐团和整个城市中培养出重视音乐的气氛。巴比罗利爵士在1940年代离开纽约爱乐来到曼彻斯特，他在当地有着父辈的地位。塞尔训练他的乐团达到完美的境界，他们精致的演奏就像四重奏组一样，有着最佳的乐句分句，整体的运弓和理想的音准；巴比罗利调教他的哈雷乐团，营造出极富表情的音色，尤其是弦乐组著名的“巴比罗利之声”，弥补了他们技巧上可能的不足。

这两个乐团都询问我是否愿意担任他们的音乐指导，我虽然觉得极其荣幸，不过那时我还没有作好准备担此重任。我的曲目有待扩充，坦白说，担任这个职务的学养和胆识也都不足，更何况我从未指挥过克利夫兰乐团。我与他们合作过两次，一次是和当时的助理指挥罗伯特·肖，另一次是1970年与布列兹，但是都是担任钢琴独奏。出于对克利夫兰乐团和塞尔的敬畏，我实在无法想象在没有指挥过他们的情况下就接手这份固定指挥的职务，但是我后来却经常去作客席指挥。

我第一次指挥克利夫兰乐团的演出是1972年2月，柯曾演奏李斯特的《第二钢琴协奏曲》，其他的曲目是《费加罗的婚礼》序曲，以及布鲁克纳的《第七交响曲》。几天之后我们在纽约卡内基大厅演出了同一套曲目。1973年1月，我指挥他们演奏了斯特拉文斯基的《弦乐协奏曲》、舒伯特的《第九交响曲》，以及由杰奎琳·杜普蕾任独奏的拉罗《大提琴协奏曲》，和由朱克曼演奏的门德尔松的《小提琴协奏曲》。

我记得有一次与克利夫兰乐团排练勃拉姆斯的《第二交响曲》。我曾犹豫过是否要带我自己注过记号的总谱去，因为塞尔在此前已对该作品做过非常细致的处理，而我在音乐会前只有几次排练的机会，我想干脆用乐队已经用惯的总谱还好些。我也想过或许可以由谱上的记号学到一些塞尔的秘诀。但是最终我还是决定带我自己的总谱，因为我知道他们能在最有限的时间内达到我的要求。当我首次站在乐队面前时，有一种面对类似文化冲击的感觉，不但因为他们完美的技巧，还因为每一个演奏员都明了乐曲的整体结构，知道注意听什么部分；要使用怎样的音量与分句法，乐队的层次和织体有一种传奇般的透明感，那是一种令人震惊的经验。

第一次的排练之后，我对乐团经理说，虽然他们首次向我探询担任常任指挥时我觉得还没准备好，但是在见识了乐队如此高超的水平之后，我倒是愿意再次考虑这个邀请。但是他们那时与洛林·马泽尔（Lorin Maazel，1930年－ ，俄裔美籍指挥家——译注）的谈判已经成熟到可以向外界宣布任命他为塞尔继承人的地步了，这就是事情的结局。

我没有担任克利夫兰乐团的指挥对我可能是一件好事，因为我的确尚未具备指导这样的乐团所需的经验。没有比只依靠天赋去做事更糟的了。站在这种级别的乐团面前，指挥一百个优秀的演奏员，需要的是天才、经验、音乐和性格上的成熟这些诸多因素的综合。除了我当时对指导这样的乐团的不足之处，我还对担任长久的职位抱有疑虑。我

1979年代末我在巴黎与梅塔和梅西安夫妇

觉得担任客席指挥可以得到宝贵的经验，同时也可以继续我的钢琴演奏。

我曾经与塞尔讨论过我的各种音乐活动：钢琴演奏和指挥室内乐团及交响乐团。我告诉他我唯一不想担任的是那种永久性的职务及管理方面的事务。他的回答让我永远不会忘记，那真是金玉良言："你错了，一个人只有与自己的乐团才能达到最佳的演奏，即使它只是个三四流的乐团，也比作为客席指挥一个一流的乐团要好。有些事情，在指挥与他的乐团之间的默契，是永远无法与客席指挥之间达到的。"

另一个我在1960年代末经常指挥的乐团，是曼彻斯特的哈雷乐团。它不是世上最完美的乐队组合，但却能演奏得很出色。巴比罗利让我感到敬佩的那些特质，都能在乐团里找得到，而且我与他们在艺术上非常相近。回想起来，在与他们的合作中我获得了很多实际的指挥经验。我第一次指挥贝多芬《第九交响曲》和布鲁克纳的一些交响曲，就是与他们一起合作的。

我较少在波士顿指挥。我总是十分明白欧洲与美国的队员在观念上和动机上的差别。就如所有的归类一样，这种说法有其不可靠的一面。但经年累月地，我发现美国演奏员最大的长处就是他们的可塑性，他们可以今天以某种方式为一位指挥演奏，第二天又能换一种面貌为另一位指挥演奏同样的曲子。他们是完全开放的，完全没有音乐上的自大。欧洲少数几个伟大的乐团都有他们独特的演奏方式，虽然可以适应不同的指挥，但是有些观念是根深蒂固的，基本上无法改变。

我时常想不通为什么不同的乐团之间有着这种动机上的差别。也许因为美国乐团所演奏的音乐大部分是舶来品，所以他们可以达到同等的距离感，不论是对德彪西、贝多芬或柴科夫斯基。而不论柏林爱乐如何努力尝试，他们对德彪西的《大海》的反应就是与对布鲁克纳的交响曲的反应有所不同。同样的两部作品在巴黎管弦乐团却可以有相反的结果。一种不可避免的亲切感，来自于和音乐语言的关系，从而在历史与文化中发展出自己国家的习惯方式。近年来人们过多地提到这个乐团或那个乐团的音色。一个乐团应该有自己的贝多芬音色，在演奏德彪西时又须有不同的声音，演奏不同的作曲家都要有不同的声音，不能把乐团自己的音色强加于所演奏的乐曲之上。

我在1968年到1975年间做客席指挥时观察到的另一点，是有些乐队队员，有些地方甚至有些国家对每日的例行工作有着按部就班的组织性。你今日工作的进度，必须要为明日做好准备，以便明天工作开始时，能马上继续今天留下的部分。在德国这一点很明显，也是盎格鲁撒克逊族的特点之一。但是拉丁民族，尤其是法国的乐队就不大相同。当我在巴黎指挥时，往往仔细排练过的一个乐章，第二天又得从头来过。但另一方面，法国乐队的激情又是无可比拟的，当他们被激情打动的时候，往往能做出别的乐团很少可以达到的热情演奏。

我第一次听到芝加哥交响乐团的演奏是在1958年，由弗里茨·莱纳（Fritz Reiner, 1888—1963年，匈牙利指挥家——译注）指挥。那对于我是个艺术上的启示。我从来没有听过那种水平的乐团（我那时还未现场听过柏林爱乐）。我小时在萨尔斯堡听过维也纳爱乐，不过我在欧洲或其他地方听过的乐团，都没能像芝加哥乐团那样，让我如此地为他们的精准、幅度和张力所震撼。它好像是一个有着人类心脏跳动的完美机器，却不是冷冰冰的，它具有惊人的活力。这种震撼，还因为我是首次听到理查·施特劳斯的《英雄的生涯》。

我第一次与芝加哥交响乐团合作是1963年或1964年，当时的指挥是索尔蒂，那时他还未任该团的音乐指导。我也在1969年，在布列兹的指挥下演奏巴托克的《第一钢琴协奏曲》。当我指挥他们时，我觉得需要竭尽所能。我们相互之间有着高度的敬意，他们知道我多么钦佩他们。事实上，从1970年起我和他们的经常合作，成为我音乐生活的重心。我每年有六周指挥该团，我首次与一个高水平的乐团建立起关系。我们一起演出了大量二十世纪的作品（我指挥了勋伯格的《佩

1970年我第一次指挥芝加哥交响乐团

利亚斯与梅丽桑德》交响诗在该团的首演），几首卢托斯拉夫斯基的乐队作品，还有亨利·迪蒂耶（Henri Dutilleux，1961年－ ，法国作曲家——译注）的《代谢》（*Métaboles*），以及所有布鲁克纳和舒曼的交响曲。曲目非常广泛，其中大部分是他们不熟悉的。我记得有次还演奏了艾尔加的《法斯塔夫》，其效果是美不胜收，光辉灿烂。

这里有着最高的音乐水准，结合了队员之间温馨的人际关系，于我而言，重要性非比寻常。一旦我站在芝加哥乐团面前，我总感到我无论怎样努力都不能给予他们足够的东西，他们理应得到更多更好。我很少在团体之中看到这种专业气氛和对卓越品质的追求。你真的感觉到他们每个人不仅要显示他们光辉的历史，还有对音乐的专注，以此来达到乐队演奏可能的最高境界。

我觉得那是非常激励人的，每天的排演都充满了期待进步的热诚。每年的那六个星期，都成为我生命中重要的一部分。那时候我从未想过有朝一日会成为芝加哥交响乐团的音乐总监，但从一开始我就知道，这是我向往的以后能经常与之合作的乐团。这是个理想的安排——索尔蒂作为音乐总监每年指挥十至十二个星期，朱里尼是首席客座指挥，每年来八个星期。而我也有幸作为这个庄严的团队之中的一员。直到1980年，因为杰奎琳的健康日渐恶化，我才减少了在美国的活动。不能经常去芝加哥，对我来说是极为痛苦的事情。

十

法国

经过几年固定地担任客席指挥之后，我开始了解塞尔在纽约对我说过的话的含意。于是，当巴黎管弦乐团于1973年聘请我担任音乐总监时，我就决定答应下来。这是个不寻常的职位，因为它是个非常新的乐团（只有六年）。他们的才能参差不齐，有一些极好的演奏员，其他的就不怎么样，而且这个乐团在情绪上经历过一段困难时期。

查尔斯·明希（Charles Munch，1891－1968年，法国指挥家——译注）在创立这个乐团的时候，已经病得不轻了。他作为一个类似父亲的角色，深受音乐家的爱戴，但是这个乐团创立不久，他就悲剧性地去世了。之后卡拉扬成为首席指挥，继之是索尔蒂。对于一个刚起步的乐团来说，它有幸与本世纪一些最伟大的指挥家合作，但卡拉扬与索尔蒂都不认为这个乐团的工作对他们的专业生涯是很重要的。卡拉扬有他的柏林爱乐和其他活动要操心，而索尔蒂则有芝加哥交响乐团。

当我加入这个乐团时，我发现队员们对于换了一个年轻许多的指挥有点感到失望，因为我没有那些前辈们的经验，但同时，那里又有一种期待与指挥家发展稳固关系的愿望，这种感觉非常吸引我。感情上和理智上，我都立刻感到很接近这个乐团，而且，从一开头，我就将它看作我的主要职业活动，其他的兴趣都退居其次。虽然有许多可以理解的困难，在十五年中我们完成了许多优秀作品的演奏。我们建立的曲目包括德国古典时期和浪漫时期的作品，这些他们以前都没有演奏过。布鲁克纳的许多交响曲都是由巴黎管弦乐团首次在法国演出的。库贝利克（Jeronym Kubelík，1914–1996年，捷克指挥家——译注）带来了全套马勒的交响曲，还有布列兹也经常来指挥，乐团与他一起演奏了大量的现代作品，这种合作弥足珍贵。当我们首次排练布鲁克纳的《第九交响曲》时，铜管乐组遇到了真正的困难，我们排练了十四次，然后我一点一点地发现，他们只能由音色方面去接近这首乐曲，他们开始了解到，在布鲁克纳的交响曲中铜管常常发出类似管风琴的声音，而这种管风琴般的色彩取决于圆号、长号、大号和瓦格纳大号融为一体的音色。

我从巴黎管弦乐团获得了演奏法国音乐的乐趣，也使我对法国音乐有了深层的领悟，这是我以前从未体验过的。很显然，贝多芬与德彪西的作品所呈现出来的难点是很不相同的：演奏贝多芬，你时常需要营造一段长时间的渐强乐段，如果你抵达一个强音或突强音太早，那么余下的渐强就失踪了。而德彪西就恰好相反：有许多突然闪现的渐强或渐弱发生得极快，有时只在一个音上。如果你错过了它们，那就会造成完全不适合这种音乐的厚重的声音。巴黎管弦乐团最好的演奏员就像我最佳的“实验室”，他们证实了音乐如何能够具有生命——如何以应有的严谨和深刻的态度来对待它——而不只是训练管弦乐的音色（在法国之外这是时常听到的一种观点）。德彪西的音乐不只需要轻盈缥缈得几乎没有重量的音色，他的音乐也需要一股巨大的力量来表达乐句的结构，因为这些乐句比起德国音乐来要短得多，力度的转换需要极好的控制。总而言之，我认为在巴黎的十几年是非常积累经验的，因为我既有付出，也收获不少。当然，头一次负责一个一百二十位演奏家的乐团使我学到许多。

在巴黎，邀请客席指挥是音乐总监的责任。我记得曾经在伦敦听过一场库贝利克指挥巴伐利亚广播交响乐团的音乐会。我对他的诠释非常欣赏，因此当时就问他是否愿意每年定期来巴黎，指挥马勒的全部交响曲。我认为巴黎管弦乐团如果能够通过他来认识马勒的作品，将是一个绝佳的机会。库贝利克问我："你为什么不自己指挥？"我解释，这个乐团第一次按顺序演奏马勒的作品，就应该由一位付诸几乎一生的心血于研究和演奏这些作品的人来指挥。他被我说动了，就到巴黎来指挥了马勒的大部分交响曲。他没有指挥全部的交响曲，因为那时他的健康情况已不是很好了。布列兹也定期指挥这个乐团，不只是当代音乐，还有二十世纪的经典作品。祖宾也时常带来多样化的曲目，包括这个乐团首次演奏的勋伯格的《古勒之歌》。还有朱里尼，他从一开始就与这个乐团关系密切，他的指挥总是有许多充满灵感的时刻。索尔蒂也经常来，但是由于他的其他工作，无法来得如我们希望的那么多，不过他对我们总有一种长辈似的关切。当索尔蒂称赞我们的进步时，总能给我带来极大的快乐与信心。

指挥这个专业就跟演奏一件乐器一样，但大部分的听众并不知道指挥在做什么。听众听到一个像芝加哥、柏林或维也纳那样的真正好

1973年8月，我在伯恩斯坦五十五岁生日宴会上

的乐团演奏一首保留曲目时，他通常不知道指挥的贡献有多少。一个能熟记乐曲的乐团何必要一个指挥呢？听众可以理解，一个小提家要演奏柴科夫斯基的小提琴协奏曲，他首先必须能掌握那些音符，但不仅是这样，这只是个起点而已。至于一个指挥，他的起点对于听众来说就很难理解。

当小提琴家演奏时，听众看见他的手指和弓子在移动，但是一个指挥站在乐团面前时，所有音乐以外的考虑都出现了：性格、魅力、对异性的吸引力，但这些都与音乐无关。

指挥的困难是什么？成为一个指挥家又有什么困难？一个器乐家必须能演奏他的乐器，而且要有体力和技巧来掌握控制他的乐器。但是你如何控制一个管弦乐团呢？器乐家总是能练习；他家里有一架钢琴，或者小提琴，或者大提琴。指挥要在哪里练习呢？他不能以抽象的方式来学习音乐或音符。试想一位钢琴家没有钢琴，他就只能在头脑中学习一首贝多芬奏鸣曲，这是不可能的。

成为指挥有许多种方式。老式的方法中，一个歌剧院可以提拔一位合唱团的排练琴师（repetitenu，歌剧院中的钢琴伴奏兼辅导者——译注）或者可由乐队队员中选拔出来，或者更好的是，由器乐家兼作曲家的人担任。过去有许多伟大的指挥家同时也是作曲家，能作曲的指挥家，或者能指挥的作曲家。富特文格勒和克伦佩勒算不算伟大的作曲家并不重要，但是他们能作曲从而使他们理解一首乐曲的结构，这是非作曲家的指挥所欠缺的。如果你在歌剧院工作过，你也可以像排练琴师一样学到许多东西，并且将来可以用于交响乐上。

音色的塑造很难学，对指挥来说尤其困难，因为他没有亲身与声音接触。指挥应该透彻地了解管弦乐团，了解乐器的性能，还有音乐如何从一组乐器转移到另一组乐器，如何在乐队中游走。如果在一首乐曲中，开头的八小节主要是第一小提琴，然后双簧管加入进来，音乐就从一组乐器转移到另一组，那你必须训练弦乐组。一支管乐器可以单独演奏，但总共有十六把小提琴，每一个人都有它自己的特性，这里就需协调。我说的“协调”的意思是，每一个队员不但要尽其所能地奏好他的部分，还要听邻座的演奏，与他们的演奏方法匹配，这表示首要的是清晰的音准，统一的运弓、音色和分句，一组乐器的统一协调才能达到整体的表现，这个原则适用于整个乐团。指挥一定要能听到乐团发出的声音，才能协调其精确性与表情。许多这类问题对于像柏林或芝加哥那样的顶尖乐团来说，可以自然地解决，我举这两个我最熟悉的乐团为例，对他们来说，这种问题当然要比三四流的乐团容易解决。但是一个指挥必须知道如何协调一个较差乐团的声音，否则他将无法对一个伟大的乐团施加影响。

能够真正演奏复调音乐的乐器包括钢琴，和各种形式的羽管键琴或楔槌键琴、吉他、管风琴以及竖琴。如果你以大提琴或小提琴演奏巴赫的无伴奏乐曲，你可营造出一种多声部的幻觉，但这些乐器本质上是单声部的。然而，音乐的本性却是复调的，而和声也只有在复调的基础上才成为可能。我发现自己经常需要对歌唱家或器乐家指出音乐的复调本质——垂直与水平结构的关系。水平的是不同的旋律线，而垂直的是和声与复调。如果水平与垂直结构的关系不正确，那么整个乐曲的诠释也就不会正确。

对我而言，复调是音乐写作的基础。这意味着其中有许多“声部”，然而很难使几件乐器演奏得完全同步，或者在一件乐器（例如钢琴）结合同时演奏的各个独立声部。钢琴上的各个声部真的是独立的吗？举巴赫的《戈德堡变奏曲》为例，你可以看出其中的独立性。这里的问题是，一个钢琴作品的不同声部是否是完全独立，或者它们是互相关联的。如果将这个问题扩大到乐队，看一看乐队里的各个乐器是否真正各自独立，就可以看清楚它们并非是独立的。如果每个乐器是完全独立的，那么它就会依照它自己的速度与力度，不顾其他的乐器，就会造成严重干扰，因此可见不同声部或乐器是互相关联的。在此你可以引证斯宾诺莎的话：“一个物体是否移动或静止，必须由另一个相对于它的物体来决定，而后者是否移动或静止也必须再由另一个相对它的物体来决定，如此无限地推衍下去。”物体，就像乐器，并非由于其物质特性来区分彼此。既然音乐有它自己的一套像宇宙运行一样的规则，不同的声部或乐器就像物体一样有着互动作用，而这些作用的累积形成了一个整体。

但是一个声部如何决定另一声部的动态或静态呢？有没有某种等级制度来决定一个声部的重要性与另一个声部的次要性？假若如此，那么是由乐队里某些乐器的绝对力量来决定，还是由乐句的重要性来决定？如果是前者，那么每一件乐器就需要一直不断地全力演奏；因此一定是音乐内容决定了力度上的等级关系。然后决定由某一件乐器或某一组乐器占主要地位。因此也就必须在不同乐器或声部之间建立起一种正确的平衡状态，以突显音乐的讯息，并反映出各乐器或声部的相互关系。这又可以给我们一个总体的重量感，将会影响我们选择的速度。换句话说，正在运动的物体的重量决定它运动的速度。

一个诠释者或指挥所须具备的重要特质，是要能维持各声部或乐器之间的层次平衡。真正的平衡状态就是使每一个声部都听得到，并且恰如其分地出现，有些声部会比其他声部更靠近听众。每一个声部或乐器必须发音清晰，只有这样它才能与其他声部相互作用。不同的声部可能以不同的方式受到影响，例如经过角色自我的转换或经由其他声部的接触，但是不同声部的并置并不影响整体。也即是说，每一个声部必须保留它的特色，与其他声部的接触会无止境地产生更多的独特性，不需要为此而丧失自己的特性。

在管弦乐演奏方面，大部分我所知道的东西都是从巴比罗利那儿学来的。我以钢琴独奏家的身份认识巴比罗利，而且经常在排练时观察他。他用一种非常特殊的方式来组合弦乐组。我所学到的是他与杰奎琳的影响的混合。巴比罗利教了我许多关于乐队的实际操作，而杰奎琳则教我如何想象一个弦乐器可能发出的声音，她给我指出许多种可能性，这些单靠我自己是无法发现的。

弦乐器演奏者的弓子往两个方向移动：上或下，决定以上弓或下弓来开始一个乐段是很重要的，更重要的是弓量如何分配，以及它移动的速度。弓子的下端，即弓根，要比上半部的弓尖重许多，而弓尖则细而轻，因此一位好的弦乐演奏者必须能控制这重量上的差异。琴弓的每一部分都有优于其他部分而适合某种奏法的特点。由弓根开始，用下弓会带来一种自然的重量。而用上弓，以弓尖来起始一个音，比较容易控制刚开始发出的声音。知道如何分配弓量很要紧：一弓拉一个、二个还是五个音符，但是什么时候换弓，以什么方式？我们不要忘记，一个交响乐队通常有十六把第一小提琴，（有时十四，有时十八把），这表示有十四、十六或十八个人同时演奏完全一样的音符。试想那十六个人坐在餐桌旁，准备在一声令下时同时以同样的速度和同样的热诚举起一支叉子。管乐器就没有这个问题，因为每一位演奏员只演奏他自己的部分，第二双簧管与第一双簧管演奏的是不同的部分。因此必须以某种有组织的方式来协调弦乐组的声音。

对于乐句中的分句奏法（就相当于语言中的标点符号），最重要的是弓法的严整。巴比罗利明了这一点，并且发展出他自己的运弓技巧。他能够使他指挥的任何乐队产生出他要的弦乐声音。当然，当他在柏林指挥时，他特受欢迎而且乐队也特能了解他的意图，因此成功率也比他在其他地方指挥一个二流乐队要高。

我也非常地幸运，因为我可以向杰奎琳请教有关弓弦乐器的问题，而且直到今日我都是亲自标记乐队中弦乐组的弓法。如果有十六个小提琴，那就要复制八个副本，我以前都是自己做，藉此可以个别学习每一声部。当你设想一下为一首莫扎特的交响曲写弓法的复杂程度及耗费的时间，你就可以知道为了在拜罗伊特演奏整套瓦格纳的《指环》，我得花多少功夫才能标记出整套全新的弓法！我发现甚至最优秀的管弦乐团或室内乐团的弦乐演奏者，甚至有些独奏家，都没有仔细考虑弓量的分配与弓速的问题。

如果一位指挥不了解弦乐声音的重要性，他就只好因袭陈规。有些指挥选择这种容易的路来走，如果有一乐段标示着“弱”，那么弦乐组的首席就以中强来演奏，而其余的人就以极弱来演奏，十五个极弱加上一个中强就等于整体的弱奏。它的好处是很容易演奏，而且，如果这个组的首席具有吸引人的音色，其他的乐器就只需环绕它。但是我一直都反对这种做法。我认为它在音乐上是错误的。我觉得十六个人都演奏弱奏所产生的声音完全不同于一两个人演奏中强或强，再加上其他人演奏极弱作为背景的效果。后者品质较差，也比较缺少张力。

管乐部分的问题及指挥的处理方式就完全不同了。这要顺应每个乐器的实际构造：长笛、双簧管、单簧管、大管，更不用说铜管如圆号、小号和长号，每样乐器都有不同的号嘴或吹口，及不同的发声方式。因此很难要求这些乐器有音色一致的起头音，也很难在各自乐句的表达之间找到平衡点。例如当一支双簧管或单簧管在一首交响曲中独奏，而其他人正在合奏的时候，这点就很必要。像舒伯特《未完成交响曲》中双簧管或单簧管，在独奏乐句的几小节之后就回归到和弦的演奏中，此时就不可以显示其乐器的个性色彩。这个问题对于演奏莫扎特钢琴协奏曲的钢琴家来说很明显。当钢琴演奏主题时，它需要非常个性化的音色和分句，并尽可能地用想象力和创造意境。然后，当主题是在乐队出现时，钢琴只是一个陪衬性的不重要的角色，此时很难克制自己。你常常听到那些有独特个性的钢琴家的弹奏，他们会强调每一个音符，即使当他们弹的是相对次要的时候也如此。

接着，当然就是音准的问题。钢琴的音要么是准要么就是不准，那不是钢琴家而是调音师要注意的问题。然而木管演奏家的音有可能是太低太高，或者完全准确。在一个乐器独奏时，有些音符会略为夸张地偏高或偏低，这对耳朵来说很难受，但是当它与其他乐器合奏一个和弦，耳朵敏锐的听众听到不准的音就会非常痛苦了。指挥的要点是必须察觉不准的音，还有木管合奏时的不平衡状态。某些音如果没有适当地按和弦取得平衡，听起来就会像是不准。铜管也有此类问题。

当你将所有声部整合在一起，又加上定音鼓及打击乐时，难度就更高了。换句话说，你要统合定音鼓和打击乐器；铜管、木管和弦乐器，所有这些不同的声音。

铜管的主要问题当然在于他们乐器的威力。指挥对于必需的音量和“剂量”要有透彻的了解。如果谱上到处都是“渐强”记号，它就不能由整个乐队同时来做，这样比较弱的乐器就无法被听见，铜管与定音鼓必须晚一些开始渐强。这种对声音的平衡、协调甚至操纵，对于乐团的清晰度来说是非常重要的。指挥必须在清晰与饱满之间取得一个平衡点，而这只有在每个演奏员都被允许以全部力度与音量演奏时才能达到。

铜管演奏者有一点使得年轻的指挥觉得害怕，因为他们演奏的乐器的关系，这些演奏员通常都是高大强壮的人，他们有能力以绝对的音量来毁掉其他的声音——他们可以毁掉木管和弦乐，还有指挥和音乐！较差的铜管乐手通常倾向于大声演奏，他们对于乐队其他人的演奏缺少敏锐的洞察力，因此也就对音乐不够敏感。在古典主义的音乐中（莫扎特、贝多芬或舒伯特），它们通常担任和声的角色，每当旋律以强声响起时，铜管就奏出主和弦与属和弦。

在柏辽兹以前，作曲家并未有意识地考虑乐队中不同乐器的音色。我并不是说莫扎特对于音色不敏感（没有人像他那样地写双簧管或单簧管的部分）。但是在一个管弦乐队的整体结构中，音色从来称不上是一项独立的因素。是柏辽兹最先开始以一种新的方式来思考它。但是在柏辽兹及他同时代的浪漫派作曲家之前，定音鼓与小号经常被降低到只能演奏主音与属音的较为无趣的角色。然而，由于他们产生的音量，他们无可避免地突现于最显著的位置上，这一点有意无意地影响了铜管乐手的态度与思考方式。在古典乐派的作品中，他们通常没有太多事情可做，因此他们的专注程度也就不免比那些持续不断演奏的队员要低一些。然而，当你拥有优秀而敏感的铜管演奏者时，他们能够经由一两个音符或不同的吐音，就会影响整个乐队的音色。例如，在拉威尔的《达夫尼斯与克洛埃》中，小号的渐强音，使你觉得仿佛小号的两三个音符就让乐队突然起火了。当声音得到适当的平衡，而乐句的起音纯净又不太强时，一个乐器的明亮声音就可以传遍整个乐团。

因此，指挥必须小心对待铜管。这点适用于古典主义的作品：当你逐渐上升到十九和二十世纪的作品时，铜管部分的曲谱就变得精细而有趣得多。在布鲁克纳的交响曲中，铜管其实是要表达一种管风琴的感觉，后者能够以一种非常宽阔的方式来持续那种相当暗淡的声音。来自中欧的音乐——例如德沃夏克，小号是邀请人们起舞的乐器，而在拉丁国家里，小号则代表了死亡，这不但是在威尔第的《安魂曲》中，也出现在西班牙的音乐中。就算听来像是舞蹈音乐，也带有一种恐惧。在瓦格纳的音乐中，小号经历了一种非常独特的发展，从而有意无意地影响了后来的几乎每一位作曲家。他为布鲁克纳和马勒铺平了道路，另一方面，他又预示了德彪西。你只要想一想《女武神》中“死的宣告”中小号与瓦格纳大号的声音，你可以听出瓦格纳对铜管的偏好。他实际上发展了“瓦格纳大号”，圆号、小号和长号对他来说是不够的，他想要以一种特别的声音来扩展这一声部，并且尽可能地赋予铜管乐器最多的色彩与显著的地位。这样就营造出德国人所说的“庄重感”（原文为德文，Feierlich，一种节庆典礼的气氛——译注）。它不仅是节庆气氛的，它还有一种“哀悼的典礼”。在此，德国民族与拉丁民族使用小号的不同之处就很明显了。在马勒的《第五交响曲》中，小号确实是以拉丁的方式来使用，但马勒本来就是一个特殊例子。他并不属于所谓德国传统的正常演化过程，他引进了许多新的因素，我发现他的柏辽兹成分比一般人所认为的要多。这不仅在于乐器的色彩，也在于音乐的精神——马勒与柏辽兹都有某种疯狂的感觉。我们必须记得，如果没有柏辽兹，就连瓦格纳都不可能出现。

很有意思的是，瓦格纳为小号找来了搭档，尤其是在柔和的乐段里，你经常会发现小号与英国管齐奏。这种效果，这两件乐器所产生的音色，德彪西也用过，想一想《大海》吧，在开头几小节之后，小号就与英国管齐奏。我不认为这是一种巧合。瓦格纳的配器法是精心考虑的。布列兹曾经以他典型的幽默口吻说道，人们感觉瓦格纳的配器法就像屠夫把不同的碎肉混在一起：多少磅小牛肉，多少磅猪肉，多少磅牛肉。这个比喻相当适当，你可以感觉到瓦格纳在掂量乐器不同的音色。当然他主要受到贝多芬的影响，也有许多是来自柏辽兹和李斯特，精神方面则有舒曼的影响。

在古典主义的音乐作品中，你会发现定音鼓在许多方面都有与铜管相同的问题，总是演奏主音和属音，更严重的是古典时期的作曲家不用半音定音鼓，因此也就局限于两三个音符。定音鼓的问题是，如果恰当地演奏，它们不仅仅是充当强调节奏的角色而已。真正好的演奏者具有某种音色的想象力，还能创造出音的延续的幻觉，就像钢琴一样。定音鼓的演奏并不只是用鼓槌敲出一个音来，鼓槌落在何处及用力的程度都非常重要。每个音符以不同的单手来演奏可以产生某种内在的力量。在《幻想交响曲》第四乐章的开头，柏辽兹要求以一只手来演奏那些六连音，另一只手只敲每六个音中的一个音。定音鼓手常常将它改成一个音用右手，下一个音就用左手，这就造成了完全不同的声音效果。原谱显示拍子不能太快。如果柏辽兹想要以很快的速度来演奏这个乐章，他就不会指示定音鼓那样演奏了。我总是要求定音鼓手在《齐格弗里德》第二幕的开头以一只手来演奏。我甚至还要求定音鼓手在《女武神》中“死的宣告”（这段我以较慢的速度处理）中，以一只手来演奏那组三连音。这只手必须在每一个音上都下去再抬上来，这样每个音才会有一种冷酷的感觉。试想巴托克《第一钢琴协奏曲》的第二乐章，每一个打击乐器都有不同的音色。在布列兹的指挥下，木琴、颤音铝板琴和钢片琴有不同的音色！

音质与音色对打击乐器来说是非常重要的因素。有些二十世纪的钢琴作品在我看来缺少吸引力，就是它们只有非常有限的打击乐性质，只不过像是打字机的拙劣模仿而已。有一位作曲家，他不是特别有意思的管弦乐作曲家，但是他对打击乐器的直觉有一种独特的用法，那就是李斯特。他对管弦乐音乐的主要贡献是竖琴与三角铁的运用。与李斯特的《第一钢琴协奏曲》相比，勃拉姆斯的《第四交响曲》对三角铁的使用就显得粗糙了。在勃拉姆斯《第三交响曲》中，必须要有敏锐的关注才能在定音鼓的清晰与颤音之间取得平衡。问题的要点是颤音颤动的速度是多快。在布鲁克纳交响曲中，指挥与弦乐器演奏者通常对颤音一视同仁而以不假思索的方式演奏，不是太快就是太慢，而没有利用颤音可能的不同速度，其实这是音乐中极具表情力的因素之一。

从心理方面说，管弦乐团当然是非常敏感的，甚至是难以处理的。如果一位队员了解自己的问题，并且已经加以解决了，那么他最不想听到的就是指挥说："似乎有个问题需要解决。"我曾经看见一位指挥的总谱上标着"大管太大声了！"也就是说，大管还未真的在排练时太大声，而是指挥在排练前就已经想象它会在乐谱这个地方太大声。他借给我过这个总谱，然后我去听他的排练，等到演奏到这一段时，他就打断乐队说："大管太大声了！"对乐队来说，这种不诚实的做法完全可能破坏指挥的成就。乐队宁可接受指挥某种程度的优柔寡断，胜过音乐上的不诚实。

比较微妙的问题是音准，而我在指挥之初也有过许多音准问题。因为以前我一直是弹钢琴的，所以未能始终注意乐队的音准有什么不精确之处。如果有人出了错音，我可以知道声音不干净，也能听出整个和弦走样了，但是我并不总能指出是哪个乐器太低或太高。在1960年代，我曾经去听布列兹排练勋伯格的《佩利亚斯与梅丽桑德》。在一段非常复杂的乐队全奏的段落中有一个和弦，布列兹说："这个乐器太高而那个又太低。"这使我大为吃惊。我听出它不准确，但我听不出什么太低或什么太高。然而，布列兹就完全清楚。他让这个和弦重复了一次，这次就准了。我问他："彼尔，这怎么做呢？我是弹钢琴出身，因此不太清楚。"他说："是的，这是需要经验的。举例来说，如果你觉得一个和弦不清楚或不准确，就把你当时所想的说出来，就说这个太高而那个太低，你可能是对的，然后你下次就会知道是否确是如此。或者你可能完全说错，告诉一个队员他太低，他可能会说，我没有太低，就算错我也是因为太高。你不能害怕说错话，因为这是你训练自己的方法。”这正是我学习的过程。如果我听到任何不准的音，我不会不好意思说，这个乐器太低了。刚开始，常会有队员回答说：“你说太低是什么意思？我根本就是高太多了！”然后我就说：“对，你说的不错。”这是你训练自己耳朵的方法。但是你必须放开胸襟，并且不怕犯错，这就像学一种陌生的语言，如果你担心犯错，你永远学不会它。

1980年代，我音乐生涯中的一年一度的大事是我与切利比达克在慕尼黑的音乐会。他于1979年接任慕尼黑爱乐的总监一职，并邀请我每年都与他合作演出。切利比达克不仅对管弦乐团有杰出的技术知识，还有协调平衡的天赋。他对于达到自己的目标也总是全力以赴。他还有一些明显的特征：缓慢的速度，一种特殊的乐句表现方式从而要求低音提琴发出不太饱满的声音，以及他那种结束乐句的特别方式。这些特征很容易模仿，然而当切利比达克的弟子们这么做的时候，实在对于他和他们自己都没有好处。他们应该试图了解他为何以某一种方式处理音乐，并将它运用到自己的工作上，例如，在一首布鲁克纳的交响曲中，他的速度都是固定的，不只是因为他想要一种毫不间断的声音，而是因为他需要缓慢的速度来表达他在音乐中领会的所有细节。他的速度决定于音乐与声音的内涵。对他而言，重要的是一件乐器导入另一件乐器的过程，乐句如何达到高点，如何应用张力与舒缓的原则。你绝不会在切利比达克的演奏中找到一个错置的重音。他不容许任何一个乐器的演奏方式与乐队的整体音色不相容。而且在慕尼黑爱乐中，一个队员不能有哪怕一个音是以机械化地、例行公事地和不经思考的方式来演奏。

切利比达克具有我所见过的最敏锐的耳朵与最灵敏的音乐头脑。每一次与他在慕尼黑进行一周的排练和音乐会之后，都给我带来许多精神食粮。有时候，出乎意外地，在排练或音乐会中会产生一种全新的诠释视角。这种不断讲究乐句表现的态度，使每一个与他接触过的音乐家都获益极多。

1995年，我与切利比达克在慕尼黑
切利比达克具有我所见过的最敏锐的耳朵与最灵敏的音乐头脑。

十一

歌剧

如果我要写有关我作为歌剧指挥的生涯，那必须回溯到1970年代。我指挥的第一部歌剧是莫扎特的《唐·乔凡尼》，在1972年的爱丁堡。那时音乐节的指导是彼得·戴曼。他的事业开始得很早，曾担任过施纳贝尔的秘书，经历过音乐管理的种种角色，后来他任荷兰音乐节指导达十七年。之后又经营爱丁堡音乐节十三年之久。他对歌剧十分热衷，很了解能上演的歌剧剧目的限制与经常不足的排练时间。

在爱丁堡，一切都在最好的条件下进行，加上英国室内乐团。我们有一批歌唱演员，他们整个期间都不离开那里，包括排练与演出。我们的剧场，国王剧场在技术层面上不算是最好的，但却完全可以任由我们支配使用。

彼得·戴曼在将所有的欧洲歌剧制作公司的代表请到爱丁堡之后，才决定爱丁堡应该上演的歌剧。这是个非常有胆识的决定，而且他为公众提供了一些高品质的歌剧制作。他对我指挥歌剧的能力显然很有信心。我从未后悔参与歌剧，而且永远感谢他给我这个最初的机会。

当我指挥交响乐团的能力有所发展之际，我对自己说：“不要指挥歌剧了吧，那样会太多了！”说服我，使我觉得应该指挥莫扎特歌剧的人是戴曼，他建议我们演出《唐·乔凡尼》《费加罗的婚礼》和《女人心》。我们连续两年上演了《唐·乔凡尼》和《费加罗的婚礼》，但是很可惜《女人心》始终未能在爱丁堡演出。1967年我应邀到罗马电台广播音乐会上演这部歌剧，但后来由于“六日战争”在以色列爆发，我取消了这场演出。这实在很可惜，因为那是我最早仔细研究过的一部歌剧。

彼得·戴曼对于爱丁堡的原始构想是要与让-皮尔·波奈尔（Jean-Pierre Ponnelle，1932-1988年，法国歌剧导演——译注）合作这三部歌剧，但是当时他正忙于萨尔茨堡的演出。他与我曾见了几次面讨论这些歌剧，不过是在巴黎我们才有机会首次合作。因此彼得·尤斯提诺夫（Peter Ustinov，1921-2004年，英国剧作家、导演、演员，1990年被授予勋爵——译注）制作了《唐·乔凡尼》，而伊文斯爵士（Sir Geraint Evans，1922-1992年，威尔士男中音）则制作了《费加罗的婚礼》。

稍后在巴黎，我与波奈尔合作了这三部歌剧。然后我们将其中两部搬到华盛顿与别人合作，其中的《费加罗的婚礼》还加了字幕。字幕在许多方面都很有好处，观众对它们也反映良好。但也有一些问题，特别是歌剧中的宣叙调常常喜剧化地在角色演唱之前就出现。而且几个角色同时说话时也有困难，每个字幕应该尽可能地彼此隔开，只传达主要的讯息。它们必须确切而又有诗意，时间上的配合也极重要。

在以色列，我们接连地上演了以上三部由达·蓬特（da Ponte，犹太裔意大利剧作家——译注）写剧本的莫扎特歌剧。由于特拉维夫没有歌剧院或剧场，我们在音乐厅演出。波奈尔将舞台隔开，以便留出一部分给乐队。乐队只低了几个台阶，而后面通常给合唱团坐的地方则有一个小幕可以打开或关上。它比较像即兴的剧场而不像大规模的歌剧，但是制作优良，除了戏服之外没有什么布景，只有一些重要的道具。

我在学生时代未能常常去观看歌剧表演，不像我的那些同事，他们在像维也纳那种城市里求学，有极好的歌剧院。直到我开始旅行演出，才到各歌剧院去，像伦敦的柯文特花园皇家歌剧院和纽约大都会，以及德国的歌剧院。

我对歌剧的兴趣来自于我与声乐工作者的合作，包括与费舍尔-迪斯考以及合唱指挥匹兹的合作。不过，我整个的音乐成长过程与钢琴教育都根植于音乐中的戏剧性层面，一方面我从合唱作品取得控制宏大气势的经验，另一方面我也继续在钢琴演奏中追求戏剧化的表情，及音乐中内在的戏剧性。我记得观摩过富特文格勒排演的《唐·乔凡尼》，而由于我对莫扎特许多作品的兴趣，他的钢琴协奏曲和奏鸣曲，他的交响曲与《安魂曲》，自然地，我会想到接触莫扎特的歌剧。我也想演出贝多芬的《菲岱利奥》，但是或许由于我拉丁文方面的背景，我总是偏向于莫扎特，特别是达·蓬特编剧的那些意大利文歌剧。

到了1970年代中期，杰奎琳的病情更严重了，于是我大量缩减在美国的活动。她当时已经坐在轮椅上了。她在1976年到巴黎来了一趟，那是她的最后一次旅行了。我很难长时间离开她，因此我就定居在伦敦而到巴黎工作。

1978年，我首次到柏林的德意志国立歌剧院，也是在那儿，歌剧院负责人齐格弗来德·帕姆邀请我去指挥《费加罗的婚礼》，然后就是《特里斯坦与伊索尔德》。

后来我指挥了《菲岱利奥》《阿依达》和《漂泊的荷兰人》，我在这段时期与德意志国立歌剧院的关系非常理想，因为我们有足够长远的计划，使我能够将我负责的剧目都至少重复演出三年。演出阵容大致上不变，因此上演的歌剧几乎是同一班底。在头三四年中，《费加罗的婚礼》与《特里斯坦与伊索尔德》在指挥与演员之间都是一样的人马。

当然，我那时比较缺少经验。我的德文知识有限，我对瓦格纳的了解也相对有限。但我对于在柏林与戈兹·费德利希的合作留有美好的记忆。我们合作了四部歌剧，而《帕西法尔》则于1987年在拜罗伊特演出。费德利希最早让我知道演员很容易在舞台上漫游，他们不知道往哪里走动，为了什么目的而走动。他有一种能力，可以完全去除舞台上任何没有意义的动作。

当我有机会在柏林演出《特里斯坦与伊索尔德》时，像大多数指挥遇到这部歌剧时一样，我变得越来越潜心于这部作品。我对拜罗伊特十分着迷，特别是因为它的音响效果。我在1963年第一次到过那里，而这些年来，我也听过许多场拜罗伊特的电台转播，而沃尔夫冈·瓦格纳（Wolfgang Wagner，1919年－ ，作曲家瓦格纳的孙子——译注）在1970年代就邀请我到拜罗伊特去指挥《罗恩格林》。也是他建议我在1981年指挥《特里斯坦与伊索尔德》，我兴奋地接受了这个邀请，也带了几分惶恐。我记得我问他有否可能迟一两年再演《特里斯坦与伊索尔德》，因为我正忙于柏林的歌剧，但他解释说，1982年将是《帕西法尔》的百年纪念，然后就是《尼伯龙根的指环》，

1981年我第一次在拜罗伊特排练时与沃尔夫冈·瓦格纳

因此新的《特里斯坦与伊索尔德》必须在1981年推出。原来是由席洛负责制作，而我也曾与他及沃尔夫冈·瓦格纳有过一些讨论。然而，在席洛与布列兹的最后一部《指环》结束之后，席洛对我说，他需要暂时脱离瓦格纳和拜罗伊特一段时间，否则《特里斯坦与伊索尔德》就会变成《指环》的第五集了。因此，很可惜地，他退出了这个项目。

后来波奈尔被选来担任制作人。波奈尔有相当丰富的瓦格纳经验，虽然他从未在拜罗伊特上演过歌剧。他主要是以制作蒙特威尔第、罗西尼、莫扎特的歌剧而著称，但是他曾在斯图加特推出过《指环》，还有《漂泊的荷兰人》和《帕西法尔》。

从那时起，我开始熟悉拜罗伊特的工作习惯。沃尔夫冈·瓦格纳一直在场，任何时候，任何有关演出阵容的讨论，或者排练的日程安排，总可以找到他一起讨论，这使我很放心。布列兹也有过同样的体会。沃·瓦格纳建议波奈尔与我在1980年到拜罗伊特去讨论细节，那是我们计划推出《特里斯坦与伊索尔德》的前一年。当时我怀疑为什么非要到拜罗伊特去讨论，但是这些年来我逐渐发现在演出场地准备有多重要：在那个剧场的舞台上试听演唱者，因为这个剧场的音效完全不像世界上的任何地方，不仅乐池是掩藏的，这一点对于演唱者与乐队的关系有很大影响。甚至在舞台上，音效也完全不同。这个剧场不是很大，这使得演唱者的声音可以传遍大厅。因此没有必要像在其他地方那样挤迫声音。掩藏的乐池具有的优点显而易见，它使乐队与人声的关系放松，而声音的融合也很理想。

在拜罗伊特，你可以用不同于常规剧院的方式来讨论计划和问题。不单是因为你人在拜罗伊特，而且那里面对所有问题都没有预设的框框，不会因为以前曾经这么做过就被接受。这个音乐节，一百年来

1981年《特里斯坦与伊索尔德》首演后，我与雷内·科勒、沃尔夫冈·瓦格纳、约翰娜·梅瑞

只局限于一位作曲家的十部歌剧作品，在我看来最了不起的地方，就是这种作风。沃尔夫冈·瓦格纳对于制作歌剧及主持音乐节的概念，可说是音乐行政管理的一个独特典范。作为一个舞台导演，他当然有自己的想法，对这些作品的主题内容有着令人难以置信的深刻理解。然而，他让每一位舞台导演（当时是波奈尔，后来是哈利·库普法，各自都有与他完全不同的艺术观点）感觉到他们可以不受干扰地实现自己的艺术构思，并且会得到需要的支援。据我所知，没有任何其他的艺术机构会给艺术家这样无限制的自由。实际上，拜罗伊特经济报酬特别低的这一事实，似乎反而是个优点。完全开放的态度结合了实验

新概念的意愿，由此造成了无限的艺术创造空间及非常有限的个人酬劳，竟然使得所有参与者发挥出极高的创造力。

沃尔夫冈·瓦格纳的兴趣，当然是集中于戏剧部分，而非纯音乐的层面。但他知道我对于乐谱非常挑剔，对于弦乐组的弓法也有自己的讲究，我要求将我的弓法标在分谱上也不是出于傲慢自大。在使用新的分谱方面，我总能得到他的配合，他为《指环》提供了全新的分谱。那儿的一切都有一种手工作坊的气氛。

那儿的乐队队员来自不同的歌剧院，大部分是德国的，也有来自其他地方的。过去几年来，它的质量已经明显提高，因为有一些优秀的演奏员来自东德的德累斯顿、莱比锡和东柏林。大部分的音乐家整年在歌剧院演奏瓦格纳，因此对作品都滚瓜烂熟了。他们到拜罗伊特来，只是他们喜欢在那里演奏。人们或许以为，既然他们全年都演奏歌剧，也就可能觉得他们的演奏有点例行公事的成分，但是我却在这个乐队里领悟到一股极大的好奇心，也就是说，他们随时都准备迎接新的挑战。总而言之，当你考虑到挑选歌手的程序，与舞台导演的沟通，舞台布景的设计，以及长远周全的规划，你就会觉得在拜罗伊特工作使你充满安全感。

一方面，在拜罗伊特的工作使我专攻瓦格纳，另一方面，我与波奈尔于1982年一起创办了莫扎特音乐节，使我又专营莫扎特的作品。在巴黎，我也指挥《菲岱利奥》与柏辽兹的《毕德丽采与本尼狄克特》，我的唯一心愿是有机会在巴黎探索威尔第，推出一个威尔第的系列，特别是《奥赛罗》《茶花女》和《法斯塔夫》。

在音乐方面，如果一位舞台导演的构思，在音乐的乐句表现、清晰度、强度、节拍和音量与指挥不合拍的话，就很难达到他的目标。如果没有特别关注歌词的清晰度或者语音和乐音之间的配合，许多问题就由此产生。音乐的表达也是同样道理。就像说话时候不断句，不用逗号、句号或冒号，那你说的话就无法理解了。

人们过分强调演唱者在舞台上的位置了。躺在地板上或跪着，可能正巧是一段在音乐上声乐上极难的乐段。应该优先考虑的不是位置而是时间的配合。一位演员何时应该采取适合呼吸的姿势，何时应该在舞台上做必要的移动？演员与舞台导演之间的紧张关系，正如生活中时常发生的那样，是由于双方的固执。解决的办法可能只是某一个动作或行动的时间性而已，某几个音早一些或晚一些，同一个动作就会变得容易许多，甚至唱起来也容易许多。如果一个演员排练时的态度是："这里我必须站着。"而舞台导演的态度则是："这里他必须跪下。"那么紧张关系就不可避免。这正是指挥为什么应该尽可能地每次排练都在场，不只是与舞台导演讨论整体的概念，而且要能协助解决某些动作的恰当时机。我已经发现，凡是开通的导演都非常欢迎指挥在场。同样，我也总是欢迎舞台导演参与音乐排练。我认为音乐与动作必须同时考虑，虽然有时它们相互依存而有时则相互抵触。只有这样才能达到以眼睛来听，而以耳朵来看的理想境界。你不能将两者分离。有时候只有音乐与动作融为一体，才能有最丰富的表现力。一部歌剧的舞台导演不能对音乐毫无感受，或者不了解音乐所带来的时间性问题。当你朗诵的时候，你可以控制每一音节的速度，但是在歌剧中，大部分是由音乐的长度来控制。因此，在舞台与乐池之间会有许多差别。另一个极端，是很有音乐感的舞台导演会试图以音乐的角度来决定每一件事情。这时候你得到的可能只是一个配有音乐的舞蹈编排。两个极端都同样糟糕。作为一名歌剧指挥，你必须对于歌剧制作的舞台层面感兴趣，因为戏剧的推动力有时是来自于舞台，而音乐则跟随着，伴奏着，或者是一同进行着。其他时候这两者的位置恰好相反，舞台上的动作是由音乐来带动的。

一个歌剧指挥应该不仅对于剧场层面感兴趣，他还应该将它与音乐相连结。如果一位指挥对于歌剧的戏剧因素不感兴趣，他就应该将自己的曲目限制于交响乐。我从一开始就对这种戏剧因素着迷，并且在排练莫扎特歌剧时，花费了很多时间来尝试宣叙调的各种可能的方式。无伴奏宣叙调的最大优点之一，是你可以自由选择你的速度与力度。宣叙调中很少有任何标记告诉你应该快或慢，轻或重。有些情况下，角色的独白会有一些轻声的指示。但是一般都有很大的自由度，而且是由指挥来决定宣叙调的处理，特别是它们的速度。无伴奏的宣叙调除了人声之外，只有大键琴（有时大提琴以数字低音伴随）。有时候休止符的停顿可以极具表情，而突然强调一个音节，一个字，或一句话可以比整个乐队的全奏乐段更有戏剧效果。这也使人感到有必要将宣叙调与音乐的段落相连结。有的时候两者之间，原来就应该有完全的隔离，但其他时候宣叙调引导了下一乐段中整个乐队的进入。譬如，你会发现在《唐·乔凡尼》著名的二重唱“啊，让我们握起手来”中，唐·乔凡尼在前一段宣叙调的结尾已经为二重唱预备了气氛与音量，因此这段二重唱就不会有速度或音量上的突然改变。

波奈尔最初是个舞台设计师，是个极有天分的工艺制作者与画家。他亲自操持一切，因此有时缺少与独立的舞台设计和服装设计师之间的沟通。但是在他最佳的表现中，他可以达到相当出色的整体性，在他的作品中有一种近乎感官式的满足，以及一种除此之外不可能有其他方式的确定性。

波奈尔最初认识我时，我只是个钢琴家。他曾在慕尼黑听过我的一些音乐会，而我也看过他的一些影片。在音乐方面，他是最懂行的舞台导演之一。你可以看到，他一有空闲，就去听室内乐或交响乐音乐会，他对一切都有无尽的求知欲。而他也充分享受生活。他是德国教育和拉丁气质的理想结合，他有鲜活的想象力与率性的个性。拉丁民族的人如果长久在德国生活或工作，经常会变成这两种看似对立的气质之间的一种特殊融合。我们可以举布佐尼为例，还有后来的阿劳、波奈尔和朱里尼。在历史上，正是这种融合，使得莫扎特在他同时期的歌剧作曲家中成为一个典范。没有什么比莫扎特写的达·蓬特的歌剧更意大利的，也没有什么比《魔笛》更德国的了，这是为什么我总认为莫扎特是第一批泛欧洲人之一。

波奈尔每年都为制作《特里斯坦与伊索尔德》到拜罗伊特来。我与他合作的方式非常类似于我与哈利·库帕法（Harry Kupfer，德国舞台导演——译注）。在库帕法的制作中，我看过的第一部歌剧是拜罗伊特的《漂泊的荷兰人》，它非常吸引我。因此当沃·瓦格纳向我提出下一步计划时，我就表示想与库帕法合作。

我已经强调过舞台导演与指挥之间合作的重要性。如果你有一份音乐上极具张力的总谱，然而却没有戏剧上的张力，有高度的戏剧性张力却缺乏音乐上的张力，那么这个制作在整体上就不是成功的。库帕法与我从一开始就讨论了这种关系，事实是动力有时必须来自音乐，有时则来自演技。

库帕法的作品有一方面特别吸引我，而且使我想与他合作，那就是他处理群众场面的非凡能力。在《尼伯龙根的指环》中只有一个这方面的例子，那是在《众神的黄昏》中的第二幕，但是在《漂泊的荷兰人》中，他对群众场景的安排非常出色。感觉好像有数千人在台上，而且每个人的动作与位置都经过了仔细的安排。

另一个特质使我想与他合作的，是他清楚地了解力度与音量之间的差别。这同样可以适用于歌唱、说话和演技表情上，当然，还有音乐。为了营造一种静止的效果，就应用相当有控制而缓慢的动作来表达这种幻觉。如果你只让角色在舞台上静止不动，那不会有艺术美感，也无法表现静止的状态，那只是缺乏表情而已。我们探讨了那些使我感兴趣的观念，而且我们在这些方面是意气相投。他有能力使演唱者产生一种巨大的张力，而不必求助于过分的音量或喊叫，有些非常有张力的片刻正好是在很小的音量上。

库帕法在拜罗伊特制作的《齐格弗里德》第一幕中，有一位演员发现走动时比站着不动唱起来更容易，我们就想办法让他能有片刻的休息来调整他的呼吸。《齐格弗里德》的第一幕要求真正意义上的超绝技巧。当我们说"超绝技巧"(Virtuoso)时，有时会带有一些贬义的成分，好像它与深思熟虑的音乐演奏相悖，我则喜欢把它设想成源自"美德"(Virtue)这个词。

我在拜罗伊特的工作经验可作为计划巴黎巴士底歌剧院的范例。

我从1987年7月开始负责巴士底的歌剧。第一位对我说起巴士底歌剧院的人是布列兹，他除了对歌剧的项目感兴趣之外，还是剧院建筑董事会的成员。刚开始我很犹豫，因为我已经与芝加哥交响乐团有了深入的认识，不能确定自己是否也能胜任巴士底的项目。最后我肯定自己能够做得到。在去芝加哥之前，我将有整整两年的时间专注于巴士底。它计划在1989年开幕，因此从1988年秋到1991年秋，我在巴士底可以有两个演出季的时间。而且所有参与的艺术家都有热诚合作的意愿，促使我决定接下这份工作。

我与当时的文化部长莱奥塔签了五年的合同，接任巴士底歌剧院的艺术兼音乐总监。这剧院是个新建筑，具备你想象得到的一切新设备，而我也热切地想参与一个新计划的最初阶段，在音乐上创造一种新景象的可能性令我着迷。

关于剧院建筑早已有了决定，但我还需要筹建一支乐队。有许多事要做，因此第一个演出季不能太满。于是，在1989年1月到6月之间，我们规划了四十五到五十场歌剧演出，加上音乐会，然后我们将逐步增加。这个剧院在第三个年度达到完全正常的运作程度，那时我将指挥四十到五十个晚上。

在1988年的3月，我宣布了我头三年的演出日程，我想让所有的单位都得到一样的重视：管弦乐团、指挥、声乐、舞台指导、布景、服装。换句话说，既不偏袒音乐，也不偏袒制作（原文为意大利文——译注），不偏袒任何一方。

剧院的行政管理非常复杂。拥有大量常备剧目的剧院，虽有其许多优点，却很难维持一贯的水平。如果你在二百五十或三百个晚上演出五十五部不同的歌剧，排练时间就不够，固定的剧团有一个优点，那就是每季演出的作品都有充足的排练，但是除非是在音乐节上演，否则就很难令人满意。在巴士底歌剧院，我设计了一种系统，将这两种形式合为一体。我们有几乎不受限制的排练时间，音乐与舞台排练都是这样。我们先计划了头一个系列演出的阵容，但每部歌剧会在同一季里重复两三次，而只有一两个演员的替换。我们从一开始就不想采用两组人员。舞台导演们都完全遵循这个原则：切洛、波奈尔、库帕法，索拉和史坦，后者将与布列兹合作德彪西的《佩利亚斯与梅丽桑德》。他们全都同意参与重复的演出，因此每一位舞台导演都要来至少三年，每年增加一个新制作，并且重复旧节目。如果你在一个演出季里计划两三个系列的节目，你就可以节省排练的时间，因为你不需要再从头设计新的制作。歌剧演出的质量问题之一，是一部歌剧通常只能在首演之前排练，然后就是随之而来的一系列新剧目，于是那个节目就几乎遭到遗弃，而必须想法重新复活。在三年中，我们会有两组或三组阵容来准备《唐·乔凡尼》，但是所有的人都跟着排练，而由我指挥。

我也列出了《托斯卡》与《特里斯坦与伊索尔德》作为第一个短季，并计划秋季重复这些歌剧，加上五部新歌剧，然后下一季再加五部，这样到了第三个演出季，我们就可推出十多部不同的歌剧了。因为政府要把老歌剧院（Palais Ganier）改成纯演芭蕾的剧院，我们不能举办芭蕾演出，就决定在歌剧演出之间推出音乐会。因此我已经事先邀请了柏林爱乐与慕尼黑爱乐来此地演出。

有了席洛、波奈尔和库帕法，我就有了舞台的三台柱。指挥方面，我们有布列兹、索尔蒂、多南伊（Chzistoph von Dohnanyi）、祖宾·梅塔与我。

1988年在伦敦，我与巴黎管弦乐团演出后和索尔蒂、布列兹、梅塔

1989年我的独奏音乐会

在1988年法国大选之后，政治状态有所改变，由一位接近政府与总统密特朗的人接掌了歌剧院，这个人就是皮耶·贝尔杰（Pierre Berge）。他是个很成功的生意人，也是YSL（伊夫·圣·洛朗）的老板。他既不了解我对这个新歌剧院的艺术理念，也没有他自己的主张。他指责我们的剧目不够大众化，政府希望巴士底歌剧院成为人民的剧院，然而真正普通大众喜爱的歌剧只排了《卡门》。他还觉得更多场的演出可以使巴士底更受欢迎，而且，他试图对曲目和我本人施加较大的影响。他厌烦以商人的身份来面对某些人的“艺术家”身份。

贝尔杰总是彬彬有礼，而我们的沟通也很友好。他喜欢说，虽然他在政界是新手，但他总是有“左翼的感受”。我从未想过，一旦我与希拉克（Jacques Chirac，当时的巴黎市长，1995年任法国总统）手下的部长签约之后，我就会被认为是“右翼人士”。

争端起始于报界，1988年秋，《世界报》有一个头条新闻的标题是《丹尼尔·巴伦博伊姆，是或不？》结果，整个事件不再是艺术问题，而是政治问题。不可避免地，情况演变成势不两立的局面，而贝尔杰所拥有的政治力量使他有能力解除我的任务。（这一事件震动了国际乐坛，卡拉扬、布列兹、梅塔、索尔蒂、朱里尼等名家都向法国当局表示支持巴伦博伊姆，但无济于事——译注）。

于是，到了1989年春天，我发现自己十五年来，首次没有任何行政上的职务，我已终止与巴黎管弦乐团的关系，我被巴士底歌剧院开除，因而我在接任芝加哥交响乐团的音乐总监的职位之前，将会有两年，可以拥有很多自己的时间。

由于我已经拨出许多时间准备给巴士底歌剧院，因而我突然间有时间可以从事自己一直喜欢而多年来一直没功夫去做的事情（包括本书大部分章节的写作是在这一时期——译注）。我的日程表中只有已定的芝加哥交响乐团的八个星期，在芝加哥六个星期，巡回演出两个星期。当然，还有夏季在拜罗伊特的《指环》。刚好那时，柏林爱乐发现他们缺一个首席指挥，因而我们能将原本就存在的亲近未发展到超出我想象的程度。我们在柏林的音乐会中演奏了许多曲目，不仅是德国的传统经典，布鲁克纳、贝多芬与勃拉姆斯的交响曲，还有一些当代作品，其中包括卢托斯拉夫斯基《第三交响曲》在德国的首演及布列兹的《标记》，而且我们录制了莫扎特的钢琴协奏曲、三部达·蓬特作剧本的歌剧以及《帕西法尔》。

奇怪的是，我是在拜罗伊特首次与索尔蒂讨论芝加哥交响乐团的事情的。他于1983年在那儿指挥《指环》，并且第一次暗示我，他正在考虑将来他要离开那个乐团。他觉得我会是他当然的接班人。他知道我欣赏这个乐团，而且他也感觉到团员们对我的接纳态度。他极具魅力地说，既然我们能于1975年在巴黎顺利地交接班，那么等他想离开时，芝加哥的交接应会同样顺利。他的态度让我觉得受宠若惊，而我也非常感激他对我的信任。我知道如果芝加哥真的邀请我担任这个职位，我无法想象会有比索尔蒂更好的前辈。于是在1980年代末，终于梦想成真，我受邀担任芝加哥交响乐团的音乐总监，同时，一方面结束了与他们之间自1970年开始的长久而卓有成效的客席指挥关系，另一方面，则使我期待未来的合作能有更大的收获。

十二

芝加哥

现在回顾起来，我必须说，我在芝加哥的开始阶段与许多重大的决定有关。在1987年当我刚同意接任芝加哥交响乐团的职位不久，我收到了巴黎巴士底歌剧院邀请我担任音乐总监的提议。问题是有否可能两者兼顾，就像我现在既在德意志国立歌剧院，又在芝加哥交响乐团工作一样。我记得在巴黎，与布列兹有一次深入的交谈。我问他，他是否觉得我可以身兼两职。他用他那种注重实际的口气回答说，我应该能够胜任，但是可能要付出牺牲钢琴演奏的代价。

同样的问题发生在1991年，当我开始在芝加哥工作时，我收到了柏林德意志国立歌剧院担任艺术总监的邀请。我作出的结论是，接受柏林的职位需要我腾出许多作为钢琴家的时间。芝加哥与柏林工作的重要性不言而喻，需要我付出大量的心血和时间。柏林的情形是全新的挑战，因为柏林墙的倒塌才不久。而同时我在芝加哥的工作才刚开始，接手的是一个已经与索尔蒂爵士建立了二十二年之久的非常成功的合作关系的乐团。我想，如果他们的合作的时间短一些，对我来说会容易一些。无论如何，出于对索尔蒂的敬重，以及纯粹从音乐方面来

1991年我与芝加哥交响乐团

说，他在那里的成就，我觉得我需要谨慎行事。我不能设想，可以如此顺利平稳地从一任指挥转到新一任指挥。自从1975年我从索尔蒂手中接过巴黎管弦乐团，这已经是第二次同样的交接过程了。

虽然我想在开始时小心低调，但是因为我对于乐队的声音应该怎样已经有一套明确的概念，做起来就很难。因此我必须发现一种温和而又坚定的行事方法。我相当小心地试图区分，哪些是属于芝加哥交响乐团固有的音色，哪些是属于索尔蒂与乐团的化合物。从1970年我第一次指挥芝加哥乐团起，我就了解这个乐团，而且我聆听了这个乐团与不同指挥所录制的所有录音。我现在要确定的是，多年以来这个乐团始终一贯的个性特质是什么。我感觉到“那个”特色应该是不可改变的，应该予以极度尊重的。

有些方面是由于与索尔蒂合作的结果，这方面的问题我并不担心。但是如果是“那个”，即乐团代代相传的那种典型的演奏方式，我需要保持它。我发觉这个乐团有某种清晰的发音方式，节奏上的弹性，音准上的纯粹性，以及一种明确的抑扬顿挫的分句，这是我真正想要保存的。我始终对索尔蒂和他的音乐诠释持有最高的敬意。但是他对于声音的概念比我自己的要更有棱角更锐利，而这并不属于芝加哥乐团的固有特性。有意思的是，当我与索尔蒂一起弹钢琴时（索尔蒂作为钢琴家也录过巴托克的双钢琴协奏曲——译注），我俩彼此理解并配合得非常好，但是我俩达到这一目的途径却大不相同。

对我而言，决定速度的快慢是放在最后才考虑的事情，而对索尔蒂，他则始终坚持速度应该与节拍器所标记的一样。因此他首先决定的是速度，然后他再看在这种速度里有多少内容可以表达。我的方法恰恰相反。我开始时对速度只有一种预感——我们听到音符和音乐，但不是速度。音乐的速度是要能够使每一样东西都能够听到：透明清晰的声音，音乐的力度与张力。这是一种对音乐完全不同的思考方式与前期准备。

歌唱家，特别是那些不是经常与我合作的人，经常来问我预备用什么速度。我回答他们，除非在我听过他们唱了之后才可以确定。我经常用这样一个看起来愚蠢却很能说明问题的比喻：当你要去度假而却没有行李箱时，你怎么办？你是不是随便去买一个箱子，然后再决定你可以放什么东西进去？还是你先决定你需要带什么东西——衬衣、网球拍、滑冰鞋、书或其他东西，然后再去买相应尺寸的箱子？大部分情况下，你选择后一种。速度就是“箱子”，而音乐就是要装进去的“东西”。如果箱子太小，你要的随身物品装不下，如果箱子太大，东西就摇摇晃晃。如果你明白这一点，箱子是黑色或棕色，方的或圆的都不是问题，看你的需要而定。音乐的速度提供了音乐内容的正确进行，因此应该是最后才能确定的事情。对于芝加哥乐团中的许多音乐家来说，这是一种全新的概念，因为许多年以来，他们习惯于先确定速度，然后在每次音乐会中复制它。这对于我来说是全然陌生的，要花费许多时间才能解决这个问题。

索尔蒂与芝加哥的合作开始于1969年秋。我第一次指挥这个乐团是1970年11月，是在索尔蒂时期的最初阶段。在1970和1980年之间，我是那里的常任客席指挥，后来为了个人的原因中断了很久，好几年没有回去。当我接任音乐总监职务时，距我第一次指挥该团已经有二十一年之久。同时，乐团本身有了改变，许多队员都是新人，你可以感受到二十一年来在索尔蒂领导下的效果。

当你作为一个音乐总监而不是客席指挥时，你与乐团的工作方式是完全不同的。当我作为客席指挥去芝加哥时，我有四次排练与随后的音乐会，我尽我所能准备的曲目，使它能在尽可能高的水平上得到表现。而作为音乐总监，我在排练时要花时间在音色、句法、奏法及音准诸方面与乐队取得共识。在这种过程中，出乎意外的曲目也就准备好了。只有当你是以音乐总监的身份来指挥时，你才可能有这种全然不同的心态。这是你的权利同时也是你的责任，去创造一种音乐演奏的一致性。

有一桩轶闻可以说明这一点。弗瑞兹·布许是托斯卡尼尼的崇拜者，他出席了托氏的一场音乐会之后极为倾倒。他去后台祝贺托氏，看见后者正大发雷霆。他问道，为什么在如此成功的音乐会之后这样不高兴，毕竟乐队演奏得完全如同他所希望的那样？托斯卡尼尼对他的回答是，任何一个职业乐队和任何一个职业指挥都能够做到这样——而对他来说，这样的音乐演奏他不感兴趣。只有当乐队里的每一位演奏员，在同一时刻与他有着完全一样的感受，才会使他满意。

让一个乐团 "单纯地演奏"并不难。如果一位职业指挥家能做到使整个乐队跟随着你的音乐感觉走，这自然是件好事，但这并不是诠释音乐了。只有当整个乐队达到一种同声同气的境地，才是对音乐真正的诠释。作为一个音乐总监，如果你能够，而且愿意与乐队分享你的想法与热诚，你就能达到这一步。我发觉这种音乐演奏的方式更令人满足，但是作为客席指挥你很少获得这种感觉。我已经许多年不做客席指挥了，除非是我相当了解的乐队。

我在芝加哥乐团的工作，主要是树立一种整体的音乐演奏的理念，而不是仅仅准备一些曲目。我想，对乐队与指挥都很重要的是，要记住声音是由演奏员产生的；指挥可以训练他们使他们演奏得更好，但是音乐上的能动性来自于制造声音的人。指挥棒是不发声的。每个乐队里总有一些人，他们相信自己的责任是将每一个音符完美地准备好。他们相信音乐是由指挥来处理的，当然这不是实情。我这样说并不是故作惊人之言或是心理分析，而是音乐的真相。

关于声音与寂静的关系我已经写过许多，而对于芝加哥乐团的演奏员来说，这并不是他们的第二天性。我时常感到这种情形，在第一个音符奏响之后，而不是之前，它的起音总是要比我期待的尖锐许多。因而，对于许多演奏员，特别是在这个乐团呆了许多年的队员来说，灵活多变的音色、分句和速度显得相当陌生。

每次排练都有必要从零开始，换句话说，不仅仅是排练一首乐曲，使它四平八稳并可以多次重复上演。有意识地寻找一首可以多次重演的完美作品，对于队员们当然很舒适，但对我来说这种例行公事的作风是音乐演奏的大敌。每一天我都让队员们重新开始。虽然前一天排练过的东西依然存在，但是声音必须有新的创意。这就是为什么每一次排练要明确强调其重点：高潮在哪里，低潮在哪里，但又不是死板地固定，而是让声音在那一瞬间自发地产生。这要求队员在舞台上有极大的勇气，因为靠在椅背上重复那些已经做过的东西要容易得多。

互相倾听的观念对于在乐队中的演奏员是一种极为重要的素质，不仅是要互相跟随，而且要在各个乐器之间营造一种互相依存的关系，这至少与每个队员的自身素质一样重要，我很早就专注于这一点。我不但容忍，而且还要求个性化的灵活性与创意，在开始的阶段，我不顾虑演奏的安全系数，比如，铜管乐器如果吹得太轻就容易有吹破的危险，或者为了使弦乐组演奏得更整齐而在每一小节头上加一个重音。许多演奏员宁可这样做而不愿冒不整齐的风险，但这对我是全然陌生的。音乐并不在于安全地演奏，音乐是有关勇气的，而勇气意味着冒险。在有些作品中，这种冒险是音乐内在的一部分。试图以一种轻飘容易的方式来演奏一首贝多芬的作品会与它的性质相违。在一个突轻之前敢于做一个渐强至极限，然后在轻奏之前突然松弛需要有极大的精力及功夫，而这是音乐固有的特性。在另一方面，那些更具技巧性的音乐中，听起来则应该像是轻而易举的。当一位小提琴家演奏帕加尼尼的随想曲时，它听起来应该是毫不费力的，因为这是这类音乐特性的一部分。但是在贝多芬的小提琴协奏曲中，从乐曲开头你就会感到小提琴家在每一个八度中向上挣扎的那种精力。这种挣扎是这类音乐的组成部分。

对于像芝加哥乐团那样一支在技术上拥有无限威力的乐团来说，突然要面对这样一种观念：即某些东西需要努力去对付，是极为困难的。从最初开始，他们就被培养和训练成要向这样的目标努力——演奏应该是轻车熟路的。我必须指出，大多数的队员是乐于接受新的观念的，也有少数队员对于我的方式很不习惯，但是芝加哥乐团在音乐上完全没有自傲自大。十年来与他们的合作给予我极大的满足感，因为我总觉得那里有一种平等交流的气氛。我将我自己以及我对于音乐的理念贡献于这个乐团，而他们则乐意以认真的步骤做出努力，在他们精彩的演奏中，有一种开阔的胸襟和心甘情愿的合作态度。

我接任芝加哥乐团的职务不久，1991年恰逢这个乐团的百年大庆，我邀请了两位前任指挥与我一起共襄盛举，我们重演了乐团在1891年10月6日成立时相同的音乐会曲目。这两位指挥是索尔蒂爵士与库贝利克，曲目是瓦格纳的《浮士德序曲》，由我指挥；贝多芬《第五交响曲》是索尔蒂指挥，柴科夫斯基的《第一钢琴协奏曲》也由索尔

1991年我在芝加哥与库贝利克、索尔蒂

蒂指挥，我演奏钢琴；而德沃夏克的《胡席斯卡》序曲则由库贝利克执棒，他只指挥了这一首，因为当时他的身体已经不很好。

我记得库贝利克告诉我需要改变乐队的位置排列。在库贝利克时期，乐队在台上总是将第一小提琴与第二小提琴左右分开排列，然后索尔蒂把第一第二小提琴全部排在指挥的左手边，大提琴放在右手边。而我刚去的那时候，中提琴是排在外侧，这使许多队员不高兴，尤其是大提琴演奏员特别失望，因为他们习惯坐在指挥的右边，而且他们感到那样多一些空间并且比较独立。我觉得弦乐组声音的平衡不够适当，但仍然选择了传统的“德国式”的排列法，中提琴在外侧而大提琴在内侧，面对外面，与低音提琴形成整体。

我一直对于将第一小提琴与第二小提琴分开排列心存疑惑。首先，将第二小提琴放在指挥的右手边，他们的乐器就背向听众，方向就错了。而且，整个弦乐组的问题，尤其是当第一提琴与第二提琴同度或八度齐奏的时候，就会很严重，因为在舞台的两侧互相很难听见。后来，在音乐厅为了弥补音效的不足而重建之后，我越来越相信将第一提琴与第二提琴分开排列的缺点多于优点。库贝利克是正确的。现在小提琴全部像他建议的那样排列，大提琴与中提琴在他们中间，而低音提琴在第一小提琴的后面。事实上，小提琴之间的沟通比他们面对面坐时更好，因为演奏同度或八度的乐句时，从舞台上传出的声音有一种宽广度，弥补了方向感不足的缺点。更重要的，小提琴由于靠近大提琴与低音提琴，使整个弦乐组获得了一种饱满与充实的和声音响，而且，小提琴声音在高音区变得更圆润优美，因为低音提琴就在他们附近，就像一个支柱。

我并不想将这种乐队的排列方法强加于别的指挥，实际上，乐队的排列根据各个客席指挥的愿望时时有所改变。当我指挥布列兹的《标记》第七首的世界首演时，我知道他喜欢将中提琴座位排在舞台外侧，而将小提琴排在一起，我问布列兹他是否想重新安排座位，有趣的是他将决定权留给了我。其实这首乐曲之中有一些部分小提琴是互相影响的，如果我们把他们放在一起不一定能做到。

我做的另一项改变是有关圆号的。它们时常被放置于指挥的左边，乐队的人喜欢这样，因为如果它们放在右边，它们的声音传向乐队，有些乐器组合觉得不舒服。我认为，不管怎么说，圆号不是一种纯粹的铜管乐器，它代表了从木管乐器到铜管乐器之间的过渡：从双簧管与大管到小号与长号。因此我需要将它们组成一个整体，那样就要放在我的右边。我觉得把它们放在左边是无法忍受的，因为它们声音吹向乐队的外边因而你无法将它们的声音与乐队其他部分融为一体。

想要做出任何改变，都存在着你与音乐家共事时间的长短，以及选择哪一位客席指挥的影响等因素。我每个演出季在芝加哥呆上十二个星期，加上巡回演出。因此客席指挥的素质对于乐团来说特别重要，因为这是乐团运作持续性和质量的保证。我们格外幸运地拥有布列兹作为我们的首席客座指挥。我请他担任此一职位不仅是出于对他的尊敬，而且因为我觉得他比任何人，更能注重于二十世纪的经典作品，保持对新音乐的兴趣，他做来更有成效。他是那种正直诚恳说一不二的人。

多年以来乐团与布列兹之间发展了紧密的合作关系。他介绍了许多新作品，而且指挥了几乎所有的二十世纪的经典作品，我们基本上演奏了第二维也纳乐派的全部作品，再加上斯特拉文斯基、巴托克和拉威尔。他对于他以前不感兴趣的作品，像布鲁克纳的交响曲也变得很有兴趣。在他七十岁生日那天，我们送他一本布鲁克纳《第八交响曲》的总谱，上面有每个队员的签名。这是他指挥的第一部布鲁克纳交响曲，当时是与维也纳爱乐合作。我觉得这是相当不寻常的，尤其是我记得二十年前我指挥巴黎管弦乐团演奏布鲁克纳的《第八交响曲》时，他来到音乐厅，对这部作品说了一些批评性的意见。当我指给他看，在慢板乐章的开头，有一处二连音对三连音的地方非常吸引人，他说我可以在瓦格纳的《特里斯坦与伊索尔德》的第二幕中找到更有意思的例子。布列兹总是对新的见解感兴趣，这对每个人都极有触动，尤其是当你想到是什么促使他在七十岁时第一次指挥布鲁克纳交响曲！后来他又在芝加哥指挥了布鲁克纳的“第五”及“第九”，他的视野是无止境的，他坚信永远不断地探索是前进的动力。

我认为对于一个像芝加哥乐团那样的交响乐团来说，演奏歌剧作品是非常重要的。自我担任该团总监之后，我们已经这样做了几次。对于一个歌剧院乐队来说，不时地演奏一些交响乐作品很有必要，因为他们一直在乐池里，需要在舞台上尽可能多地接触一些其他的音乐。但是一个交响乐团演奏歌剧作品能够获得无可限量的益处，因为演奏员能够使自己更灵敏地倾听，不仅听舞台上的歌声，还要听到其他人，而且演奏员必须熟悉人声和歌词的表情。当你理解音乐和歌词之间的关系和含意时，你肯定会产生更多的联想。我在芝加哥演出了《艾莱克特拉》(*Elektra*，理查·施特劳斯1909年作)《费岱里奥》《特里斯坦与伊索尔德》《帕西法尔》第二幕，及莫扎特的三部歌剧。乐团在我到任之前就有演奏歌剧的悠久传统，例如与索尔蒂就合作过《莱茵的黄金》及《摩西与阿隆》(*Mose und Aron*，勋伯格的歌剧——译注)，在我任音乐总监之后，他们又与索尔蒂合作了《奥赛罗》与《名歌手》，与布列兹合演了《摩西与阿隆》，然后我们去柏林巡演。

在1990年代，芝加哥交响乐大厅进行了必要的改建，虽然有许多改建的理由，我们主要是想改善它的音响效果。舞台太宽又不够深，它的声响很直接，但是很干，而且不能使乐队获得很好的平衡。我们也非常需要改善后台的工作环境，那里没有琴房可以练习，行政办公室也不够大，而在美国，这是一个必须的部门。我们从公家只获得了一小部分资助，意味着乐团必须依靠私人的赞助，那需要整个筹款机构的运作，以非常精细的具体步骤来完成大规模的集资工程。我说不清哪一项更重要，是细致的具体步骤的质量呢，还是大规模的集资的数量。但在任何情况下，这都是一项需要空间的大运作。

美国社会的多元化越来越多地反映到这个乐团中，这是正常的，因为一个乐团是一个社会的缩影。对我来说，看到如此众多的年轻有天分的音乐家被一个有着强大传统的乐团所吸收，不管这是我们的来自中国的乐队首席，也不管这些中国音乐家是来自中国大陆或是台湾地区，都使我感到极为欣喜。重要的是不应反对其他人的身份认同，而应该鼓励他们的进步。我们有足够的理由为今天的世界感到乐观。过去十五年来，一个毫无疑问的进展，是认识到多元化的必要性与可能性。

十三

柏林

当我1992年开始为担任柏林的德意志国立歌剧院的艺术总监而谈判的时候，整个的方案与那时巴黎巴士底歌剧院的几乎相同，因为这将是一种全新的开端。我相信这将是一种很有价值的工作，当然也需要做许多清理。接受这份职务意味着可能要在一个旧的传统上有一个新的开端。

国立歌剧院，以及我在歌剧院里看见的乐队，可以与那些极好的古董家具相比，它的美丽被一层又一层的灰尘所覆盖。我知道它的品质是极高的，并且着手来清理它。从音乐的字面上来讲，我揭示了音准、运弓的一致性，及齐奏时目的的同一性。逐渐地，我发现我对这个乐队的高质量的估价是正确的，而且每一件事情都开始摆正了位置。这个乐团的基本素质是很强的，不仅是总体的态度，还有对于某些要点的关注：乐句，对声音的探求，以及一种天生正确的音乐感。

无论如何，必须开始“日常的清扫”，这是一种不寻常的气氛。我所接触的那批人在一个集权的国家里生活了许多年，他们脱离自由与外界接触已经很久，他们的行为方式，在很多层面上都看得出来。最

1994年，我与导演帕特里斯·夏洛尔（Patrice Chéreau）在柏林德意志国立歌剧院前

困难的方面，不是在于那些不必要的管制，而是由于对日常生活的情绪上的控制而形成的恐惧。对于朋友与家庭之间交流的恐惧，不光是恐惧隔墙有耳，就像人们通常天真地想象的那样，以一种权谋政治家的方式向上级汇报，而且是连谁家的母亲在医院的病床上这样的事情都要互通信息。当人们如此选择的时候你能够责怪他吗？虽然有些音乐家，当他们来到歌剧院时，他们可以忘却这一切，但总的说来，对于未来有一种忧惧与不安，这需要一段时间才能使这种感觉消失。

音乐家们对于传统的感觉得以幸存下来，当你想到他们在那种状态下，生活了这么多年时，你不会感到惊讶。人们对于外部世界，或者我们所谓的西方世界接触甚少，因此外部的影响并没有达到可以毁坏这种传统的地步。音乐家们对于音乐演奏的态度至今一直是堪称楷模，并且与我所熟悉的其他乐团完全不同。譬如，他们对于贝多芬的交响曲有一种崇敬，而且对于创造性的工作极为尊重，这对于音乐与文化的发展是非常有益的。

我想，将我认为是柏林国家歌剧院的精华部分保留下来，就像我在芝加哥乐团所做的那样。对于歌唱家们也是同样，在我到任时，他们与合唱队一样是整个剧组的一部分。事实上，我第一次与歌剧院的接触是通过它的合唱队，在1989年，我与柏林爱乐一起录制《帕西法尔》的时候。有人建议我们启用国立歌剧院的合唱队，因为他们与库帕法一起演出过这部作品，而且能够背谱演唱。这是柏林爱乐与国立歌剧院东西方之间的第一次接触。

重要的第一步是扩展曲目和增加当代音乐。现在，除了整套的瓦格纳作品，我们还演出了布列兹与卡特的作品。国立歌剧院不仅是一个歌剧乐队，而且是一个有着悠久传统的交响乐团，认识到这一点至为重要。实际上，这是一个国际上第二个历史悠久的乐团。这个乐团在音乐上的整理工作开始于两个同等重要的系列：在歌剧院中整套的瓦格纳歌剧和在交响音乐厅中全部的贝多芬交响曲。这两大项目，每一项以它自己的方式，对乐团的演奏提出了在艺术上严谨和专注的最高要求，这使得乐团明显地提高与发展，我确信这是一条正确的途径。后来我们又增加了全部莫扎特歌剧，《费岱里奥》《沃采克》《艾莱克特拉》，布佐尼的《选择新娘》，勋伯格的《明日之晨》，威尔第的《阿依达》与《奥赛罗》，以及卡特和伯特威斯尔（Harrison Birtwistle，1934年－　，英国作曲家——译注）作品的世界首演。而且，就像我们一开始就策划的那样，在2002年上演了十部瓦格纳的歌剧，来作为第一个十年计划的开始。

一个歌剧院，尤其是一个在集权主义的国家里忍受了这么多年的歌剧院，是一个非常复杂的机构，官僚政治与行政管理的问题成山成堆。譬如，秘密警察的告密者必须处理，虽然在一个雇有一千一百个职员的机构里，这样的案例还算不多。开始的时候，日常的工作开展得非常困难，但人们的态度使之变得不同寻常。也许由于这样一种事实，即上歌剧院对于在那儿工作的人来说是一种优先权，不管是乐队演奏员、歌唱家、芭蕾舞演员还是合唱队员，那些人从内心深处不满于当局，有一种自由感，能够自由地呼吸而且能够发泄内心的感情。他们对于属于这样美好的一个艺术机构有一种特殊的骄傲，因此每个人的主动性都很高，这在一个自由社会里是不常见的。

与许多其他的前东德歌剧院相比，我在相当短的时间内成功地使国立歌剧院融入了新的体制。人们感到在国家歌剧院里有一种团队精神，为保持这一点我想要留住乐队与合唱队中的大多数人。我并不想因为政治上的变化而开除任何人，我将这一点向乐队与主管当局表达得很清楚。我对他们所经受的一切有足够的尊重，并且我觉得我做的是正确的选择。

当然，改变是必须的。乐队中的职位需要改进，当我对他们有更多的了解之后，我向演奏员们开诚布公地说清楚。队员的素质不同，整体水平也与我的预期有距离。有一个情况对我有利：那时的经济状况比当下要好，因而我可以得到我所谓的“王牌职位”。有些乐器组没有一个称职的首席，就用额外的演奏员来加强这一部门的力量，直到有人退休。用这样的办法我们达到了音乐水平上的公正。非常坦率的讨论，非凡的见识与诚挚，使得这一切在这个乐队都成为可能。合唱队的这类问题就比较少，因为他们的水平都比较平均。

与国际上其他的歌剧院不同，德意志国立歌剧院像其他德国歌剧院一样，是一种剧团性的团体组织。演员与剧院签有合同，让他们唱什么就唱什么。另外，客席演员会加入特定的剧目。我知道我们要将这两种办法合并。国立歌剧院需要保留一个剧团，而剧团本身也需要年轻化和更新。过去几年，一些有名的演员如雷内·帕佩和罗什曼已经离开了剧团，而某些场合，我们也请到非常优秀的客席演员，像多明戈等。

关键是找到一个共同点并创建一个“灵活”的剧团。这个灵活的剧团应该包括永久性的客席演员，他们在柏林德意志国立歌剧院，就像在艺术之家一般，剧院给他们提供服务也期待他们的回报。岱勃拉·波拉斯基、齐格弗里德·耶路撒冷、沃特奥·米勒等一大批歌唱家一直在国立歌剧院定期演唱，因此，除了他们不是正式的剧团成员以外，其他方面他们都是这个剧团的一部分。我不仅只是对于节庆盛典

1994年，我与多明戈在柏林排练

的场合感兴趣。我希望创造一种音乐演出的特殊风格，在一种常规的基础上演唱与演戏。我是一个循环思维方式的坚信者，我很早就学到并重视这一点。这是我为什么更喜欢上演整套瓦格纳或莫扎特歌剧的艺术上的理由。当艺术家参与整套歌剧制作时，会使得他们与剧院有更多的接触。他们给予剧团许多，作为回报，他们也获得许多。

很幸运地，我总是连续不断地能有许多有才能的助理，包括这样一些指挥，如约翰·费奥莱、阿什·费许、菲利普·乔丹、帕帕诺、梯勒曼、维戈尔和西蒙·扬。我从来不找那种助理，他们的职责只是使你的生活更容易。我挑选那些我认为是有天分的人，能够边干边学，能够将他们的创意带进工作中。我的许多助手所在的时间都不很长，因为他们是如此有天才，他们应该走出去建立他们自己的事业。我觉得这是我的职责，去鼓励他们，我也很高兴看到他们成功。我的音乐生涯开始得很早，多年来我积累了很多经验。我不仅想传递我的实际经验，而且还有我思考的方式。除非他们对特定的问题有疑问，我一般不给我的助理任何提示，比如我指挥某部作品用这样或那样的方式，等等。我的最高目标是使他们用自己的方式来思考音乐——对声音这个现象学习、倾听和观察，这是成长的唯一途径。

这就把我带到一个重要的话题。我将“倾听”和“听见”区分开来，因为这是必须认识的两件不同的事情。一个乐队创造出多种不同的声响。耳朵必须迅速地区分何者是重要的何者是次要的，来确定声部的平衡、音准、厚度、色彩及其他许多因素。而要做到这一点，你应当能观察声音一旦被带进物质世界的时候，它是如何发生的。我相当自觉地想将这种知识传授给别人，这使得我的每一位助理指挥都能以他或她自己的方式得以发展，以非常个性化的风格来指挥。他们不是我的或者他们互相之间的复制品。

于我而言，在早期就给予这些音乐家以足够的信任是很重要的，我放手让他们去分担指挥。我以年轻的指挥替换年老平庸的指挥，我并不认为这是冒险，因为我不相信平庸之材。切利比达克曾经说过，平庸之材是危险的，因为他们有传染性。过去十年我在柏林为避免这种情况，我有两种办法：邀请最优秀的指挥家，例如阿巴多、布列兹、梅塔、索尔蒂和麦可·吉伦（Michael Gielen）来指挥柏林德意志国立歌剧院的歌剧与交响音乐会演出，或者将演出任务交给年轻而有发展潜力的指挥家，这些年来两者都行之有效。不幸地，我的一些同行，当他们寻求助理指挥职位时，他们抱有短期的想法，只是为了可以帮助他

我与阿巴多

们准备一部歌剧或一场音乐会。我总是宁可选择那些更有天分而经验不足的人。有时候这样会更困难，会有一些意想不到的情况，但是从长远来看，这样做无疑更使人满意。一个乐团可以容忍经验不足的指挥，但不能容忍没有天赋的指挥。

我对于歌唱家持相同的态度。我选择的歌唱演员，要不就是非常出色和著名的，要不就是年轻而具有潜力可以登上顶峰的，中间的阶层不在考虑之中。就像试听乐队的演奏员一样，学会试听歌手相当重要。要紧的是能够决定，他们是处在艺术生涯的哪一点：是在开始、中间还是已经接近了终点？换句话讲，就是还有多少发展的潜能？积极肯干和有正面的发展潜力的音乐家，会比那些已经达到了他们极限的人，有更大的培养前途。如果我在试听的时候，知道他或者她已经做出了最大潜能的发挥，那么我录用他们，是因为他们的最大潜能已经是非常高的水准。

例如在芝加哥乐团，我们现在有世界上最好的双簧管演奏员。虽然他以前从未在任何乐团演奏过。从许多方面来说，选择一个从别的乐团来的富有经验的演奏员要简单得多。事实上，这些年来艾列克斯·克莱恩都是以巨大的成功，为我们和他自己第一次演奏了最为困难的乐曲。无论怎么说，他的潜力是如此明显，因此在他第一次面试之后我们就立即录用了他。现在他是最优秀的演奏家之一，像他那样好的不多。

这就是为什么发展倾听的能力，是格外重要的原因。当你阅读时，不管那是一本书还是一本音乐总谱，你必须去读懂字里行间的东西，领悟全部的含义。当你听人试奏时，你不仅要听到那一刻他演奏的音符，而且要能听到他的天分通向哪里。这就像要读懂句子中间的意义一样，要能了解同时而且还要能预测。当你观察一场试听作为最终的判断时，这就好像是读一行诗来代替读整个一首诗。

在国立歌剧院的许多年中，我们成功地引进了许多巴洛克音乐，并且邀请了许多重要的客席演员，这给剧院增添了许多色彩。许多人认为，由一位艺术家来管理一个剧院是危险的，也许下意识里，他有一种防范其他优秀艺术家的倾向。我相信，一位音乐总监如果他预防与他同等或比他更好的音乐家现身，确实会对剧团造成伤害。如果你是在负责的职位上，那么每一项决定，都应该完全出于对剧院长远的考虑。短期的决定是属于政客的，不属于艺术家。政客需要重新当选，

他们需要有妥协折中的手腕。一位艺术家，如果在艺术观点上折中，那就是自愿地放慢他在艺术上的进展。这是主要的不同之处：政客越是善于妥协，他就会爬得越高。艺术家越是不善于妥协，他就进步得越多。

十四

舞台导演与拜罗伊特

库贝利克有一次告诉我，他打算录制全部的贝多芬交响曲。我们已经有了那么多同一个指挥与同一个乐队的全套录音，但是他打算启用不同的乐队，为的是他发觉每一个乐队都有特别适宜每一首交响曲的特殊音色。我想，那样的结果会是完全不同的，如果他用同一个乐团，来录制全套九首交响曲，变化就没有这么多。

在柏林，我宁可与同一剧组上演整套的瓦格纳歌剧，并且很高兴与哈里·库帕法合作，因为，我极为欣赏他在舞台上调度演员的方法，他的个人风格，他对台词的透彻了解，以及将它们传递给观众的能力。这与我处理音乐的方式有许多共同之处，比如说，确切地了解何时有新的意念产生，哪一句台词改变了方向。这些对我来说，要比中规中矩的演唱和动作重要得多，因为我憎恶一般化的表演。

舞台导演经常被责备或者被认为需要为失误负责。从最高标准上来说，导演的工作是难以置信的复杂：他必须熟悉并了解剧本，能够阐明要义，指导演员在哪里动作和如何表演。最终，舞台导演要为歌剧舞台上的视觉形象负责，尽管有别人负责灯光、布景和服装设计。他

1992年，我与哈利·库帕法在柏林德意志国立歌剧院

工作的深度取决于他强调哪一方面：会演戏的歌唱家还是会唱歌的演员，而依照我的经验，很少人能够有同等发展的耳朵、眼睛，以及心理上的理解力。我宁可要那种吸引人的角色之间的交流，（即使是以视觉上的损失为代价）也不要那种在华丽生动的场景中，演员们做漫无目的的动作。在我与库帕法于拜罗伊特制作了整套《指环》之后，我知道这一方面的问题，就如音乐中的分句与奏法一样，对于全套瓦格纳歌剧在柏林的演出是相当重要的，我曾经与少数几位舞台导演分享过我的想法——库帕法、席洛、波奈尔、弗莱德里奇，以及以不同的方式与缪勒（Heiner Müller）。但是，在头脑、心情、眼睛与耳朵的均衡方

面，很少有与席洛那样令人满意的合作。在巴士底歌剧院工作期间，我们成为非常亲密的朋友。在那个计划失败之后，我们仍然愿意在一起合作。我们已经着手《唐·乔凡尼》的制作，这是为巴黎歌剧院的开幕式演出而准备的，我们发觉，在对音乐剧院的理解与领悟上我们是一对挚友。

下一步是我们要在1992年为夏特莱特剧院推出一部新制作。我不记得想演《沃采克》的主意是一开始就有的，还是后来出现的，但是《沃采克》是一部使我俩都很感兴趣的歌剧。1950年代时，当米特罗普洛斯在萨尔茨堡指挥这部作品时，我去听过，存有强烈的记忆。我以极大的热情投入《沃采克》的准备工作。筹备工作的条件很理想。我们在巴黎郊外有个很好的排练场所，而且，我们将排练分为两个独立的部分。首先，我们只用钢琴来排练音乐场景，由席洛担任排练，提出问题并做出备注。当音乐方面的场景准备完毕之后，我们移到排练场的另一边，那里没有钢琴，然后他进行“干”排，就好像它是一出话剧。因为我们俩始终在场，我们可以在一种不寻常的程度上互相影响。某种意义上，我们有同等水平的两种表演——一种是纯音乐式的，另一种是纯剧场式的，然后我们煞费苦心地将它们合在一起。对每个参与者来说，整个过程一直是一种独一无二的记忆，不仅是我们从这部作品学到了重要的一课，学到了它在纯音乐与纯剧场上的表演，而且互相之间学到了理解。

第二部我与席洛合作的歌剧，是1994年夏季在萨尔茨堡上演的《唐·乔凡尼》，这是我在拜罗伊特许多年之中唯一的一次“打横”。回忆起来，《唐·乔凡尼》没有像《沃采克》那样完善，是由于多方面的原因，包括萨尔茨堡节日大厅的规模。在“莫扎特之城”举办的音乐节，莫扎特的作品扮演着一个举足轻重的角色，却没有一个适合上演莫扎特歌剧的大厅，真是太说不过去了。节日大厅是如此巨大而宽阔，席洛与我想要推出的制作变得困难重重。比如，一些美妙的细节，在后面几排的座位上就看不清楚，加上舞台与乐池之间很难有默契。我仍然梦想有朝一日席洛能再度与我合作这部歌剧，因为他对莫扎特与达·蓬特的天地有一种特别的洞察力。

与大多数舞台导演不同的是，席洛是一位非常优秀的演员，他能给歌唱演员特别明确的指导。几种不同寻常的特质在他身上合为一体：训练有素的严谨态度，笛卡尔主义的法国思维，与巨大的才能、想象力，以及用一种生动有趣的方式讲故事的本领。我曾经见到他在私下观察人们在不同场合的言行，然后他会把他的观察所得用于排练之中。虽然他不是音乐家，但是他格外地具有音乐感。他有极好的听觉和记忆，使他能记住许多细节。例如，在第二幕中，他注意到当玛丽亚看到士兵时，与她后来和沃采克讨论时唱的是同一音程。另外，他的眼光特具想象力。他有能力将所有这些特质和谐地融合在一起，他有本事讲出一个故事的所有心理上的细枝末节，结合了风格上的明白易懂与严谨性，以及他那敏锐的听觉，都是独一无二的。我觉得，就这一点而言，他对于新歌剧的制作毫无兴趣真是太可惜了。我希望他能改变想法，因为他的天赋曾经给予我们这样多的贡献。

自1981年以来我在拜罗伊特度过的这些年，当它成为我音乐活动的中心部分之后，给予我后来在柏林的工作以非常积极的影响。拜罗伊特给予我学习音乐、乐池与舞台之间的关系，以及它本身的机构。拜罗伊特有一位熟练的领导沃尔夫冈·瓦格纳，对于音乐节各方面有一个总体的看法，从小卖部的清洁工，到最重要的歌唱家与舞台设计者。在这里我学到了一个歌剧剧组里不同的人们都要参与投入的必要性。

当席洛于1981年离开拜罗伊特的《特里斯坦与伊索尔德》筹备工作时，我很高兴有波奈尔来接管。这是我的《特里斯坦与伊索尔德》的第二次制作。第一次是在柏林德意志国立歌剧院与弗莱德里奇，而波奈尔有着完全不同的美学观与聚焦点。他们俩相互之间是如此敬重对方，我记得波奈尔到柏林来观看弗莱德里奇的彩排，而在第一幕之后他就离去了，因为他发觉它是如此兴趣盎然，调和一致，并且如此机智，他不想自己受影响。那是他可以对弗莱德里奇给予的最大恭维。

让我非常伤心的是，当我知道席洛再次取消了在拜罗伊特的《特里斯坦与伊索尔德》，这次是1993年，具体的理由我并不清楚。找人代替他很难，尤其这是第二次，在同一部歌剧，同一地方！就在这时，我在巴士底剧院时没有直接联系过的缪勒出现了。他是来准备与布列兹一起写一部歌剧，我对他的为人与写作很熟悉，让一个如此伟大的诗人来导演《伊索尔德》的想法涌上我心头，因为我想他或许会给这部作品带来某种新东西。能指挥的作曲家（即使是并非天才的作曲家）与能作曲的指挥家，总是能将一些独特的要素带到指挥中。像富特文格勒与克伦佩勒这样的艺术家，他俩都作过曲，当他们指挥时有一种特殊的力量。我觉得缪勒，他创作了许多有意思的剧本，对于《特里斯坦与伊索尔德》会有一种与众不同的视角。

1990年春，我在前东柏林会见了缪勒，探问他是否能接手在拜罗伊特的《特里斯坦与伊索尔德》。一开始他以为我疯了，因为他从无导演歌剧的经验，并且对于音乐特别是瓦格纳所知甚少。然而这个主意挑起了他的兴趣。在与沃尔夫冈·瓦格纳商讨之后，他答应在拜罗伊特导演这部歌剧。当第一次公演即将临近时，使我惊奇的是，他比我想象的更擅长于视觉形象。他与布景设计者汪达（Erich Wonder）一起，把这部乐剧的幽闭恐怖症式的特性，提升到一个引人注目的高度。第一幕尤其予人难忘的经验，因为人们对那种沉重压抑的场面，几乎是感同身受。以一种我从未见过的方式，缪勒的逼真的细节给人一种无路可逃的印象，恰如在总谱中无法回避那些半音阶和声一样，这本身就是一个由不完全解决的变音体系组成的音乐迷宫。

缪勒在排练时，与歌唱演员相处得有些困难，因为他不能，或者不愿意给予他们期望一个舞台导演所应给予的指点。他有两位优秀的主角米勒与耶路撒冷，他们都是第一次任这角色。尽管有这些情况，演出达到了极高的水平。最终，尽管有着许多不确定性，但两位主角和缪勒极具创意的制作使得那次演出现在已经成为一种传奇。

缪勒表现得特别的强硬与愤世嫉俗，虽然他其实并非那样的人。他不喜欢流露哪怕一点温和与同情，我一直弄不懂为何如此。他有一颗赤子之心，从不会故作姿态。也从不顾虑别人如何看他，而且完全不修边幅。他只专注于事情的本质，不管那是歌剧或者戏剧，还是他的个人生活。这是一种非常吸引人的品性，与我所记得的克伦佩勒的特点很相同。我不仅欣赏他，而且与他更为接近，从各方面来讲，他成为我在柏林的最好朋友，我们的关系很轻松，因为我们都很喜爱古巴雪茄，而且喜欢通宵达旦地闲聊！

当1996年在拜罗伊特就新的《名歌手》进行首次讨论时，我在此前已经在那儿指挥过两次《特里斯坦与伊索尔德》《指环》和《帕西法尔》。我当然也想指挥《名歌手》，并准备以后在柏林也上演这部歌剧。我决定在拜罗伊特指挥《名歌手》，是因为就如《特里斯坦与伊索尔德》与《指环》一般，我有机会发现以前从未演过这部作品的新一代歌手。沃尔夫冈·瓦格纳要自己导演这部歌剧，他以前曾两次导演过这部作品，而我告诉他，找一批新的演员班底是完全必要的，否则就没有必要再次上演。他同意了，我们找了一批歌手，对他们而言，这是全新的角色，有些人甚至是第一次接触瓦格纳。

罗伯特·荷尔（Robert Holl，1947年－ ，德国男中低音歌唱家——译注）作为一名独唱音乐会歌唱家已经相当著名，我挑选他演萨克斯一角。我相信以他的聪明才智、他的声音，以及对歌词的表达能力和对剧本的领悟，对于这一角色都是一种优势。我也很喜欢这样的主意，就是让一位对艺术歌曲富有经验的人来演唱萨克斯，因为在歌剧中，萨克斯一半是诗人，一半是鞋匠。安德列斯·施密特（Andreas Schmit，1956年－ ，德国男低音歌唱家——译注）对于艺术歌曲也极有经验，被选为贝克梅塞尔一角，对于他也是完全是新的尝试。彼得·席弗特演施托尔岑（男高音，骑士一角——译注），而蕾尼·弗莱明，她是第一次唱瓦格纳，饰爱娃。这股新鲜血液结合了沃尔夫冈·瓦格纳对于这部作品的驾轻就熟，给整部制作带入一种令人信服的效果。我不知道世界上还有谁比沃尔夫冈·瓦格纳更理解《名歌手》，因为这部作品就好像他自己及他家族本身的故事。

过去许多年来，我越来越相信，瓦格纳的创作对任何指挥都是必不可少的。每一种表现因素在瓦格纳音乐中都达到了极致。因此，如果一位指挥将自己专注于瓦格纳，以一种融会贯通的方法，不仅是研究他的总谱，而且真的尝试观察每一种表现因素，就能学得他所需要的几乎所有不同音乐风格的精义。然后我们可以得出必要的结论：关于风格、分句、奏法，关于整幕歌剧的建构，例如莫扎特。瓦格纳与莫扎特，对任何音乐家的发展是一种基础，特别是指挥家。

《指环》是我在1980年代末期音乐活动与思考的中心。1988年我花了四个半月在拜罗伊特，为整套《指环》的首演排练，接下来的几年，我每一演出季在那儿呆上三个月，做准备和指挥《指环》直至1992年结束。这不仅是大量的时间，而且工作极度紧张，使它成为我生涯中的中心事件。许多评论家认为，自首演以来，《指环》有了极大的改善。制作本身基本上改变不大，改变的是演员的阵容，他们基本上是一群没有名气或是第一次担任那些角色的演员，从此在瓦格纳舞台上占了主导地位。

我从未想过要主动离开拜罗伊特，但事物有它自己的演变进程。在1997年，我决定要在2000年夏季回到阿根廷，因为我在1950年8月19日在布宜诺斯艾利斯开了我第一场钢琴独奏会。在2000年8月19日回到布宜诺斯艾利斯开一场音乐会，带有一种略微怀旧感伤的心情。我宁可去五十年前的同一个音乐厅，可是那个很小的厅已不再存在。因此，音乐会就改在科隆剧院。我将我的感受告诉沃尔夫冈·瓦格纳，他完全理解这点。我开玩笑地告诉他，就像一个罪犯，我必须回到犯罪现场。他愿意在我离开时找别人替代指挥《名歌手》。但是，当我们考虑人选时，与其说是很快不如说是很清楚地发现，这一年请别人来指挥，等我第二年再回来指挥的想法是不实际的。在2000年与2001年由同一位指挥来演出更加可行。因此离开的决定仅仅是出于时间和原因的关系。

十五

今日以色列

1989年11月柏林墙的倒塌，对于包括以色列在内的不同国家的许多事件产生了意义深远的影响。对我来说，柏林墙不仅是一个实体上的分界线，这是两个世界并存的象征：好的与差的，进步的与倒退的。很显然，每一方都以对立的观点来看对方：西方看见的是受苏联影响的邪恶帝国，反之亦然。当柏林墙倒塌之时，有一种对于未来的极大的乐观情绪——没有了疆界、没有了被禁止的地域，也没有了被禁锢的思想。

然而我想它将许多人抛入了漂浮不定的状态，因为不再有一种可以跟随的意识形态，也不再有一种体制会主动或被动地宣称可以为任何一方提供答案。人们面对过去发生的一切事情失去了真切的认识，不知道哪些是需要为将来保留的，哪些是应该抛弃的。从这一点上来说，对于1989年11月的事件的反响，比人们所期待的积极意义要少许多。你享有的自由越多，你的责任就越大。人们现在体验到一种不受反对的自由，这种状况要求人能够全然积极地思考与行动。以前所有用来批评与斗争对方的时间与精力，现在突然被释放而另作它用了。

我怀疑这一切真的发生过。

这使我记起早在1967年当我二十五岁时的一个想法。以色列与巴勒斯坦之间谈判的关键问题，是巴勒斯坦居民的解决方案。1967年战争之后的结果，在某些方面与柏林墙破之后的情形有些相似。两者都被兴高采烈的情绪所支配。在以色列方面，是相信在以军的胜利之后，就会有某种和平的解决方案，而并没有认真考虑过对方的要求。而当1989年11月，东德居民穿越边界时，受到了展开双臂的欢迎，每人还领到一百马克的钱。一年之后，德国两边的情形显然没有改善，诸多问题就浮现出来了。欢喜之后经常陷入深深的失望，这种情形确实都在两国发生过。

至于提到以巴之间的谈判与和平进程，对我而言，很清楚地，其速度远远跟不上内容实质，就像我将它与一部音乐作品来比较一样。一个快板乐章应该多快，或一个慢乐章可以慢到多少，其中当然有一定的伸缩性，但如果你将一个快乐章奏得像慢板一样慢，加上一些间息，其音乐内容就不能表达出来。内容与速度的关系，即空间与时间关系的一种变异，是一种古老的概念，瓦格纳也面对过它，已经不再起作用。甚至不用强调哪一种因素是对的，这种和平进程要求一种快得多的速度。我们遇到的问题，与将一个乐章演奏得慢于它的最低速度一样，其内容支离破碎。

中东和平进程始于1991年。依我的观点，以色列国有两个截然不同的阶段：一个是从建国直到1967年为止，另一个则始于1967年。1967年之后的问题随着时间推延而更加恶化，造成了更多的仇恨、挫折，逐步上升的紧张。我相信拉宾（Yitzhak Rabin，1922–1995年，以色列前总理——译注）改变了他的初衷，并且愿意讨论一个公正的提案。不管是由于他动了心脏手术，或者是因为悲剧的发生，不可改变的事实是，他想要与巴勒斯坦人达成一个可行的解决方案。不幸的是，1995年在拉宾悲剧性地被刺杀之后，以色列只能由一个完全不同的政府来统辖。而一位以色列总理死于自己同胞之手是不能被忘却的，这一点根本地改变了直到那时为止人们认为以色列人团结一致的看法。

我相信以色列现在比任何时候都更需要一位有远见有胆识的领导人，一位能够完成在许多方面使许多以色列人感到痛苦的解决方案，但是对于维持以色列在中东的存在是全然必须的。我不能确定，为了确保以色列的持续存在，何种地理条件是必要的？但有一点是肯定的：对以色列来说，唯一持久与真正的安全，是被它的阿拉伯邻国所接受。从长远来说，军队的威力或战略上的优势都无法替代这点。

两方面的情况造成了这种政治上的悲剧性境遇：1940年代末期犹太人与阿拉伯人同时发生的民族主义的觉醒，伴随着双方在持续五十多年中的错误与短视。这种同步发生与后来并发的情况造成了悲剧。你在音乐中看到同样的情形，当一个和弦持续的同时，音乐却在横向地进行。经历了这么长时间的冲突之后，现在需要的是一种成熟的接受事实的态度。双方必须承认是何种缘由给这么多人带来了痛苦。

困难在于这一事实，即犹太人现在需要全然改变他如何看待他自己，那是与1942年、1948年或者1967年时完全不同的。1950年代时，我以一个孩童或者至多是一个青年的眼光来看以色列的人口组成，我看到的是遭受过各种迫害的幸存者的混合体：从集中营和沙俄大屠杀中的生还者，他们掺和了过去的苦楚与对未来的强烈的理想主义来到巴勒斯坦。而在1967年之后，许多移民是从他们的国家里逃出来的，而且他们没有什么理想主义的色彩。以色列立国初期，许多从别国来的移民并非是受迫害的犹太人，许多是从拉美的乌拉圭、阿根廷与巴西飞过来的；1967年之后的移民多半从苏联来，他们是担心苏联的终结而逃出来。而他们唯一的机会是去以色列。

我已经很多年没有在以色列居住了。我回以色列去的主要原因是探望我那患了帕金森病的父亲，这是一种使人很痛苦的病症，对他来说更悲惨的是，药物治疗极大地改变了他的性格。他以前一直是充满求知欲，心胸开阔与受人欢迎的，年老以后却变得乖僻与孤独。这让我特别伤心，因为他不仅是我父亲，而且是我生活中我所从事一切活动的原动力。让我对今天的以色列的社会发表观感；或作一个确切的描述是很难的，因为我离开了这么久。当我在1960年代生活在那里时，我从里面观察所有事情。而我现在是从外面来看，因此这不是一种公正的比较。我无论如何不相信，在1948年到1967年及1967年之后的这两大移民群能够融合。1970年代从苏联过来的移民对国家的打击很严重。这就好像以色列国在肌体上被注射了一针，因而对于与巴勒斯坦的关系产生了可疑的作用。

要详细说明犹太人是什么样的人，或者应该是怎样的人，是相当困难的，对阿拉伯人来说也是同样。如果我在1990年代是一位巴勒斯坦的谈判者，我会问我的以色列同行：世俗的（非宗教的）犹太人与非犹太的世人之间有何不同？直到以色列国创立为止，犹太人或者是被评价得很高，例如犹太艺术家、科学家，被接受的还有犹太知识分子的思想，或者是反犹主义的观点。因此就不需要自我定位了。无论如何，最大的区别是现在有了以色列国。一个犹太人走在2001年柏林的街道上，是与一个犹太人在1940年走在同样的街道上不同的，那时候一个反犹主义的腔调可以成为巨大的恐惧。现在我有我自己的国家，那就是以色列。现在我可以说：反犹主义者，我们来讨论这个，或者我们没有什么可谈的。这就是问题的实质，这造成了极大的差别。

我想界定一个世俗犹太人的最自然的方法，是以历史与哲学的层面来看。事实是，犹太人的传统是在一个封闭的社会中形成的，不管它是否是一个少数民族组成的社会。我认为这种传统需要更加开放，以便找出一个答案，即如何在一个非犹太人，而不是只有犹太人的世界中生存。如果我们自己不能理解自己的话，想要别人理解我们就太难了。

这种改变，对我们自己是全然必要的。某些犹太人的价值观念是犹太历史与传统的一部分，不管我们生活在何处或何种条件，都是存在的。而有些则与一定的时间与地点有关连。我相信，也许我们没有足够地去区分两者之间的差别。这是为何在以色列上演瓦格纳与巴勒斯坦问题之间有一种关系，因为，欧洲的音乐使我们想起了我们的犹太意识，但是，那跟我们目前的情况一点关系也没有。反犹主义的危险始终是存在的，但是这也与我们自身的解放有联系，这并不是否认大屠杀的重要性，或是幸存者的苦楚。除非我们能做到这点，否则我们就不能以现实的态度，来与阿拉伯人相处，因为他们只看见目前的情况——他们看到以色列空军的力量与军队的威力，他们不相信在以色列人之中有多少恐惧。

因此，一种象征性的姿态是完全必须的。我认为对以色列总理来说，做出和解的姿态，承认错误，是最基本的一点，因为他所代表的国家是强大而有效的。另一方面，由于巴勒斯坦看不到接受以色列作为一个单独的实体的必要性，造成了许多的痛苦，而且将他们自己处于这样一种地位，即1948年时他们不允许自己接受的巴勒斯坦分割的条款，现在却改变了态度愿意接受。我比任何时候都更加确信，期待与巴勒斯坦建立一种意识形态的和平是不可能的。他们会一直认为他们民族的热望（或可译作“愿景”，下同）不被尊重，因为他们与犹太人的民族热望是完全矛盾的。唯一的希望是混合了两种要素的务实的和平：第一是精神上的，我们民族上的热望已在1948年得到实现而他们还没有，第二是现实的，我们在这儿，他们也在这儿，因此我们必须学会共享有限的地理空间。几世纪来古老的犹太人的聪明传统，必须给予我们一种发现解决方案的灵感，对于犹太民族与巴勒斯坦民族都是光荣的、尊严的和安全的。

我已经间接地提到过和平进程的速度，跟不上世事的发展这一事实。音乐上有另一种相似的情况你可以比较，即当你想要达到一个乐曲的高潮时，你可以有许多表现手法。其中之一是加速，另一种是渐强。如果你使这两者以均衡的比例相结合，你在高点上会达到一个爆发点。我想和平进程恰恰需要这点。最终的目标是在那儿，这里那里有一些加速，然后有些渐强，但是却缺乏那种必要的结合。

以色列是一个民主国家，所以人们有不同的见解。有些人不惜任何代价要得到和平，有些人完全不想要和平，也谈不上什么代价，还有人要一定条件下的和平。我没有觉得我在阿拉伯那边听到过相同的情形，或许是因为那里的社会还不怎么民主。

问题在冷战时期就开始了。有两种制度：一种是民主的，从西方世界你可以听到各种不同的争论，另一种是极权的，那里只有一种声音。我知道以色列有许多人，他们从心底里想要和平共处。我希望在阿拉伯世界也有同样多的人希望和平，人们应该不只是从短期的战略上的角度来看问题，而是以长远的眼光来看问题。我确信一个和平的中东，那是我们梦寐以求的，不仅会给我们这个地区，而且会让整个世界在科学技术、艺术哲学诸方面迈进一个富饶的二十一世纪。我现在就像多年前一样，也许更确信这一点。达到这一目标，需要双方最大的理解与宽容，不仅理解与宽容对方，并且愿意更新自身的想法与愿望。整个和平进程要求人们不单要考虑对方，而且还有他们自己。

世俗的犹太人是怎样的？这一直是个重要问题，现在比任何时候都更重要，因为我们要与我们的非犹太人邻居生活在一起。根据人口统计学的法则，显示在以色列居住的巴勒斯坦人口的比例将会上升。他们会成为实质上的少数民族，而且他们应该享有与犹太公民同样的一等公民的条件。因此，关于犹太人“是”怎样的人的定义非常重要。

困难来源于这一事实，即作为一个犹太人，是同时作为民族、国家与宗教的一分子。如果只从宗教的定义去看一个犹太人，是简单的但也是有限制的。如果把犹太人限定于一种宗教的存在，我是不相信这一点的，而且那样就不需要有一个犹太人的国家。

十六

魏玛

在魏玛被提名为1999年欧洲文化首都之后，魏玛市的文化总监伯恩德·考夫曼与我在1998年坐到一起，于是，为来自中东和德国的青年音乐家设立一个夏季工作坊的构想就诞生了。考夫曼，一位很有风度的绅士，原本他来找我，是想要我将音乐节目带到魏玛的庆祝活动中去，我告诉他，因为我夏季仍然在拜罗伊特，这对我很难。实际上，他建议我只举行两场音乐会，我对此并不很感兴趣，但是他一直坚持，后来他告诉了我，他怎么会有这个想法的。

考夫曼想要这档音乐节目以勃拉姆斯的《安魂曲》开场，歌词选自《旧约全书》与《新约全书》，他又想以一种喜庆的节目来压轴，例如贝多芬的《第九交响曲》。在他心目中，魏玛代表了德国历史上最好与最坏的两面——魏玛最好的一面，当然是它有着歌德与席勒的故居，以及巴赫与李斯特活动的中心所形成的无限丰富的文化与音乐的历史传统。而另一方面，离它只有几公里之遥的附近的布痕瓦尔德（Buchenwald）集中营，则是德国历史中最黑暗的一面，代表了另一个极端。他谈得越多，也就使我越加相信他对这个设想的诚意与执

上、下： 1999年，我在“东西音乐家工作坊”

着，因而使我对魏玛这个项目更感兴趣。

与考夫曼的商讨使我想起了我在1950年代时在以色列的童年。本·古里安与康拉德·阿登纳（Konrad Adenauer，1876－1967年，德国首相——译注）讨论过赔偿问题，德文称为“重结旧好”，即给某人以某些补偿。试图不提及集体的犯罪，是不可能对已发生过的事情作出偿还与弥补的。德国今日可以与犹太人“重修旧好”的捷径，是对犹太人助一臂之力。而要做到这一点，最好的帮助，是让犹太人解决他们的主要问题：与阿拉伯人，特别是与巴勒斯坦人共存。

让中东的青年音乐家有一个工作坊，作为东道主的德国，对双方都提供了最慷慨的帮助，让以色列人与阿拉伯人走到了一起。选择魏玛，由于它在文化事务上重要的象征性，以及它靠近布痕瓦尔德集中营，使它成为了一个工作坊地址的必然选择。让我们面对这一事实：这个工作坊不可能在以色列的任何地区，或者阿拉伯的任何一个国家。我们需要一个中立区，而那是没有比德国更好的地方了，三百年来，那儿产生了这么多伟大的音乐作品。它在音乐史上的重要性，基本上没有其他国家可以与之相比的，它将会自然而然地吸引以色列与阿拉伯两边的音乐家到德国去经历一种音乐的体验。

我在魏玛的目的，完全是非政治性的，我不希望任何人因为他或她的政治观念而被排除在外。我从来没有与参加者讨论中东的政治问题。我的出发点很简单：中东的状态不能继续像现在一样地不确定，它只能向更好或更坏的方向发展。如果它变好了，那就意味着在中东，可以在同情的基础上有某种共存的关系。如果它更坏了，那就意味着会有一场可怕的中东战争。

我想音乐可以提供一种奇妙的方式将人们集合在一块，因为你不可能是一个冷漠的音乐家，音乐需要激情的投入与承诺。我的基本设想是，每一位到魏玛来的音乐家会深入地关注音乐。无论你从以色列来，还是从巴勒斯坦来，或者你是犹太人还是阿拉伯人并不重要。在魏玛，一个以色列人和一个阿拉伯人可以完全不了解对方，甚至彼此仇视，但他们将会合用一个谱架，演奏同一个音符，以同样的力度，同样的弓法，同样的揉弦音来演奏。在乐队中，你只能根据你的邻座来调整自己。

对于工作坊的许多参与者来说，这是他们第一次有机会与来自“那一边”的某些人，一起做一些具有积极意义的事情。我被这样一种想法所驱使，即如果这些年轻人现在能够互相接触，对于未来将会是一个充满希望的征兆。如果情况好转，就像我们都希望的那样，和平出现在这个地区，那么，他们在此之前就有这种机会当然有益。如果——但愿不会发生，有一场可怕的战争，他们至少也有过一些使他们的生活更为丰富的经验。而且他们也将看到，以一种全然开放的胸怀在某些领域合作的可能性。

征募音乐家的过程之复杂，作为这一特别任务的一环，是可以想象得到的。正常的情况，应该是通过官方渠道或各个大使馆，但是我宁可让在魏玛的人直接接触来自不同音乐学院的人。我知道在大马士革有一个音乐学院，因为在1966年我碰巧见过那里的院长。使我大为惊喜的是，三十三年之后，我发现他仍然在那里！我也知道在开罗有两支乐队，我设想那里应该也有音乐学院。我们委托歌德协会调查其他学院，例如安曼和贝鲁特，然后请青年音乐家寄录像带与录音带来。我也与伦敦、纽约及其他城市的音乐学院联系，询问那里有没有从以色列和阿拉伯国家来的学生，或许有人会有兴趣来。

当我收到录音带时，我为它们的水平之高而惊讶。我们预期会有许多年轻优秀的以色列音乐家，但我们对阿拉伯国家的音乐生活所知甚少，当我看到有这么多来自埃及、黎巴嫩、叙利亚及巴勒斯坦的天才音乐家时，我是格外地惊喜。

整个工作量是巨大的。塞巴斯蒂安·维格尔，我以前的助理，现在任德国国家歌剧院的合唱队长，听了所有的录音带，并进行了初选。然后他与我一起决定最终人选，组织现场试听。因为不想对阿拉伯人口惠而不实，我决定在听完阿拉伯人之前，不听任何以色列人，这样我们可以知道水平如何。结果，最好水平的阿拉伯音乐家与以色列音乐家人数相同，较差的以色列人，比较差的阿拉伯人要好些，看来以色列的基础高一些，但是顶尖级的人很接近。最后，我们挑选了一位以色列人和一位黎巴嫩人担任第一小提琴的第一排，埃及人和以色列人坐大提琴的第一排。我们有许多年轻人，以热情来弥补经验的不足，但这并不使我操心。

对我来说，重要的是在魏玛请到最高水平的师资力量，为此我邀请了芝加哥乐团、柏林德意志国立歌剧院及柏林爱乐的成员来辅导。再早一些时候，我也问过马友友，他表示很有兴趣，而且立即答允参加这一项目。当我们在1999年7月都抵达魏玛之后，我们开始分组练习，一个星期之后，我们将乐队合成。另外，我们还将不同民族的队员组成了室内乐组。我还请来了年轻的指挥与钢琴家。我们一天排练两次，中间穿插室内乐辅导与个别练习。音乐家的练习时间不受限制，看到他们有时练习至深更半夜，感觉真棒。

老师们，马友友及我分别辅导那些青年音乐家。马友友给他们上大提琴课及室内乐。主要的想法并不是要创立一个国际上最好的青年

2000年9月，我在芝加哥与马友友

乐团，因为已经有了几个出色的青年乐团，而是为了一起演奏音乐。对我来说，重要的是来自于中东地区的音乐家走到一起，有这么多人来，真使人惊奇。年龄的上限是二十五岁。乐队由七十八位音乐家组成，三十一个阿拉伯人，三十二个以色列人，其余的是德国人，大部分人有奖学金。魏玛当局找到了一处寄宿学校，就在近郊，是一个有着宿舍、餐厅、阳台、乒乓球室和许多练习室，及一个排练厅的漂亮地方。自然地，开始时参与者有些拘谨，但很快气氛就变得友好而开放，充满了好奇心。

我知道有人怀疑工作坊将来能否持续下去，尽管有些人认为那是极好的事情，但他们觉得，他们在与世隔绝地一起生活了一段时间之后，还是要回到现实中去。其他人则将它想象成一种新现实的开端。我见到各种各样的感受。但是结果，在以后的几个夏季，我们做到了将工作坊延续下去，2000年再次在魏玛，2001年在芝加哥。看到有些音乐家每年都重返工作坊，令我感到很有成就感。

对我而言，媒体的不介入一直是很重要的。我想尽可能地尊重音乐家们个人与集体的需要，而不是利用他们来吸引媒体的注意。当这一项目公开之时，新闻界表示了极大的兴趣，但让我挡住了。由于不清楚那些青年音乐家的反应，这一决定是正确的，在此后的几年内，情况则变得更为公开。

马友友是位极其重要与特殊的合作者。我邀请他来的动机，是想有一位杰出的弦乐演奏家，来确保乐队中弦乐组的质量。马友友不仅是一位神奇的大提琴家与音乐家，而且是一位全力与其他音乐家和公众交流的热心人。在某些方面，因为他的中国背景，他自己也是一位非欧洲的音乐家，他对以色列人与阿拉伯人都平等相待。在他事业的早期，他必须从一个完全不同的传统，完成对欧洲音乐的蜕变，他把这种经验过程与工作坊的大部分参与者分享。他的在场也证明了这一事实：虽然你可以说这是典型的德国音色，那是典型的法国音色，或者瓦格纳代表德国音乐，而德彪西代表法国音乐，但这并不表明一位非德国或非法国籍的音乐家就不能以同样的方式来领悟他们的音乐。想象一下我们做了什么——一大批非德国的不同族裔的音乐家凑在一块，演奏的主要是德国音乐！

让我回头再解释我的观点。当你观察1930年代的德国时，你看到在那种文化，及那个可怕的时期中，并没有包括在德国音乐中寻求所谓典型的“德国式”。只有当有些人说，“仅仅德国人才可以表达德国音乐”时，其中的法西斯因素才浮现出来。这一点很重要，因为这里提出了一个乐团是否有必要保存它的民族特性的声音问题。这是一个很受限制的观点，因为问题的提法不应该是：“是否只有一个法国乐团可以听起来法国化，而其他乐团不可能试图达到这一点？”应该的提法是，是否每一个乐团都有可能发出完全法国式或德国式或俄国式的声音，而不是所有的乐团都只有它自己的民族特点，或者听起来全部一样。我注意到，今天的乐队听起来常常相似。其原因并不是因为他们的民族性，而是演奏员与指挥缺乏探索精神。马友友与那些青年音乐家，在这里有一个非常强烈的共同点：他们都是以非欧洲人的身份演奏欧洲音乐，而他对工作坊的贡献是非凡的。

爱德华·萨伊德（Edward Said，1935–2003年，美籍巴勒斯坦裔学者、教授、文学批评家和音乐批评家——译注）1999年在魏玛担任主要角色。我们在伦敦不期而遇，当时我正在一家旅馆登记。他拿着我的一本书走来，说了一些恭维话，他说他对于所读过的东西非常喜欢。我们开始交谈，很快就建立了密切的关系。在伦敦的几天之中我们难舍难分，他从此成为我在许多方面最亲切的朋友。

萨伊德是一位非凡的智者。我发现他是一位真正的文艺复兴时期式的人物，他对于文学、音乐和哲学的学识当下无人能及。他对各学科之间的融会贯通和他的智性，吸引我走近他，因为他能看到音乐、文学与科学之间的相似处，并且不局限于一种学科。我希望，我能有更多的时间与他一起在以色列演讲与教学。他是所有巴勒斯坦人之中，特别是知识分子之中，以色列民众最应一见的人。

对别人的无知永远会导致误解。许多以色列人仍然认为巴勒斯坦人是软弱的、愚昧的和没有文化的。如果他们遇见一位巴勒斯坦人，他能告诉他们有关笛卡尔、瓦格纳和布列兹，或者关于中东的概况、特兰西瓦尼亚[①]、丝绸之路、中国历史，他们将会因为这种渊博而瞠目结舌，他们将见识到巴勒斯坦民族天才中的最佳典范。某种程度上，有一种公认的说法，说犹太人拥有所谓的与人口不成比例的知识分子与聪明人。与爱德华·萨伊德这样的人物相遇，使你体会到，巴勒斯坦人与犹太人要比彼此想象的更为接近。

在魏玛，萨伊德会使阿拉伯青年音乐家有这样一种感觉，即他是他们之中的一员，同时他又在许多领域引导他们。他就歌德和东西方冲突问题举办了精彩的演讲，而且在一个小时之内，他甚至不用劝说，就使得来自阿拉伯、以色列及德国的七十八位年轻人相信，对他们而言，为何去布痕瓦尔德集中营参观是何等重要！他能够做到，没有让德国人感到负疚，没有让以色列人感到不快，也没有让阿拉伯人感到此事与他们不相干。通过他对于《浮士德》的论述，他让我们懂得，我们每个人身上的邪恶会转换成为集体的行为。他让我们看到反犹主义、迫害和对犹太人的种族灭绝是确实的邪恶，而这种邪恶，源自于给了我们贝多芬与歌德的同一民族。这真是令人难忘的。他演讲的第二天，去布痕瓦尔德集中营的旅程就安排好了，除了两位音乐家，所有的人都去了。

最重要的是，青年音乐家们日复一日地练习。起初我们就计划在

---

① 特兰西瓦尼亚（Transylvania）是历史上罗马尼亚西部的一个地区，以特兰西瓦尼亚阿尔卑斯山脉和喀巴阡山脉为边界。 公元107年以后，它是古罗马达西亚省的一部分，后来被日耳曼民族所占领，1003年被匈牙利控制。在后来的几百年里，特兰西瓦尼亚曾被各种政权所控制，二次世界大战以后，它最终成为现代罗马尼亚的一部分。

1999年在巴勒斯坦贝尔泽特，我与爱德华·萨伊德和赛利姆·阿伯德–阿什卡

工作坊结束时举办一场音乐会，曲目包括与马友友合作的舒曼大提琴协奏曲，和贝多芬《第七交响曲》。当我在魏玛教学时，我发现了两位极具天分的钢琴家，一位是犹太人，另一位是巴勒斯坦人，赛·沃斯纳和撒利姆，他们很快成为好友。他们宁可不要我单独指导而喜欢一起演奏，他们开始演奏莫扎特的双钢琴协奏曲，他们配合得非常协调。他们的演奏具有深刻的领悟，对彼此的风格也掌握得很好，分句与音色是格外地相得益彰。我了解他们想要登台公演，因此我们将那部协奏曲的第一乐章加入节目之中。这也是一种象征性的举动，对我们大家

都是一种美妙的机会。他俩后来去芝加哥，在“音乐日”这一特殊的日子与芝加哥乐团合演了整部协奏曲，然后他们在2000年的魏玛与2001年的芝加哥重返工作坊。

我们在晚上举行了小组自由讨论，萨伊德与我旁听，有译员在场帮助，因为不是每一位音乐家的英语都很流利。虽然有许多人只说母语，但我们仍然讨论了多方面的问题。许多话题是纯粹音乐的，有些是由那天萨伊德的演讲引发的，有些是大家并不很感兴趣的个人的经历，有些人谈到个人身份认同，及因各人背景不同的音乐家中有多少共性。

在魏玛有三种身份，加上马友友的中国背景又多了一重。每个人还有另一重身份，那就是欧洲古典音乐家。最终很显然，每个人在今日的世界中都不必只有一种身份背景，这点极为重要。多重的身份背景，只会使人更加具有魅力，并更加受到青睐。

十七

音乐的生命

音乐是什么？它如何自我表达？它的方式非常简单，通过声音，实际上也就是空气（布佐尼说它只是“发声的空气而已”）。音乐不只表达人与人之间的情感，它本身也是人类的一项创造，意在模仿自然最深刻的层面。

时常有人认为，音乐只是表现人与人之间的情感，像爱与恨，尤其是在剧场音乐中。但是在绝对音乐中，特别是在没有歌词的与无标题的音乐中，我们应该知道它也表达一个人内在的自我，他与世界和宇宙的关系。因此音乐也有能力超越感情甚至与感情无关。它经常提供人类关系的一种缩影，因而它具有一种超脱的特性，能够超越一段爱的二重唱中的叙述性，无论这是威尔第、莫扎特或瓦格纳。

音乐始于空也终于空。以这种角度来看，它与一个人、动物或植物的生命相似。生命也是始于空而终于空，而这种空即是——寂静无声。我认为所有的艺术都有某种有机的本性，但是音乐吸引我的地方——这也是我希望一辈子演奏音乐的原因之一——是一种时间性，这与其他艺术是不尽相同的。音乐有一种必然性，它一旦开始运动，它就遵循它自身自然的进程：它持续到它所有的音符演奏完毕为止。在一场音乐会中，一首曲子可能在八点开始，如果它持续了三十五分钟，那就是它生命的全长。一个音乐的表演只存在于当它演奏的时候。你可以思索它，也可以想象它，但是它的实际生命就是这首乐曲的长度。这使得每一次演奏都成为绝无仅有的一次。声音不可能无止境地延续，它终究会变成寂静无声。

音乐于我是生活中的必需。它以某种方式不时地给予我安慰，特别是它使我能够面对死亡，而这种能力并不是每个人天生就具备的。显然，每个人都会偶然想到死亡，甚至会经常想到。有时，一个人没有很多创意或兴致地虚耗了一天，或者只是几个小时，会觉得自己浪费了不再会有的时间。生与死的关系就如声音与寂静之间的关系——音乐开始之前的寂静与结束后的寂静。

对我来说，声音最重要的因素是它开始以前及结束之后的寂静。如果你只将一首乐曲看作是声音的总和，就会洞察到声音中的宇宙本性。我可以感觉当下，并且思考当下，我可以思考与感觉过去，而且我可以对未来有某种预感，但是我无法想起出生以前的记忆，或者预期我死后的感受。然而在音乐中，我可以而且也确实如此做，缺少这个层面我会感到贫乏许多。因此，一方面，我在音乐中看到与自然平行的东西，另一方面，我在其中感到一种自主性。或许选择生活于一种几乎完全自主的状态，可能代表了对生命的某种逃避，但是音乐的这个层面还不是最吸引我的，它还提供我最佳的自我表达方式。我不记得是谁说的，没有比音乐更好的途径去逃避生命，也没有比音乐更好的途径去了解生命。

我不断地思索一个声音开始的方式，以及如何延续它，因为声音

2000年在马德里，我与特蕾莎·贝尔冈萨

的延续性可能是音乐演奏最大的困难之一。一个声音的发生需要某种程度的能量，而且你同时也接触到在它之前的寂静。但是以同一力度延续一个声音，需要更多的能量。这就相当于重力的法则：你把一件物体举在空中所需的能量，比你把它从地上拿起来所需的能量还要多许多。声音的连续性也可以比拟于生命的连续性。你不能停止生命，但是你可以控制你制造出来的声音。因此，生命中没有什么可以相当于身为音乐家的我经由音乐所得到的东西。

当然，生命与音乐之间有一项重大的差别：当生命停止时，就是死亡，而既然我们无法重造生命，死亡就是最终的状态，至少在肉体上是如此。但是音乐是人的创造，因此有可能在音乐中避开死亡。当一首乐曲结束时，在我看来就像是暂时的死亡。你有时可以在乐曲中感觉到可怕的全然的静止，例如，在布鲁克纳《第七交响曲》最后乐章的宏伟高潮中。在这个休止处保持静寂所产生的张力，给我一种暂时死亡的感觉，继之而来的是复苏的能力，再度开始生命，几乎所有休止都是如此。《帕西法尔》的第一个降A音不但依赖这个音的美妙与强度，也在于你由寂静无声中奏出这个音的方式。如果你开始得太强，带了重音，它会产生一种不自然的感觉，几乎令人身体上感觉不安。像布鲁克纳“第七”的那种休止，有一种方法是在它之前营造极为强大的张力，以至在达到强度与音量的绝对顶峰之后，才有寂静。另一种趋近休止的方式需要逐渐减弱声音，让音乐变得如此之弱，接下去只能是静止了。静止可以比最大声还大声，也可以比最弱还弱，就像《特里斯坦与伊索尔德》的序曲。

正是这些特性使音乐成为我生存的要义，而且我试图以这种角度来看待所有形式的声音。举例来说，断奏（staccato）表示演奏一个音

2001年11月在柏林演出《帕西法尔》

符而不让它活完自然生命的全长，因为回响将会太长，因此你就把它缩短。我已经说过，声音有一种倾向，会逐渐消失于无声，除非给予它额外的能量或额外的音量或额外的强度来支持它。断奏是更进一步的阶段，因为音符没有被允许活完自然生命的全长，而是被缩短了。它加速了从有声到无声的自然与必然的过程。这立即影响到其他因素，譬如音量。在一句连奏 (legato) 的乐句中，音符时常连结在一起，然后，突然在中间就出现了一两个较短的音符，你不能以在连奏时同样的音量与强度去演奏这些音符，因为断奏是消失得更快的音符。如果你在一句连奏的乐句中突然发现了一个短促的音符，它必须演奏得比连奏的音符轻些或者响些，绝不能同等音量去演奏。如果你要这个断奏打断旋律线，你要演奏得稍大声点，使得“扼杀”声音的过程戏剧化一些，突然地打断连奏的自然流动。另一种方法，如果你要这个断奏融入整句之中，只制造一瞬间张力稍减的感觉，而不失去连奏乐句的流动性，那你必须将它演奏得较轻些。这正是为什么处理乐句的最后一个音这么重要。如果一个乐句的结束，与前面发生的事或后面将跟随的事毫无关系，我会感到一种近乎生理上的痛苦。一个乐句的最后几个音符，与开始的几个音一样重要。草率地结束乐句就像把氧气放光，因而必须吸气之后才能再继续下去。它的确就是这样真切。生命存在于不断重复的呼吸之中，歌唱家特别了解这一点，因为他的乐器就是他自己的身体。

这些事情不只是具有哲学上的兴趣而已，它们明显地影响到如何演奏音乐以及如何对待声音。人的耳朵对声音有一种“记忆”，举例来说，这正是为什么能有不同种类的断奏方式：厚重的断奏，轻盈的断奏，以及诙谐的断奏。如果奏出一个短音，然后立刻跟着另一个短音（事实上，只要有一连串的短音符），耳朵就会产生一种音乐形态。我想，耳朵的记忆能力常常是被低估了。当一个主题再现时，可能是以稍微不同的形式出现，但是耳朵记得而且认得出它的变形。音乐中没有什么是与其前后内容隔绝的。因此很重要的是，音乐家应观察并检验它所能采用的各种表现方式，但并非很多人这样做，可能是因为他们缺少必要的探索精神，或者因为他们担心理性的分析可能会影响他们的音乐感受或直觉。

我们所有的思想必须当作音乐的一部分来理解，因为音乐就是思想。一堆音符凑在一起不是音乐，因此，音乐不能变成什么，而是有些东西可以变成音乐。一堆音符如果加以组合，使它们之间产生一种关系，那么它们就可以成为音乐。你只能经过思考的过程才能提高对内容的感受。在音乐上正确地运用理性的思考可以给你的直觉带来一种新的冲动，一种新的自由及更广泛的领悟，而更广泛的领悟并不表示较少的直觉。

一位音乐家对一首乐曲的第一反应是直觉式的，即使他试图采取科学与客观的态度。随着他进一步地练习和研究这首作品，他就时常开始担心获得更多的认识，怕这将会破坏他的新鲜感与自发性，以及那种最初的直觉冲动，因为后者对演奏者来说常常是相当诱人，而且也很吸引听众。我的观点恰好相反：我认为人们将理智与感觉相对立，大部分是因为迷信。迷信的想法才会认为你了解音乐越多，你对它的感觉就越少。

要确切地定义一个美妙的声音是不可能的。它可以来自一个单一的乐器，例如小提琴，或者来自于一个乐队。声音的美妙与否，是个人的体验问题，但是声音所带来的乐趣，则具有一种几乎会使人陶醉的特质。一个歌唱家或演奏家很容易将自己满足这种陶醉的能力，当作他唯一的表达方式。你有几种方式可以将声音当作表达的工具：通过强度的变化，或者营造一种与强度和音量完全相当的东西。音乐的表达在于创造出某种声音本身并不具有的东西（声音本身倾向于没入寂静）。只要你持续它，并制造出音量相当的下一个音，你就给了声音一种表达能力，这是它本身原来没有的。人们所谓的美妙声音有一种危险（我宁可称之为声音让人上瘾的特性），那就是这种让人上瘾的特质很容易被误认为是真正的音乐表达。音乐真正的表现只能通过声音的变化，而声音的变化或不变只能在相对于整首乐曲时，才能作为情感表达的手段。

我经常使用自相矛盾（Paradox）这个词。我认为这个词可以帮助我们深入了解音乐，以及我们与音乐的关系。因为只能通过相互对立的特性，我们才能理解事物的本质。如果某个东西的本质是理论性的，就必须转变它，以发现它实用性的各种可能。而如果某件东西显然是实际的，我们就必须思索与推敲它。所有这些互相矛盾之处让我们能感受到一个巨大的整体，其中含有每一种可能性。事实与可能性之间并没有太大差别，只须运用一些头脑就可以将可能性变成事实。在音乐上是绝对如此，而且有时候我希望生活中也是如此。

十八

生活中的音乐

第二次世界大战结束之后，音乐行业有了一种全新的变化。唱片与电视公司开始对于全世界的音乐生活产生了重大的影响。这种音乐“行业”（我希望强调行业这个词）的诞生是来自于音乐的普及化与商业化。

首先，人们花更多的钱在音乐会上（这我称之为商业化），其次，由于音乐重播及录音的进步，使更多人可以接触到音乐（这我称之为普及化）。先是老式的78转唱片，然后随着科技的进步产生了小型的45转唱片，接着就是33转的LP唱片。随着立体声的发展，不可避免地进入CD唱片，我们现在正在跨进视听并举的时代。

同时，音乐家在交响乐团里的工作环境有了改善，社会环境与经济条件两方面都是：音乐季长得多，他们得到比较高的工资及工作保障，而且全年十二个月都领薪水。在1920年代至1930年代，乐团演奏员必须兼职才能勉强有个过得去的生活。他们演奏的地方包括交响乐团、室内乐团、歌剧院、咖啡厅甚至名声不佳的地方。战争结束之后，幸好这种情况不再是必须的了。艺术星探从前必须冒着自己声誉与金

钱受损的风险来发掘、鼓励和推销艺术家，现在逐渐移交给经纪人，后者全心地代表艺术家，并且分享他们的收入。

我们无法改变业已发生的变化，而且现有的一切我们大部分也的确需要。但是经理或经纪人应该更努力地改善音乐生活的品质。现在我们的处境，在一定程度上有受人摆布与大批制造的现象（这是商业利益所必须的），我只能将此比作一次瘟疫。我想经理人和唱片公司能提供的唯一有建设性的积极贡献，是创造真正的合作关系，而不是单纯地签合约，把艺术家当作商品来推销。没有一个音乐家喜欢将经理或唱片公司看作他的老板。如果这些经理人的品位和知识能够提高，如果他们具有真正的合作关系所需的才干，那么他们自己以及艺术家和公众也将获益。

一位艺术家不仅要与同行竞争，也要和他自己竞争。在唱片发明之前，每当一位演奏家在同一个城市中演奏，他就必须与上次自己的演奏作比较。现在，他还必须与他已经发行的唱片作比较。

音乐里没有什么是一成不变或凝固的。你不能演奏一首贝多芬奏鸣曲，然后把它存入银行或冰箱里，指望下次将它在同样状况下把它取出来。一次演奏只存在于演奏的当时当地。

录音的地点经常具有混响丰富的音效，像是教堂或空无一人的音乐厅里，这当然也反映在音乐中。我们不能期望每一位拥有唱机的爱乐者都能在客厅里得到同样的音效，而且每一位音乐家都会告诉你，他在一个充满混响的场所，与在一个音响干涩的场所里所做的演奏是不同的，甚至速度与力度都与演奏的场地有关。因此，一个录音只能作为某一次演奏的记录，并不具有永恒性。

在CD到来之前，录音室所制造的声音并不能重现我们希望的效果，但是CD现在已经朝此方向迈进许多。虽然如此，但一场演奏的目的并不在于永久保存，而且又有这些音效上的因素，使得录音在艺术层面上是次等的，这就有些像一幅画的真迹与它的复制品。但是，也有一些录音是由过去的大师所录制，我们已经不可能再听到这些大师的现场，这些录音当然就具有历史与艺术上的重要性。

事实是，当你录音时，你可以随意停下来再开始，或者一小段一小段地录，不需要苦心经营一个完整的诠释，也不需要演奏全曲的持久体力，这就多少自动"伪造"了这个演奏。我曾试图抗拒这种情况，我试着每次尽可能地录一长段，但是你不可能忘记你可以停下来再开始的事实。还有就是音量问题，特别是在与独奏者合作协奏曲或与歌唱家合作时，音量大部分是由话筒控制的，根本不可能制造现场效果。我想这是为什么有些音乐家能够有成功的录音事业，然而他们在音乐厅里却未能如此成功的原因。

现在，欣赏音乐的人至少几百万。在唱机发明以前，音乐爱好者只能满足于在他们家里以四手联弹的改编曲来演奏贝多芬的交响曲。然而，这表明他们确实主动地接触音乐，他们不只是被动的聆听者。因此，他们对音乐的实际知识有更多认识。听众的数目现在多得多，但是从前他们所具有的知识却比较丰富，而且，以前人们都能读谱，这种能力今天几乎已经完全消失了。但愿教育机构知道教孩子读谱是多么容易，而且多么必要，他们的生命会因此而丰富多彩，无论长大成人之后成为演奏者还是听众。

如果你看一下指挥专业从十九世纪初到二十世纪末的发展，你会发现把指挥当作单一全职的职业，是最近才有的发明。在莫扎特时代，是由小提琴首席指挥乐队。十九世纪的指挥（李斯特、瓦格纳、门德尔松、舒曼）大多是作曲家，而且有时候是作曲家兼器乐家。较晚的例子是富特文格勒和克伦佩勒，他们俩都希望被视为兼指挥的作曲家，而不是兼作曲的指挥家。今天所演奏的大部分曲目都是在指挥成为一项独立的音乐活动之前所谱写的，这表明今日指挥家这一新角色，是因社会的需要，而不是艺术的需要而产生的。

我们都被统计数字所蒙蔽。现在音乐会多得多了，管弦乐团必须全年都有演出，人们希望除了冬天之外，夏天也能听到音乐会。从前的情况并非如此，因此，现在需要较多的人来提供这种称作音乐会的社交场合，虽然演奏曲目并未随之而增多。除了一些例外，过去五十年来所写的音乐不幸并未成为常规的演出曲目。我们越来越发现目前演奏的只有那些五十年前写的同样曲子。我不敢说我们演奏得更好，虽然乐队的技巧确实进步许多，具有更多的可塑性，掌握作品也更快。较长的音乐季并非音乐上的需要，这是因为较多的人可以听到音乐会，人们随时可以得到音乐，而且并不总是最好水平的音乐，这也表明有较多的人演奏和歌唱，需要较多的独奏家、器乐家和歌唱家。

尝试解决这个问题的办法是举办比赛。过去欧洲每年大约至少有四五个主要钢琴大赛。除了少数之外，它们都选出第一、第二与第三名。这表示，在十年内（例如从1950年到1960年），一定有至少五十名钢琴尖子出现。那些人今天在哪里？其中有些人有过短暂而成功的事业，其他人则根本没有过。因为竞赛的原则违反了音乐最基本的性质，也违反了一位艺术家所需要的音乐与人格的发展。常常，当年轻而无疑有天分的音乐家赢了比赛之后，总有一家或多家唱片公司等在一边送上合同。这正是问题的根子。刚刚赢得大赛的年轻音乐家并没有足够的曲目来录制一张又一张的唱片，但是如果他想维持他的知名度，他就必须这样做，虽然他可能没有足够的经验或精力来不断地制作录音。经济的利益终于变得无比重要（它与日俱增），大量的精力与金钱已经投入在一位艺术家身上，就像投资在化妆品或食品上，于是艺术家的价值和真正的重要性都受到他背后的推销行为的操纵。

在看电视的时候，我要是看到食物的广告，时常我就会感觉到我嘴里的唾液，想要尝尝广告里的东西。同样地，如果你不断地在唱片封套上与电视上看见某些艺术家的面孔与名字，你就会设想他们无疑是非常出色的。然而有些艺术家特别善于表现自己，尤其在电视上，他们能让人眼花缭乱而同时又吸引了大家的耳朵。每个家庭和每个公众场所都能立刻收到媒体的信息，媒体可以使人出名或者名誉受损，出名不是因为他们的艺术价值，而是因为他们具有非常吸引人的个性。不幸的是，这些人经常就相信他们真的是如媒体所反映的那样。

我想，许多年轻艺术家以为他们已经发现了迅速成名的办法，却没有意识到，过于倚赖任何一种帮助，无论是管理上或其他方面的，都会对他们工作的质量产生影响。这对音乐生涯刚开始的年轻音乐家来说尤其危险。当他们刚开始成名的时候就得到很多合约，不只有一大笔钱，而且还可能录一大堆曲目，而这些曲目在最好的情况下，是与唱片公司达成协议决定的，最差的情况，是录音公司告诉你应该录什么，不应该录什么，这一切都会让他们困惑。年轻艺术家将很快就会忘记，他身为一位艺术家的最大特权并非名成也并非赚大钱，而是达到完全的独立。你越是以艺术家的身份成长，你就可以变得更独立，也就越不需要去迎合大众的趣味。事实上，由于你的独立性，你可以运用你的知识与才华来影响大众的趣味。

艺术家生活中的矛盾之一，是他希望取悦人、受人喜爱和赞美，但是他必须克制这种本能，而在他的音乐中必须忘掉它。一位年轻的指挥可能会想取悦管弦乐队，他会觉得，某一组乐器（例如木管或铜管）在乐曲的某处习惯于以较快或较慢的速度，或较弱或较强的力度来演奏。但是他必须有独立性，有勇气及有清晰的思路，来决定这种演奏方式是否符合音乐的内容，还是因为演奏者图方便。如果他们的建议可以符合音乐的需要，他应该把它当作一项建设性的建议来接纳。如果他认为这个建议不但没有意义，而是纯粹出于个人的方便，他就必须有勇气拒绝，即使有着不受欢迎的风险。

音乐家与听众或乐评家之间的关系，需要略加思考。你可能在音乐会上呕心沥血地演奏，然而一位乐评家可能会写出非常负面的评论，你因此感到不安乃是人的天性。第二天，你可能演奏了一场你自己都不满意的音乐会，因为你没有完成自己预定的设想，但是你却得到极好的评论！这曾在我身上发生过多次。我曾因为负面的评论而不快，我也曾因为正面的评论而高兴，然而没有任何正面的评论曾经帮助我克服自己在音乐会之后不满意的感觉。

作曲与演奏之间的关系，已因时间而改变了。原先，主要的重心是在乐曲本身。然后，重心改为放在演奏者身上；而现在我们则崇拜再现演奏的录音。一种怎样的堕落！李斯特是第一位经常公演其他作曲家作品的作曲家。事实上，可说是他发明了钢琴独奏会这一形式。“独奏会”（Recital）来自“复诵”（Recite）这个词，在此表示复诵其他作曲家的作品。李斯特出现之后，纯粹诠释与公开演奏音乐变得无比重要，现在则更进一步地趋向于迷恋演奏的复制品。不可避免地，在这一过程中，音乐从文化界的一部分转变为娱乐界的一部分。我并不是说莫扎特的音乐会就不是娱乐，而且我也不希望音乐会只限于演奏表现痛苦与知性的音乐。虽然巴赫、莫扎特和舒伯特距离我们已经两三百年，但是今天他们的音乐吸引我们的主要特质，在于一种精神上的超凡脱俗，这种特性需要亲切感与孤独感，因而无法轻易与音乐的普及与商业化共存。

我们现在处于电视时代，而且我们已经看到它对政治及音乐的影响。我们看到大众的意见是如何受到一位总统候选人的外貌或魅力的影响。我们的时代是形象的时代，而非理念的时代。米兰·昆德拉在他的《不朽》（*Immortarlity*）一书中就讨论到这一点，他说，政治系统之间的不同的理念已经变得没有他们领袖的形象那么重要了——形象学相对于理念学！内容的表达方式已经变得比内容本身更重要了。

过度迷恋于传统只可能是文化衰弱的迹象。一个具有建设性而精神丰富的文明会熟知传统的精神，并将之运用到未来，运用到新的层面上，但是我今天却很少见到这种现象。奥斯卡·王尔德宣称，艺术变成考古学之后就不存在了。这让我想起布列兹所说的，他说一种文明如无法摧毁一些东西，是其衰弱的迹象。这种默守传统的偏执正是一种缺乏勇气的表现，缺乏那种以史为鉴、展望未来的勇气。

十九

生命与音乐

我不会宣称斯宾诺沙是唯一能够维持平衡的哲学家，但是，每当我陷入事业或个人的困境时，解救我的总是斯宾诺沙所强调的：人在日常生活中是有能力做理性思考的。我们必须了解我们生活中发生不如意事情的可能性，甚至必然性，例如消沉、有气无力或者不愉快。理智可以让我们区分什么是暂时性的，什么是永久性的。在一个绝望的情况下，除非你能够运用理智，否则符合逻辑的结论只有自杀了，或者至少也是极度的苦恼。同样地，一段音乐的重要性，不仅在于它所表达的东西，而且也在于它与结构之间的先后关系。一个乐句是前一句产生的结果，也是后一句的先声。因此它不能当作孤立的东西来表达，它必须与整体相连。如果一个乐句能够代表乐曲的整体，也就不需要为了前后关系而作调整。有多少次，当你经历极度快乐的一刻，或者极度清晰的意象时，你希望你能保存这一刻，然而却又很清楚你实在无法这么做。这一刻只能存在于生命的流动之中，音乐作品也是同样道理。

既然我们全力投注于这种整体性，我们表达的某一乐句就必须体现出它自己的特色，还有它附属于这整体的关系。它在这首音乐作品中的地位就相当于每个人在宇宙中的地位（斯宾诺沙认为能够知道自己在宇宙间的地位是人类快乐的根本）。我们存在于时间里，而我们也存在于与其他人有联系的宇宙中。我们如果了解每一首作品都只有一个高潮点，而其他的高潮点却只是用来趋近或离开它的阶梯，那么，表情的节制的概念就变得很清楚了。表情的节制意味着过度地沉醉于一个特定的乐句，对于整体的概念是有害的，虽然它在当时，可能有非常吸引人的表现。我们需要运用相当程度的表情节制，以便将一个乐句恰当地放在整个作品中。

程式化是音乐表达的大敌。我们必须不时地意识到虚假舒适的危险，与陷入熟门熟路的危险。诠释者的责任不仅在于寻找新理念，而且也在于寻找表达旧理念的一种新语言。重要的是记得，一件音乐的杰作不是与世界的沟通，它是作曲家与自身沟通的成果。客观地重现这项沟通是不可能的，因为作曲家把乐思记录下来本身就是一种转译，是他的独立思考与写在纸上的受描绘限制的音符之间的一种妥协。

音乐演奏者的另一项危险，是寻求简单的技术解答，这样做，免不了牺牲了音乐的表达。我确信，最没有困难的路线，必定导致最低程度的音乐表达。在以某种方式做过一件事之后，重复这种做法可以带来平静的感觉，也就是熟悉事物所具有的舒适感。然而，真正的平静，只会来自在了解完成了什么事以及以何种方式完成的，并再尝试改进之后。唯一可靠的是吸取了过去的经验之后，再完全从头开始。寻求简单的生理、机械或技术的解答是放任的行为。

相对于音乐所有的意识方面和理性能力，另外一个平衡力是利用幻想。表达音乐所谓无法言喻的层面是很必要的，这正是我称为幻想的东西。利用幻想的能力和理智思考的能力，对于一位音乐家同等重要。我们知道音乐是对自然的模仿，因此，从某种意义上讲，也等于创造一个幻象。钢琴无法像弦乐器或管乐器那样延续一个音，但如果一位钢琴家聪明地运用双手与踏板，就能创造出持续声音的幻象。他必须先在头脑中听到这个声音，然后才能利用他的手来实现他记忆中的声音。钢琴家使他同时按下的一组音符具有不同的声音层次，因而创造出相当于绘画中的透视感觉。

理智与幻想并非是相对立的。有理智的引导，幻想可以用来表达意义和沟通，有许多种技术可以让钢琴创造幻象：确实有可能制造出滑音（portamento）的幻觉，也就是从一个音符不间断地到另一音符，你可以小心利用音量的控制，从一个比较低的音进到一个高得多的音，稍微延迟那个比较高的音的出现，将它弹得比较弱一点，并借助于和声。

我从阅读与音乐没有关系的书籍中，学到许多关于音乐的道理，例如斯宾诺沙与亚里士多德的书。有关音乐的书似乎总是告诉你关于作曲者的一些主观事情！哲学的概念有时可以用在一个人对音乐的感受上。在他的《灵魂》一书中，亚里士多德告诉我们灵魂的官能——先是感官知觉，然后是潜在的想象力与记忆，然后是理智。对我来说，这正代表了吸收一首音乐作品的正确途径。这是个永无止息的过程，不断去适应这个作品，不断地吸收它，直到它变成我们的一部分。只有当我们达到这个境界时，我们才能对这作品进行再创造。在实际的演奏中，这个亚里士多德理论的顺序恰好倒转来：开始之前我们先是理性的思考，然后，通过我们的各种感觉来唤醒我们最初的感官经验。对一个音乐作品所产生的感官印象，可由读谱或演奏来体验。每个音乐家都有某种程度的能力，可以在读谱时“听到”一个作品。他最初的感官接触是极为主观的，他通过这个作品对他产生的效果来感受它，而这种感受并不一定是可靠的，也不一定符合这个作品本身的内容。

有一个有趣的故事正可说明我的意思。当人们问勃拉姆斯，他认为他自己的《第二交响曲》的哪一个演奏是最好的（在一段短时期里有好几次连续演奏这部交响曲），他回答说，他在谱写此曲时已在自己头脑中听到了最好的演奏。

你的语言对诠释也很重要。一个小孩如果从出生开始就听法语，那么他或她在演奏时，不可能不受到法语声调的影响。德语、俄语以及其他任何一种国家的语言都是这样。由于法语通常把厚重的重音放在句尾，因而在塑造乐句时就造成了困难。在音乐中，没有什么比把一个重音放在一个乐段或一个乐句末尾更不自然的了。然而，德语由于厚重的辅音而具有某种重量，这也反映在德国音乐中。在好几方面，德国音乐正好与法国音乐相反。德国音乐从力度上来说主要的困难，是缓慢的累积渐增，也就是德国音乐的乐谱中常见的Steigerung和allmählich steigern。这很难翻译：它表示一点一点地“增加”或者“逐渐增加”。我们可以将这种困难解释为结构上的。在法国音乐中，德彪西和拉威尔，我们得到的正好相反：在这儿，困难的是迅速的力度变化，就像一阵火花突然的闪亮，有在一个音符上的渐强与渐弱，而且你必须尽快完成这种力度变化。法国人用一个生动的字来形容这种现象：étincelle，意思是火花。这些语言上的特征可以在不同国籍的音乐家的演奏中听得到。法国音乐家对于稳定的节奏与扎实的声音有一些根本上的困难，但是对于极富想象力的音色与敏捷的变化则具有奇妙的能力。德国音乐家常常具有比较好的节奏感，但可能对于音色则较少想象力。

音乐中有些东西是要强调的，不是关于突然的放慢或者停顿，而是某个音符或某个和弦的“置入”。不了解德文的音乐家很难自然地达到这一步。当瓦格纳强调他的歌词或独白时，无论是沃坦或者伊索尔德，他经常采用一系列以同样辅音开头的字，因而制造出一种累积的效果，这种押头韵的方式在德文里是Stabreim。这就相当于你有四或八小节，每小节都有一个先强即弱的重音。例如，在贝多芬《第二交响曲》前奏的末尾，你在进入快板之前就遇到这种情况：每一个小节里都有一个先强即弱的音。将这第一拍利用某种“置入”的方式插入每一小节中，可以产生它的自然重量。对我来说，这正相当于德语的声调，而当你试图对一位不懂德语的人解释这点时，他当然有能力照你的吩咐去做，但是他的方式可能有些勉强和不自然。我认为语言上的差异，的确会对音乐诠释产生影响。这与速度和音色问题有关系。在拉丁民族的乐队中，弦乐常倾向于拉得轻盈细巧，这对于很多音乐是适当的。而有些德国音乐家自然地倾向于较厚重的声音，因此对拉丁音乐的演奏就较有困难。

对于色彩的领悟，以及将最无关紧要的细节与最重要的细节同等看待的能力，都是非常法国式的特点。我们在读德彪西的乐谱之前，一定要有这种了解，并加以体会。你在法国生活中的其他方面也会见到这种特点，例如，法国人不只对食物很重视，也将食物呈现的方式看得很重要。他们能对其他人视作细枝末节的事物投入无比的时间与精力，这在他们的音乐中就很明显。他们能以纯粹的热忱做一些不同寻常的事，在最好的情况下，这是极为吸引人的。因为这一点，我在法国的那几年留给我许多快乐的回忆。另一方面，对于优秀的德国音乐家，你可以在他们演奏的每一处感到音乐的根基。他们最令人印象深刻的特点之一，是他们能大声而充满张力地演奏，却从不刺耳。

法国的铜管演奏员在演奏非法国的音乐时，他们的语言根源就产生问题了。他们必须面对一项事实，那就是他们习惯于法语的“ü”音，而没有真正的“a、o、u”音，因此声音常常无法得到足够的支持。

我记得多年前，我在米兰的斯卡拉指挥布鲁克纳《第四交响曲》的一个经验。当时乐队里有一位很有天赋的圆号演奏者，从来没有演奏过这首乐曲，他就是无法以必要的重量来演奏他独奏乐句第二小节里的短音，它就是不够宽广。那实在是与语言有关的。在音乐上来说，这些短音总是属于前面那个音，或者引导至下一个音。只要你的节奏是一个附点音，然后是一个短音，那么拉丁民族的乐队队员，总是会将那个短音演奏得迟一些与快一些，因为拉丁语系倾向于推前，因此短音符总是倾向于迟一些而与下一个音连结。反过来，德国音乐家就会把那个同样的短音演奏得像是前一个音的一部分。

我很早就与以色列爱乐保持亲近的关系，因为他们的演奏有一种温暖的感觉，还有一种自然的来自于犹太音乐家丰沛的情绪，以及我个人与许多演奏员间的友好关系。我站在以色列爱乐乐团前面时，会感到一种狂热（就这个词面最好的意义而言）。在那种时候，他们不在乎世界上的任何事情，进入全然忘我的境界。

犹太音乐家与德国音乐家有一个共同点，那就是他们具有一种不寻常的能力，使他们一开始演奏就能让自己脱离日常生活和他们的非音乐活动。我称之为超凡脱俗的能力，对犹太人来说，这是来自于他们对学习的尊重。在犹太宗教学校里，你一开始学习摩西五经与犹太法典，就不会在乎世上的任何事物了。这就是为什么在犹太人遭大屠杀时，那么多犹太人死于正在潜心研习中。这种时候，他们甚至不会站起来保卫自己。

如果我们要刻意强调各个特点，说拉丁音乐家很优雅而德国音乐家很深沉，那么我们可以将犹太音乐家形容为一种特殊的温暖，有人说小提琴就有一种“犹太音调”。

二十

关于诠释

每一首伟大的作品都可以有许多种诠释，只要它们不违背它的精神。然而，不可能结合所有的诠释于一次演奏之中，正如我们不可能多活过一辈子。诠释者或演奏者永远无法顾及所有可能诠释的所有细节，在每一次的演奏中，他只能对它们取其一二。

我们经常会执着于一种特定的观点或看法，于是变得看不见它的反面。但是对我来说，两元论，也就是事物的矛盾本质正是音乐的根本。基于两元论的奏鸣曲式会成为最完美的艺术表现形式，并不是巧合。一首贝多芬的古典奏鸣曲或交响曲的结构，是以这种两元化的原则为基础的。它揭示出音乐的戏剧性因素，这并不是强弱或快慢之分，因为音乐本身就是戏剧性的，甚至，连巴赫作品中比较大规模的形式也是如此。第一主题可能较具英雄气质，而第二主题在性质上较抒情；正是这两种相对立的因素并存，才赋予音乐紧张与兴奋的感觉。

很难说是对是错，我从未积极地关注于古乐器的演奏。我一直想以羽管键琴来演奏巴赫与斯卡拉蒂，但却从未实现过。我从来不曾想要，也没有强烈的热诚，要以一个所谓古乐器的乐队来演奏莫扎特。

但是我想，一些最优秀的音乐家全心发展这种演奏方式，也使我们开始考虑尽可能以清晰的奏法来演奏十八世纪音乐的需要。大约在二十世纪中期，二次大战之后，兴起了一种所谓客观演奏的学派，那是针对十九世纪演奏海顿和莫扎特的传统的一种反动。他们希望除去浪漫派的过度情感，以及所有不符合十八世纪音乐风格的因素。但是在那些老式的演奏中，有一种倾向，即牺牲了海顿与莫扎特的精确的奏法与分句，是为了寻求音乐中饱满美妙的音色，及整体上比较自由的节拍。

寻求本真古典演奏的音乐家们并未将自己局限在古乐器的使用上，他们也尝试与实验十八世纪乐器可能具有的表现功能。我觉得可以不必以古乐器来演奏海顿和莫扎特。但是人们应该以这种态度来演奏：即瓦格纳好像是不存在的，我并不是单指管弦配器法方面，我的意思要比这一层面更深入。瓦格纳发明或者至少发展了过去未曾有过的音乐表现手法。有时会让人情不自禁地想把这些手法也用在别的音乐里，例如，以瓦格纳式的连奏与无限止的力度范围，来演奏莫扎特或贝多芬的一个乐章。当然，这就违背了音乐的性质。同时，我们如果完全拒绝采用通过瓦格纳得到的表现手法，又太幼稚。重要的是了解什么手法可以用在所有的音乐上，什么手法只能用在他的音乐及他以后的音乐中。以自由的节奏或者瓦格纳需要的巨大的力度变化来演奏莫扎特及贝多芬，就变成“时光倒转”了。

歌德说，他不知道他从斯宾诺沙的《道德》中得到多少东西，又为它添加了多少东西。你吸收某种东西的那一刻，它就变成你的一部分，但是然后你就必须按照你的需要来适应它。

一般说来，在音乐中，特别是在演奏中，重要的是了解斯宾诺沙称作“属性”的本质。不同的属性不见得就是不同的事物，而可能是同一事物的不同层面。不同的演奏只是不同的诠释，常常也是同一诠释的不同层面。这正是为什么各种演奏并不如我们想象的那么不同：诠释的根本是相同的，各种演奏也不像我们想象的那么相似。只要各部分与整体之间的关系正确，部分的相异并不会改变有机的整体。只要演奏者能理解并感受到结构与乐句的本质，就可以有许多种方式来表达它。这是另一个例子证明哲学思考如何能帮助一个人澄清音乐诠释方面的某些层面。

没有什么称得上完美的诠释，你只能靠不断观察每次演出或排练所呈现出来的各种音乐表现手法而逐渐提高。我时常认为，只要对于所演奏的作品的要点有清晰的概念，那么实际上的对比可以每一次演奏都有所不同。你可以在瓦格纳歌剧的任何一幕中，以相对的表现手法营造张力。曾经有一些演出（甚至在拜罗伊特）中，由于时时游离于乐句的弹性与严格保持的速度之间，因而产生强大的张力。而矛盾的是，同样的张力也出现在坚定而严格的速度控制下。我有时会听到一些演奏对歌词、力度与层次方面造成粗暴的伤害，但是乐评家却未曾提及。他们时常将他们的评论局限于速度方面。

对于演奏者、听众与乐评家都很重要的是，要记得速度只是整体的一部分而已。它是相对于整体而存在的，并非一项独立、客观的力量。有些音乐在速度方面不仅能忍受较大的自由与弹性，有时这样还是必须的。在《春之祭》里，用散板节奏则就像在肖邦的夜曲或瓦格纳的歌剧中不用散板节奏一样地错误。

当你演奏别人的作品时，诠释的问题就变得较复杂。布列兹以自由速度处理自己作品时，没有人会想到要与他争论。但是如果他如此演奏斯特拉文斯基或拉威尔时，人们就不能原谅他采取任何一点弹性。

我想，一个人对速度的感觉可能在某一方面是感官上的。如果速度不对的时候，你应该会觉得不自在。这可能取决于某一刻、某一特殊地点、某一种特殊音效、强度与音量。在一个混响很大的教堂里，你被迫接受比在音效干涩的场所慢一些的速度，因为声音需要比较长的时间才能传过来。如果你仅以极弱来演奏《费加罗》序曲或贝多芬《热情奏鸣曲》的末乐章，你可以演奏得比最好的演奏家或乐队还快，而耳朵仍然能听得清楚。而当你遵照乐谱里标示的，有宽广的力度对比时，那就会影响到速度。如果超过了某个速度，耳朵就无法捕捉到所有的音乐内容了。

另一个极端是缓慢。如果在弦乐的揉弦音中没有足够的力度，或者音乐中和声的张力，那么即使是进行得很快速度也会显得太慢。当速度恰当时，所有各种不同的成分可以互相交织成完美的和声。大部分使用节拍器来标示速度的作曲家常会写下太快的速度。我们不但可以在贝多芬的乐谱中看到快得夸张的速度记号，也可以在巴托克的音乐中看到。当你在歌剧院工作，用钢琴与一位歌唱家排练时，如果钢琴的声音比整个乐队的音量轻太多的话，你自然会以一种比较快的速度来演奏音乐。如果声音有了重量，它的移动就需要时间，所以音量是决定正确速度的要点。如果你的乐团会产生一定音量，你就可以采用稍微慢一些的速度。缺乏这种音量的乐团，演奏同样的乐曲就必须稍微快一些。

节拍器就相当于钟表，只要它的机械正常运作，钟表就会毫不迟疑地滴哒作响，这就相当于节拍器显示的客观时间。主观的时间则取决于时间使用的方式。当我们享受自己喜爱的事情，或者我们特别专心于某件事情时，我们不会注意到时间的流逝，虽然钟表还是以同样的速度滴哒作响。如果是另一个极端，在极度无聊或厌烦时，五分钟可能会显得漫长。节拍器代表了客观时间，而弹性速度代表主观时间，而张力的感觉是取决于你用掉每分钟六十秒的方式。

只要一位作曲家完成了一首作品，那个作品就进入了我们的天地，我们的宇宙。它变得独立于作曲家之外，而且得遵循这个宇宙的法则，音响学的法则，及声音的重量，耳朵在那一刻内接收音符数量最大与最小值的极限。身为诠释者，我们与一首乐曲的关系，类似于作曲家与宇宙的关系。在作曲家把作品写在纸上之前，也就是作品成形之前，它依赖的只有作曲家的头脑，它萦绕于他的想象之中。在它写到纸上的那一刻，它就依赖于读者的想象力，而当它被演奏时，它就受到宇宙法则的制约。作曲家并不一定就是他作品的最佳诠释者。当这首作品在他的想象中时，他是他这首作品中各种不同因素的唯一完美的鉴定者。然而，一旦它有了实际存在的形式之后，就不能保证他还能感受到构成这个创作的所有因素。

创作的音乐家与诠释的音乐家之间有着明显而至为重要的差别。演奏者缺乏原创性，即作曲者的创造力。他的原创力是在于他的再创造，但是他是在使用已有的内容。他使得音乐有了具体的形体，但是，是作曲者先有了音乐的意象。

在我看来，使人类有别于其他生物的重要特质之一，是他能够争取自由——不只是政治上的自由，还有思想与行动的自由。但是人经常受到自然的奴役——他是他自己情感的奴隶——他所爱、他所恨、家庭、社会、宗教。脱离一种控制常常表示受到另一种控制。从奴隶成为主人时，经常等于成为另一种方式的奴隶——也即有了某种依赖性，肉体的、物质的、情感的。依我的观点，这常常是自由与恐惧之间的密切关系所造成的结果。在政治方面，存在于苏联与东欧境内的社会在最近的自由思潮之前，或者在进入有限度的民主制度之前，就明显地证实了这一点。人们总是提到苏维埃体制的残酷事实，其中之一是人民没有西方人自始就享有的旅行的自由，以及做其他事情的自由。但是我认为这还比不上另一项事实，那就是苏维埃体制制造出受恐惧控制的人们。我不觉得必须要做到，让里加或列宁格勒的每一居民都能到尼泊尔去度假。这当然很愉快，但却不是必需的。对我而言，更令人难以忍受的是让人民生活在一个只有恐惧的社会里，使他们必须惧怕朋友、家人，而且必须因为自己的意见而担心生命受到威胁。对我来说，自由与恐惧之间的关系极为重要。

受到奴役的一个结果，是情感或精神上的焦虑。这是斯宾诺沙所擅长谈论的题目，而他曾帮助我对音乐与生活形成自己的观点。这种心理上的焦虑与情感上的痛苦，正是阻碍我们完全发挥自己应有的创造力的因素。由于我们知道给予我们生活乐趣的东西是暂时的，我们便不断地想要拥有这些。我们买保险具有实质与非实质的意义——但是我们无法克服失去自己心爱事物的恐惧。因此我们必须寻求途径解除或减少我们的焦虑。

在音乐上，重要的是将细节看作整体的一部分，正如人类必须视自己为大自然或宇宙的一部分。一个音乐演奏如果没有这种意识，就只能说是一堆美妙片断的凑合。这就相当于生命只消耗在感官方面的享受，而无视于真正的价值以及我们在宇宙中的位置。

如果你决定终生献身于音乐，那你就涉及到另一个领域。世上没有正确音乐思路的保险，当然也没有音乐演奏的保险，这一行永远有极高的风险。我们很容易养成“安全第一”的习惯。管乐演奏员特别习惯说：“如果一个音很难控制，就别吹得太轻。”因此，安全第一，吹得大声一点，你就可以确保有声音，但这却不是音乐。音乐要求演奏者的全神贯注，纯粹的奉献精神与自律，而不是迷信。我们知道自己多么容易受困于迷信，并相信我们可以在紧要关头依赖某种神奇的超人力量。有时候我觉得，乐观者与悲观者的差别在于，前者相信所有的理性思考都没有作用时，他的神会帮助他，而后者则预先就相信神将不会帮助他！

而有的时候，神似乎是在帮助。譬如记忆问题：你曾经思考某件事，分析它并解决了它，然后突然你的注意力不能集中，有时这是无法避免的；这时你心中失去了记忆，而机械的记忆仍然在工作，就像你的手指仍然在弹琴，而没有其他的人意识到，你此刻失去了记忆。

关于演奏一首乐曲的方式：你必须试过每一种可能的表现方式，并且做到过那种表现方式，然后才能决定到底采用哪一种。乐句的表达和层次的平衡有如此多种的手法。音乐的表现不只一种方式而已，而正确的那一种——你想要的那一种——也不定都能立刻找到。这就像一个万花筒，我们有许多方式可以在演奏中塑造每一乐句，事实上比我们可能采用的更多。因此我们只能舍弃其他而选择一种。切利毕达克说得对，排练就等于说了上千次的“不！”除非我们试过并排除了其他的方式，否则我们就无法确定我们选择的是最好的一种。

同样道理也适用于纯技术的方面。例如一种弦乐器的指法与弓法。指法永远应该是最具表情的，有时一个反复的音需要不同的指法，以避免成为机械化的反复。我们必须不断提炼我们演奏的作品的精髓。

我们也必须做到由繁而简。复杂，在有系统地分析以前，就是混沌；分析之后，它就成为有秩序地累积的细节。贝多芬的草稿本显示他作曲的方法是由繁而简。我们所知道的最后的定稿，要比他的第一稿简单得多。作曲者的原始灵感，就像诠释者原始的反应一样，常常是杂乱无章的，因此也就没有必要复杂化。如果你想简明扼要地说，那么伟大作品与一般作品的差异就在于，伟大作品都是由繁而简地成形——不是表面上的意义，而是以极清晰的角度来透视。如果你拿布列兹的《标记》作为例子，初看之下，它们似乎无法理喻地复杂。但是当你开始分析它们时，就会发现它们非常透明而清楚，不仅是在管弦乐配器方面，也在于音乐的涵义。

斯宾诺沙曾说，知识不只是一大堆讯息的堆集而已；经验与知识的确有所不同。许多问题，像上台之前的紧张，都是因为过分依赖纯直觉的感受，或经验主义的知识。一旦你知道某部作品是什么结构，它如何遵循声音与乐句的规则，那么就较少理由紧张了。这并不表示我们总能控制我们的情绪，但是有一种紧张，是因为害怕不能达到预想的目标，当然，还有一种是由于不充足的认知。机械化的重复相当于音乐上的迷信。你机械化地反复某个东西，因而感觉比较有安全感，因为你已经做了三四次了。这是一种误解，也是不合逻辑的想法。

与观众的接触一定会带来新的因素，它可能激发灵感，也可能造成不安，因为它转移了演奏者的习惯练习与建立自信的独处状态。对演奏家在再创造过程中重要的是，他能够“重新谱写”一个作品，能够将它分解又重新组合起来。总是会有一种创造性的过程，能够协助他透视作曲家的世界。作曲者有了乐思、一个旋律的片断、一种和声模式，然后他推敲它、简化它、繁化它、发展它，也可能同时采用其他的乐思。然后，通过伟大的灵感或者苦心的经营，由细节逐步形成整体，他终于完成了最后的成品。

诠释者只能见到完整的成品，因此他必须发现重新将整体分解为细节的途径。即使作曲者当初是在思潮汹涌之际写成的作品，依赖于潜意识的创作本能，诠释者还是必须运用理智、理解力和观察力，以便能有意识地再创造那种潜意识的精神。如果诠释者单凭直觉或主要依赖直觉，他可能会得到全然不同的结果。如果他能够以理性的观察，来证实自己对这首作品的直感，那表示他只会沿用仅来源于作曲者的创意与形式。当然，这并不保证他能完全掌握作曲者的本意，但至少可以避免主观错误地诠释作品的危险。

作曲者可以说是具有两元性的创作角色，一个是以传统的记谱法表达的音乐，另一个是未曾表达出来的乐思。这相当于文字与文章内涵之间的关系。谱上的音符可以引导我们进入作曲者的想象力中，进入他未曾表达出来的乐思中。但是，矛盾的是，唯由通过他的想象力，我们才能了解乐谱音符的完整涵义。在音乐中，思想与情感是不可分离的，理智与直觉也是不可分的，所有这些要素成为一体；通过透彻的观察帮助了解一部作品的结构，并把它记住。爱因斯坦说，宇宙最无法解释的现象就是：它是可以解释的。我们几乎可以套用他的话来说，音乐最无法解释的现象就是它的可解释性。在每次的观察与分析之后，总有一些因素是无法理解的。这在我看来，正是音乐的超脱特性。

我从斯宾诺沙那儿学得能够理智地处理感情的焦虑，这帮助我形成我对音乐，以及所有音乐世界周边事物的态度——媒体、奉承、批评、妒忌。我们音乐家需要不断面对处于音乐圈子的人——经纪人、经理、行政人员、大众及乐评家。在音乐的领域里，每个人都觉得有权发表一种意见。我经常遇见一些人热烈地赞成某一种速度，或者非常讨厌某一种速度，而他们的谈论中根本不了解这种速度背后的决定因素。我不知道还有哪一种行业，会有这么多人觉得自己需要发表一切与此相关的意见。

但是没有一种演奏代表了路的尽头：它总是另一种新的演奏的开始。它是从前所有演奏成果的累结，也是下一个演奏的前奏。每一次演奏都必须使演奏者从中获得进一步的了解。对演奏家来说，重要的是不只靠直觉和潜意识来研究一首作品，而必须观察、消化作曲家创作作品时所采用的不同因素。没有作品可以完整地从作曲家的头脑中直接跳出来。相反地，它由作曲家一个阶段一个阶段地发展，由繁而简，正如贝多芬的草稿本，这又是另一个“表情的节制”的例子。我们只有在透彻了解作曲家的乐曲内容，并且自己找到“分解”它的发自内心的方式之后，才能真正发现自己“再创造”的方式。

我想，了解一位作曲家如何决定写下他的作品，是很重要的，换句话说，他使用的手法是什么意义？和声的关系、旋律线的进行、节奏形态，以及这三者之间的内在关系是什么？他给了我们什么演奏方面的指示？作曲家已经写下了传统的记号与音符，这是外表的一面。我们必须寻求的，是捕捉它们完整意义的方式。我经常在研究某个乐句的时刻突然想到了另一乐句的句法与指法。显然简单的东西常常变得不必要地复杂，而另方面，一段复杂的乐段不仅可能变得简单，而且可能变得更有表情。

如果谱上写着快板，而你奏成慢板，你就太离谱了；同样地，如果谱上写着渐强，然而你奏成渐弱，也一样离谱。节奏的自由应该与任性及随意毫不相干，所有这些因素必须与一个有机的整体相连。当然，作曲家之间有风格上的差异：有些东西，尤其是有关音量及节奏自由的东西，对普契尼来说是可行的，但是对巴赫来说就是错的，或者正好相反。但是自由的概念对巴赫、斯特拉文斯基、普契尼、瓦格纳来说是相同的。我并不想改变作曲家的指示，但是我试图在不同的指示之间寻求一种关系。这种关系也可以用在数量上：当它标着渐快时——快多少？写着渐弱时——弱多少？而当它什么也没写的时候……？在布鲁克纳的《第七交响曲》末乐章的某一处，有一股气势一直推向最后的高潮，我认为是不能间断或退缩的，从那一刻起，音乐产生一种向前的动力直到曲终。

身为一个音乐家，我一方面不断学新的作品，然而另一方面，我也回头复习一些我自幼已经熟悉并且演奏过的作品，随着我音乐人生的继续，只具短暂兴趣的作品与成为终生相伴的作品之间的区别就越发明显了。

二十一

音乐的回想

在我音乐生涯的早年，1960年代当我在伦敦生活与工作时，我曾与两位伟大的马勒作品的指挥家有密切的交往，那是巴比罗利爵士与克伦佩勒。然而，我必须承认那时我一点儿也不喜欢马勒的音乐。不过最终，我改变了对这位作曲家的看法。

克伦佩勒总是取笑我对马勒的音乐格格不入。我记得1960年代末的一个赎罪日前夜，我去伦敦节日大厅听他指挥马勒《第七交响曲》。音乐厅一半是空的，但演出是绝佳的，无人可及的。结束之后，克伦佩勒看到我时很吃惊。他说："你是这样的一个无赖。你恨马勒，但是你更加恨去犹太教堂。这是你今晚在这儿的唯一理由。"

当我说我毫不喜欢马勒时，这个说法可能有些夸张。更确切的说法，应该是不喜欢他的某一些交响曲。我一直很喜爱马勒的歌曲，包括《大地之歌》。我觉得马勒似乎需要歌词才能创作得最好。但是我不喜欢他那些虚张声势的交响曲末乐章，而且我仍然对他的《第八交响曲》感到莫名其妙。

我那时候不喜欢马勒的一个方面，是他在好几首交响曲中运用人造的民间曲调。这种民歌的质量总给我一种假象，这是与勃拉姆斯、舒伯特或布鲁克纳音乐的民歌音调相对照，在马勒的音乐中它们听起来像是加了引号的。另一方面，我对马勒持有异议的是——现在仍然是——他的音乐被太多地以非音乐的方式来谈论。他被刻板地定型为后弗罗伊德的第一位作曲家。或者他是在文化上与犹太人有抵触的作曲家。他的音乐经常被形容为是代表了个人的歇斯底里，或是欧洲在1914年前的社会大崩溃。

我从来就不喜欢这种观念，那就是认为除非你理解非音乐的方面，你才能理解音乐中"真正的"信息。正是这个问题糟蹋了马勒，近期则糟蹋了肖斯塔科维奇。每一位作曲家的音乐当然都具有自传式的成分，但是如果音乐主要是或者仅仅是自传性的，那就没有什么趣味了。趣味是在于它超越了这些因素。我就是不认为马勒作品的演奏，是依据它们的犹太因素来决定其高低的。

当我开始研究马勒时，吸引我的是他的记谱法。马勒的确是第一位在每组乐器上分别注明力度记号的作曲家。像贝多芬、勃拉姆斯和瓦格纳那样的作曲家，通常只为整个乐队标注力度记号，而且很少有为不同乐器组写上相反的力度记号的情况。而马勒不同。在马勒的作品中，有一个乐段是单簧管与中提琴齐奏，单簧管注明了从中强、渐强至极强，而中提琴则标记着从极强逐渐至中强——都是同样的音符。换几句话说，音乐的织体不变，但色彩急速地改变了。

这让你知道了两件事。首先，它让你知道马勒是怎样一个高度专业化的指挥家。前几年在维也纳时，我有幸见过马勒自己的《特里斯坦与伊索尔德》的总谱，它被标注得密密麻麻，他总是这样做的。随处可见的是，那里有一个"渐强"标记，从圆号开始，然后二三小节之

指挥柏林国立歌剧院

后，这个记号出现在小号与长号之中。这里的要点是改进这些乐器被听见的程度，使得这些细节不至于丢失。吸引我的是马勒对力度标记的敏锐感觉，以及为何马勒用这种手法在他自己的作品中。其次，它让你知道他对于色彩的感觉，是如此非凡地精致与微妙。很少有作曲家要求那样细致的力度，而我发现许多马勒作品的演奏都缺乏这一点。这方面克伦佩勒是特别强调的。他对于力度与层次也格外挑剔，这是我对于马勒作品理解的关键之处。

我想，有许多那种浮夸不实与粗俗的言谈，扰乱了我接近马勒，是因为指挥家们并不总是他所理解的音乐就是音乐。这话听起来好像我是很专横地想要净化马勒，但是我确实认为，今天实在需要将马勒从所有这些与音乐无关的偏见中解脱出来，那些偏见已经成为他不可分离的一部分。我想听众也许需要再度认识他，某些作曲家比其他一些作曲家更需要这样做。我想，莫扎特或肖邦是这样，同样还有马勒。

作为一个克服了许多障碍，经过了艰苦的旅程才走近马勒的人，我认为在马勒的交响曲中显示出他的和声布局是极其重要的。这是我有时候在马勒作品中遗漏的一个方面，而且这点至关紧要，因为马勒的音乐在调性上有时是明确的，而有时却又是使人迷惑的。这是使他成为瓦格纳之后的革新家的方面之一。

试以我近年来指挥过的他的两部交响曲的开始部分做比较。在《第一交响曲》中，头两个乐章的和声的方向感很清晰，每种因素都有关联。你很清楚主要调性在哪里。然后，末乐章突然地开始爆发，而我们已经在F小调上，一种关系疏远的调，在调性上有一种迷惘的感觉，你在新音乐中进入了一种新天地。富特文格勒，他并不是一位马勒迷，他认为这个末乐章很成问题，而这不是巧合。

现在来看一下《第七交响曲》的开头。一上来就是一种不辨方位的感觉，马勒把我们立即带入混沌之中。节奏是斩钉截铁地，而和声却在到处飘游。整个乐曲的进行恰与《第一交响曲》相反。在《第一交响曲》中，我们从稳定走向分解，而在《第七交响曲》中，我们从不稳定走向稳定的和声。《第七交响乐》的困难经常被当作是一个结构上的问题，在于如何集结其张力的问题。在许多方面来说，我认为这是一种错误的途径，指挥《第七交响乐》就像是执行一种考古发掘。当第一乐章开始时，你觉得好像是从表层往下发掘，依靠光亮向黑暗的深处探索。

这种对照显示出，即使是讨论马勒音乐的一个片段就有那么困难。你会发现，马勒在每一部交响曲中都在探寻新的音乐语汇。看一看《第二交响曲》与《第三交响曲》之间的差别，或者是《第七交响曲》与《第八交响曲》。就这一点而言他与贝多芬非常相似。马勒总是造成这样的问题：哪一个马勒？

不同的指挥家在任何一个作曲家身上，总是会发现不同的特质。例如巴比罗利指挥的马勒，听起来就像埃尔加，而且他会用相同的语气来谈论这两位作曲家。另一方面，库贝利克则更接近马勒的波西米亚渊源。他会将《第一交响曲》演奏得像是德沃夏克。我时常想，直到我听到库贝利克的指挥，我才明白我在马勒的音乐中遗漏的东西。在这些作品中有太多的东西可以探索，不只是那些外表的刺激与兴奋，库贝利克的指挥显示了这一点，而这也是我所寻求的。

过去的几年中，我对于非欧洲的音乐变得更为积极与投入。一开始是阿根廷音乐，那时我碰巧遇见了两位优秀的探戈音乐家，马德罗与康索勒。就像在我生活中时常发生的那种情形，这次是霍塞·卡利将一些互不相干的人凑到了一起。他曾是科隆大剧院的小提琴家，而现在完全成了阿根廷音乐的编曲者。他为我的探戈录音准备了许多改编曲，其中有《我的亲爱的布宜诺斯艾利斯》，以及为芝加哥与柏林爱乐准备的探戈的乐队改编曲。

为了庆祝我登台演出五十周年，卡内基音乐厅筹划了一系列的音乐会，在那里我有机会作为一个钢琴家、指挥家、独唱会伴奏家、室内乐演奏家，以及作为一名教师出席各项音乐活动。教学现在对我而言变得日益重要，因为我觉得，将我有幸在我的一生中获得的经验知识传授给下一代是我的责任。我的音乐生涯开始得如此早，是非常幸运的，使我能经历和见知到表演艺术中的许多不同风格。而我觉得，将这些传递下去是我的职责与使命。教学于我最主要的一点，是你从学生中学到了什么。从摆在我面前的难题中我学到了东西。通过教学，我迫使自己思考、感受，并将之明确表达出来。因此，教学不是一种利他的活动，它于我是必需的，因为通过教学我自己也在学习。

过去十多年来，音乐教育中有一种忽视和声与作曲课程的倾向。甚至在我的早年，在1950年代我已开始感觉到这种变化。我一开始师从巴黎的布朗热学习和声，她的方法是严厉而透彻，后来我在以色列跟本海姆继续学习。学习和声并不是为了学院教育形式上的需要，而是帮你认清主要调性，让你能够在陌生的和声世界中漫游，一种我们称作转调的过程。一旦你抓住了主要调性，其他的就比较不陌生了。怎样去做是另外一件事，但是在今天的音乐演奏中，常常被遗漏的是对和声功能的理解。

事实是，和声能够比节奏与旋律移动得更慢，因而使它更有威力。如果过早地决定作品的速度，你永远不能将音乐中那些独立的因素所具有的细节及张力得到充分发挥。这就好比你要在与你喜欢的人谈话之前，就决定要谈多长的时间。先开始谈话，然后看它如何发展，引向何处，比你预先决定要谈五分钟、一小时或五小时要有意思得多，不是这样吗？

今天关于速度的另一种错误概念，是有些音乐家坚持要遵照节拍器上标记的速度，这是对于节拍器的作用的错误认识。节拍器只是给你一个参考，并不能规定速度。我曾问过布列兹，为何当他指挥自己的作品时，常常与他在谱上标记的节拍器的速度记号不同。而他以他那种典型的布列兹式的敏捷与风趣的口吻回答说："当我作曲时，我用水煮食品，而当我指挥时，我用火来烤食品！"音量与音效的条件决定了速度。

今日，对于速度的观察与遵守已经是一种道德上强制性的做法，好像这是一种个性强烈、忠实与创意的表征。马勒曾经说过，速度只有当它在后一小节可以改变时才是正确的。这当然不会适应所有的风格——对马勒与瓦格纳的音乐来说是正确的，而对斯特拉文斯基就是不正确。对我，速度中必要的细微变化是音乐演奏中的基本概念。

我们生活于一个我们期待政治正确的时代，根据字面的意思，也即是等待指导，虽然同时我们也为思想上与行动上的自由而奋斗。这两个方面——需要更多自由与需要指导，是互相依赖的。我在当今的社会中看到许多这样的问题，将它转移到音乐方面，就成了这样：在音乐史上的每一次运动中，总有一批人的水平比其他人要高。例如，我们热衷于古乐器与本真风格的演奏实践，无疑涌现了一些非常优秀的音乐家。问题不在于那些非常优秀的，而在于那些不那么优秀的音乐家，因为他们有一种意识形态可以跟随了。

我时常感到他们对于音乐没有什么想法，但必须跟上潮流。他们对于过去是怎样演奏的有一知半解，但是他们并不觉得有适应它的需要。而这样就导致了毫无道理的结论，就像通常认为的那样，演奏巴赫、海顿与莫扎特应该用数量较少的弦乐器。他们忘记了或忽视了，正是莫扎特本人，在他的《第三十四交响曲》首演之后的晚上，在写给他父亲的信中说，他是无比地幸福，因为他有了二十四位小提琴手!

今天，你可以听到譬如像柏林爱乐演奏的巴赫，或许是在一个相当大的音乐厅里，那里用了四五个第一小提琴，而并没有考虑到音效与大厅的规模需要多一些乐器。如果你认为这种音乐只能用四五把小提琴，那么你就应该回到这些作品第一次公演的场所去。问题经常是由不同的版本所引起的——新的“本真”版，等等。我感到那些音乐家面对着一份乐谱，就像一位没有准备好的学生面对考卷一样，头脑中一片空白。乐谱仅仅是由作曲家的想象而形成的符号。它是他整个创作的结果——他的想法、他的感觉，他的气质，而仅仅凭印好的音符来演奏是远远不够的。要做到那样并不难，而且也没有什么值得骄傲的。就是依靠气质与感觉来演奏也还是不足，对于有些天分高而训练也好的音乐家来说也不难。真正难的是当你将所有的要素放在一起——而那些要素都变成了音乐。

声音并不是音乐。你可以有一堆演奏得很美妙的声音，但只有当你将互相依赖的前后乐句中的各种因素，都结合在一起时才会有音乐。那样就把我们带入这样一个问题：为何音乐与宗教有关？宗教是什么？（不管是哪一种）一神论的宗教概念是不可分，每样东西都属于一体。这概念也适用于音乐：你不能将感觉与思想分开、思想与理解分开、气质与学养分开。音乐作品的年代离我们越远，我们的胆量就变得越小。换一种说法，当你听到一首世界首演的作品或是最近的作品，你会感到一种全然的繁杂、不熟悉、紧张，以及你感到你整个身心的投入。但是当你看到写于许多年以前的音乐，而我们面前只有“白纸黑音符”时，你的投入感就会少得多。

我有幸与许多位写了有趣而美妙的音乐的作曲家有往来。我与布列兹之间的友谊并没有因为岁月的流逝而淡薄，而且我对埃里奥特·卡特（Elliott Carter, 1908年－ ，美国作曲家——译注）与哈里森·伯特威斯尔也更加熟悉与钦佩。他们俩写的歌剧我都在柏林首演过，我还将卡特的作品带到芝加哥与纽约。卡特与伯特威斯尔是两位不同的作曲家，但他们都使得这种言论不攻自破：认为今天的音乐要不是非常轻松与流行，要不就是繁杂难懂。

卡特的音乐创作在过去五十年中的发展是非凡的，我想到的是他的第一部歌剧《下一个什么？》（*What Next?*）乐队的写法极有技巧，音乐是令人兴奋愉悦而且光彩夺目的。《下一个什么？》的开始描述一场大灾祸的后果（柏林的制作是车祸）。四个打击乐手重现了这种喧闹声，然后这些打击乐器变换了情绪，不再只是敲出节奏和噪声，而是转换到场景与音乐，从纯粹的描述手法转换到高度的表现力。我为卡特的乐队写法着迷，特别是他对于打击乐的诗意感觉，给这部作品营造了极好的气氛。在某些方面来说，它与李斯特在他的《第一钢琴协奏曲》中用三角铁一样，都是绝佳的一对范例，都是空前的发明。

伯特威斯尔，一位完全不同的作曲家，近年来写了许多重要作品：钢琴协奏曲《唱和》（*Antiphonies*），精彩的交响作品如《笑剧》（*Exody*），是为芝加哥乐团而写的，歌剧《最后的晚餐》，我们在柏林国家歌剧院演出过。我不了解这两位作曲家是否互相认识，也不知道他们会如何看对方。但是如果他们会彼此有尊重，或者对对方只有很少兴趣，我不会感到奇怪。他们相似的地方只有一点，那就是他们相信，今天的音乐作品都可以放在一个抽屉里，因为它们听起来都一模一样。

我时常听到这样的说法："哦，我喜欢当代音乐。"或是"哦，我一点也不喜欢当代音乐。"这两种说法都有欠公正。因为今天的音乐在风格与品质上是太多样化了。当我听到音乐家这种或那种笼统的说法时，我知道他们只是空口说白话。你不可能全都喜欢或者全都不喜欢——你可能会对某些部分比对另一些部分更感兴趣，就像你对过去的音乐的感受一样。

我在芝加哥被人认为是演奏了太多当代音乐，而在柏林人们则认为我上演得不够——因此，我想我对于当代音乐的投入程度是恰恰正好！过去十年中，我在好些当代音乐作品中获得了极大的乐趣。在1999年，布列兹送来了为乐队而作的《标记》的第七部分，比旧的部分更大更长，他的音乐概念也转变得更多，他探索了一个新的疆域，而我则热切地想将它们合成。我仍然没有放弃他会写一部歌剧的希望，我相信它将对歌剧这一形式会做出重大的贡献。以前他曾经两次计划过要写一部歌剧，第一次是与简尼特，第二次与缪勒合作，在还没有进展之前，不幸他俩都去世了。

十分可以理解的是，关于瓦格纳音乐在以色列重新登台的问题，每隔一段时期就会引起争论。不能期待在这个话题上会有一致的意见。因此有必要花时间回顾一下历史背景。胡伯曼在1936年创立了以色列爱乐。与此同时，托斯卡尼尼，著名的反法西斯主义者，决定停止在拜罗伊特音乐节的指挥演出，因为希特勒出席了瓦格纳音乐会。他指挥了庆祝以色列爱乐创立的第二场音乐会。以色列爱乐是独立管理的机构，它一直到1938年克利斯多纳赫特任上才决定停演瓦格纳。关于瓦格纳音乐的联想是因为纳粹的滥用而变得相当敏感。

在几次失败的尝试之后，2001年7月7日以色列音乐节邀请我在率领柏林德意志国立歌剧院去以色列巡演时，指挥一场音乐会。曲目中除了其他作品，还有一首瓦格纳作品。对于大屠杀的幸存者与他们对于瓦格纳音乐的恐怖的联想，我有着最深的理解与同情。因此，瓦格纳的作品不应该在正常的音乐季的演出中上演，不能让那些忠实的长期听众面对可能唤起他们痛苦记忆的音乐。

但是，必须提出的问题是，是否有任何人有权利剥夺其他没有这种联想的人听瓦格纳音乐的可能性。这将会间接地为纳粹滥用瓦格纳音乐的做法提供帮助。毕竟，以色列爱乐停止上演瓦格纳音乐，并不是由于瓦格纳的反犹主义，那是自十九世纪以来一直普遍存在的，而是因为纳粹制造了这种联想。某种决定在一定的时期中是完全正确并且能够理解的，修改过去的决定是必要的，但是，新的发展有时使情况有了改变。

一个例子是以色列爱乐所采取的立场，在二次世界大战及大屠杀之后，不邀请像瓦尔特和克伦佩勒那样的指挥家去演出，后者在战前或战后放弃了犹太教。当时那种情况下，这种决定是可以理解的。但是，事过境迁，这种政策也就取消了，就像改变信仰不再被认为是软弱的表示，或者被同化不再被认为是要想改变个人命运的企图。今日，邀请一位改变了信仰的犹太音乐家来与以色列乐队合作不再是个问题。

现在对于瓦格纳的争论情况也非常相似。在1938年，反对他的音乐的决定是可以理解的，因为恐惧的联想太强烈，我也理解有些人至今不能忘却这种联想，而人们也不能强迫他们去音乐厅听瓦格纳音乐。但是，以色列也应该做得像一个完全民主的国家。这就要求做到不能阻止那些与那种联想无关的人去听瓦格纳音乐。我无意在以色列发动一次瓦格纳的传道战争。我确实觉得，无论如何，在这件事情上，以色列能够而且应该显示它自己是一个民主政体。

柏林德意志国立歌剧院的音乐会7月7日在耶路撒冷举行，曲目有舒曼与斯特拉文斯基的作品，及一首柴科夫斯基的作品作为返场。然后，我转向听众，提议以瓦格纳的《特里斯坦与伊索尔德》中的序曲与“爱之死”作为再次返场的曲目。当然，我不希望为没有思想准备的听众演奏瓦格纳，因此，我预备了一次与听众的长时间对话，差不多有四十分钟左右，告诉他们，如果有人不想听可以离开，如果其他人想听，我们准备演奏了。大约有二三十人离去。其余的人都留下听，结束时给了我们全场起立的鼓掌，使我感到我们做了一些有意义的事。然而第二天流言蜚语就传开了，那是一些当时不在场然而怀有政治动机的人组织的，那使我很伤心。

在一个像以色列那样的民主社会应该是百无禁忌的。对于瓦格纳的抵制是相当随意的——以色列爱乐不允许演奏瓦格纳，但你在以色列可以买到瓦格纳的唱片，在以色列电台和电视台，你可以听到瓦格纳音乐，手机中的信号是瓦格纳音乐中的曲调。我不相信有些人坐在特拉维夫或耶路撒冷的家中会很痛苦，因为他知道别的城市有人正在演奏瓦格纳。

不幸地，整个关于瓦格纳的辩论是与这一事实联结在一起的，即我们还没有转变为以色列的犹太人，而且我们仍然纠缠于过去的联想——当然在那时是正当的和可以理解的——作为提醒我们自己是犹太人的一种方式。我们不让瓦格纳音乐在以色列演出这一事情，使我们与1930年代和1940年代的犹太人有深一层的联系。当然，我们要有历史感，但我们也需要知道，今日作为以色列的犹太人，我们是怎么样的。如果我们做不到这点，我们就不可能与非犹太人建立有成效的对话。这就是为什么在瓦格纳问题与巴勒斯坦的关系之间，有一种联系的原因。

纳吉布·马伏兹（Naguib Mahfouz，1911–2006年，埃及作家、诺贝尔文学奖获得者——译注）曾经写道："记忆的残酷性在于它留存了本来应该忘却的东西。"这个陈述表达了我认为在德国与犹太人关系中很重要的一些问题，自从双方能够互相尊重以来，双方都有面对过去的问题。某些问题上需要不念旧恶，另一些问题上则要求牢记过去。以我的观点，这是战后德国一代人面临的问题，虽然我个人在德国从未感到过有仇外情绪或反犹主义。近来，在柏林有位名声很大的政治家说了“犹太人巴伦博伊姆”，但他的上下文之间的意思与犹太人没有关系，而我将这句话解读为他对犹太人的误解。

关于犹太人，确实是不容易解释清楚的：部分是有关宗教，部分是传统，部分是民族，而部分是人口众多的不同的人群。要弄清楚确是很难，对于犹太人自己或其他民族都是这样，尤其对于像德国这样一个在历史上对犹太人有过恐怖记录的国家。不幸的是，在德国住了这么多年之后，给我越来越深的印象是德国历史的教训，并没有被许多德国人所吸取与理解。这种对历史的无知可以导致新的反犹主义，或者偏袒犹太人，那是与反犹主义一样错误的。

我不相信集体犯罪，尤其是事情过去了几十年，因此我在德国工作与生活都没有问题。然而同时我也期待每一个德国人不要忘记他的国家的这段历史，尤其要仔细考虑这段历史，如果他理解他自己与过去的历史，每个德国人都应该能做到这点。如果你要压抑你自己这一重要的因素，你面对其他人时就会感到压抑。

这种思考引出了德国认同的问题以及认同感是由何者组成的问题。对一个人或一个民族来说，真的只有一种身份认同吗？犹太人的传统有两种截然不同的倾向：一种是更基本的，由哲学家、诗人与学者为代表，他们只对犹太人事务和犹太人的宇宙观（Weltanschauung此为德文——译注）感兴趣；另一种倾向与那些伟人有关，如像斯宾诺沙、爱因斯坦，而且可以延伸到海涅，这些传统的犹太思想都适用于其他文化，包括德国文化，与其他的方面。不难看出，在犹太人中双重的认同感是如何发展的。

我认为，在二十一世纪之初，不可能还有任何人宣称他相信只有一种身份认同。我们时代的难题之一，是人们将他们的关注局限于那些事实的碎片，他们对于事物如何互相融合，由部分而形成整体具有很少的感知。德国人曾经给予世界如此多的精神上的启蒙——只要我们想一想巴赫、贝多芬、瓦格纳、海涅、歌德，仅举数例——但或许是纳粹时期的恐怖经验，使得今日的德国人面对他自己的历史并将之作为一个整体，变得格外困难。

我以音乐家以及我个人经历的这两个角度，来看待身份认同这一问题。我生于阿根廷，我的祖父母是俄裔犹太人，我成长于以色列，而我成年之后大部分时间住在欧洲。我在特定的场合就碰巧会想到某种语言。我指挥贝多芬时就会感觉到德语的影响，而当我指挥威尔第时我就想到意大利语，这并没有让我自己有一种不真实的感觉，而是相反。演奏不同风格的音乐所积累的经验是很有启迪的。当你研究与演奏过德彪西音乐中的极弱，然后转到贝多芬中的极弱时，你更清楚它们之间的不同之处，你知道你面对的是两种完全不同的声音。德彪西的极弱音是飘忽无形的，而贝多芬的极弱则必须是有实质内核的声音。

自然，在不同的文化中都能发现其价值。但是，德国文化当然是更加突出，这是当之无愧的。如果你能理解贝多芬与他同时期的德国人是同一类人，这也就很明显地可以看到德国人比其他民族更多地专注于过去的文化，例如希腊神话，哲学与文学。所有贝多芬的作品在某种程度上都是基于古希腊的这一概念，即感情受艺术的作用而引起的净化 (catharsis)，这反映了一种典型的德国观念：人们不应该害怕进入黑暗，然后重新进入光明。《第四交响曲》的第一乐章，就是一个范例，它从深深的混沌开始，寻找一条非凡的道路到达秩序与欢庆。

我发现德国总理约翰内斯·劳（Johnannes Rau）在2000年的一次演讲特别切题，当时他谈到了民族主义与爱国主义的区别。他说：“爱国主义只有在种族主义与民族主义没有地盘的时候才可能繁荣，我们永远不要将爱国主义与民族主义相混淆。一位爱国者是热爱他的祖国的人，而一位民族主义者则是蔑视其他人的国家。”这对于我是十分重要的观点。我相信许多德国人在二十世纪下半叶，丧失了他们对于爱国主义的判断，和他们对于祖国的热爱，失去了对民族主义的警觉，这是不幸的。变化发生于大量移民涌入的时期，许多外国人希望进入德国。德国打开了它的国门，而没有设立一定的移民制度，比方像美国或阿根廷那样，而只是利用移民劳工。许多德国人对移民的敌对态度，我想是由于是这样的原因，就是这几代的德国人对于移民意味着什么，并没有足够的认识。他们不了解人可以同时有多重身份，而接受那些带有自己风俗习惯与文化的外国移民来到德国，他们可以将居住的地方变成自己的家园，而又不影响他们作为德国人的身份。

最说明德国这一问题的例子是柏林目前的情形。有些人担心他们的首都正在变成多元文化的或是多面体的城市。这种担心是来源于过去的不统一。柏林是德国唯一的一分为二的城市，这座城市的两部分各自受到外部不寻常的支持；联邦德国与民主德国都将柏林视作特殊地位。我的希望是柏林不应因为统一而丧失它的特殊地位，而是相反。由于四十年长时间的分隔以及东西两边的对峙，柏林，在我看来，是唯一有可能包容各种文化的地方，这种潜力是应该加以利用的。我们与其抱怨历史造成的隔离，还不如将它作为与德国其他城市及其他国家关系中的一种积极力量。毕竟，柏林是唯一的城市，它可以使来自莫斯科或华盛顿的代表团不会感到陌生的地方。

如果我们想理解自然现象，或人类的特性，与神的关系或一些不同的精神上的体验，我们通过音乐可以学到许多。音乐于我是如此有趣而重要，因为它包罗万象而同时它又空空如也。如你有心学会如何在一个民主社会生活，你会在一个乐队里干得很好。因为当你在乐队里演奏时，你明白何时应该引导别人，何时应该跟随别人。你为别人留出空间，而同时轮到你出现的时候，又当仁不让。尽管如此，或确切地说，是因为如此，音乐是逃避人类生存困境的最好手段。

于我而言，布佐尼关于音乐"只是空气而已"的定义是唯一的说法。其他各种关于音乐的说法涉及到音乐唤起人们的不同反应：它可能是诗意的、感官的、灵性的、激情的，或是形式上迷人的——可能性是数不尽的。因为音乐是包罗万象而同时又空无一物，因此它很容易被滥用，就如纳粹所做的那样。在魏玛工作坊，来自以色列与阿拉伯国家的音乐家在一起工作，证明了从前认为是不可能的和睦与友谊，通过音乐是可能达到的；但这并不意味着音乐可以解决中东问题。音乐是生活中最好的学校，而同时，它又是我们从中解脱的最佳途径。

WAGNER
TRISTAN UND ISOLDE
KOLLO · MEIER · SALMINEN · SCHWARZ
BECHT · SCHUNK · PAMPUCH
BAYREUTHER FESTSPIELE
DANIEL BARENBOIM
STAGED AND DIRECTED BY
JEAN-PIERRE PONNELLE
unitel classica

schubert
winterreise
thomas quasthoff daniel barenboim

THE MASTER CLASSES · 6 FILMS DIRECTED BY ALLAN MILLER
EMI CLASSICS
BARENBOIM on BEETHOVEN
THE COMPLETE PIANO SONATAS
LIVE FROM BERLIN · 8 CONCERTS DIRECTED BY ANDY SOMMER

EMI CLASSICS
Yo-Yo Ma Daniel Barenboim Itzhak Perlman
Perlman Barenboim Ma
Beethoven
Triple Concerto
Choral Fantasy
Berliner Philharmoniker
Chor der Deutschen Staatsoper
DVD VIDEO

EMI
CLASSICS
Daniel
Barenboim
Live from the Teatro Colón 2000
50th Anniversary of Debut Recital

BRAHMS: Cello Sonatas Nos. 1 & 2
BRUCH: Kol Nidrei
EMI
CLASSICS
JACQUELINE DU PRÉ
DANIEL BARENBOIM

the symphonies
beethoven
barenboim
berliner staatskapelle
TELDEC

The Four Symphonies
Variations on a theme by Haydn
BARENBOIM
BRAHMS
Tragic Overture
Academic Festival Overture
CHICAGO SYMPHONY ORCHESTRA
4 CD

ERATO
BOULEZ
NOTATIONS 1-4
RITUEL
MESSAGESQUISSE
ORCHESTRE DE PARIS
DANIEL BARENBOIM

MOZART
PIANO CONCERTOS
Nos. 14 – 16
DANIEL
BARENBOIM
Berliner
Philharmoniker
TELDEC

THE ORIGINALS
ALBAN BERG: KAMMERKONZERT · CHAMBER CONCERTO
Igor Stravinsky: Ebony Concerto · Dumbarton Oaks · 8 Miniatures
DANIEL BARENBOIM · PINCHAS ZUKERMAN
ENSEMBLE INTERCONTEMPORAIN · PIERRE BOULEZ
STEREO
ORIGINAL-IMAGE BIT-PROCESSING

CHOPIN · NOCTURNES
AUSWAHL/SELECTION
DANIEL BARENBOIM
NUMERIQUE
DIGITAL

FAURÉ
Requiem
Pavane
BACH
Magnificat
Armstrong · Fischer-Dieskau
Popp · Pashley
Baker · Tear · Hemsley
Edinburgh Festival Chorus
New Philharmonia Chorus
Orchestre de Paris
New Philharmonia Orchestra
Daniel Barenboim
EMI CLASSICS
STUDIO PLUS

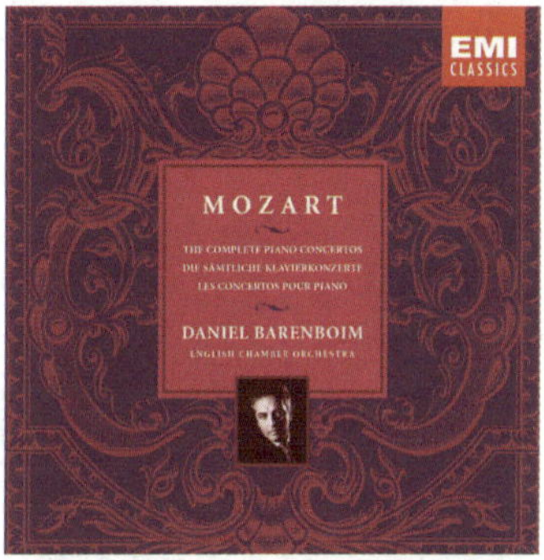
EMI CLASSICS
MOZART
THE COMPLETE PIANO CONCERTOS
DIE SÄMTLICHE KLAVIERKONZERTE
LES CONCERTOS POUR PIANO
DANIEL BARENBOIM
ENGLISH CHAMBER ORCHESTRA

ISAAC
STERN
DANIEL
BARENBOIM
SCHUBERT
3 SONATINAS
OP. POSTH. 137
ARTIST LAUREATE

Mahler
Barenboim
Symphony No.7
Staatskapelle
Berlin

DANIEL BARENBOIM
WIENER PHILHARMONIKER
NEUJAHRSKONZERT
NEW YEAR'S CONCERT
2009
DECCA

巴伦博伊姆与郎朗2007年在第十届北京国际音乐节

图书在版编目（CIP）数据

生活在音乐中 / 丹尼尔 · 巴伦博伊姆著；朱贤杰译. －上海：
上海音乐出版社，2025.2 重印
书名原文：A Life in Music
ISBN 978-7-80751-128-1
Ⅰ. 生… Ⅱ. ①丹… ②朱… Ⅲ. 巴伦博伊姆－自传
Ⅳ. K835.615.76
中国版本图书馆 CIP 数据核字（2007）第 144564 号

书　　名：生活在音乐中
著　　者：丹尼尔 · 巴伦博伊姆
译　　者：朱贤杰

责任编辑：樊　愉　于　爽
装帧设计：胡　斌

出版：上海世纪出版集团　上海市闵行区号景路 159 弄　201101
　　　上海音乐出版社　上海市闵行区号景路 159 弄 A 座 6F　201101
网址：www.ewen.co
　　　www.smph.cn
发行：上海音乐出版社
印订：上海锦佳印刷有限公司
开本：889×1194　1/32　印张：10.5　图、文：328 面
2009 年 3 月第 1 版　2025 年 2 月第 16 次印刷
ISBN 978-7-80751-128-1/J · 103
定价：55.00 元
读者服务热线：（021）53201888　印装质量热线：（021）64310542
反盗版热线：（021）64734302　（021）53203663